톨스토이 비폭력 평화 편지

톨스토이 비폭력 평화 편지

초판 발행 2022년 10월 20일

지은이 레프 톨스토이

옮긴이 박홍규

디자인 정재완

펴낸이 최외출

펴낸곳 영남대학교출판부

출판등록 1975년 9월 5일 경산 제16-1호

주소 경상북도 경산시 대학로 280

전화 053) 810-1801~3

FAX 053) 810-4722

홈페이지 book.yu.ac.kr

ISBN 978-89-7581-856-1 93300

톨스토이 비폭력 평화 편지

레프 톨스토이
박홍규 옮김

영남대학교출판부

차례

이 책을 읽는 분들에게

이 책에 대해

비틀즈 멤버였던 존 레논의 노래 중에 'Imagine'이라는 곡이 있습니다. 이 노래는 우리에게 보통 달콤한 팝송 명곡으로 기억되지만, 그 내용은 국가도, 종교도, 소유도 없는 세상을 상상해보라는 끔찍한 권유입니다. 국가보안법이라는 법으로 건다면 분명 걸릴 만한 내용입니다. 물론 우리나라에서는 관료도, 종교인도, 기업인도 그 노래를 즐겨 부릅니다. 군인, 경찰, 검찰, 판사도 함께 부를 겁니다. 마치 내용이 어떻든 간에 노래만 달콤하면 된다거나 세계적으로 유명한 노래이니 무조건 좋다는 식으로요.

인도네시아에서 공산주의자 1백만 명을 죽인 사건을 다룬 다큐멘터리 <The Act of Killing> (2013)에는 학살범들이 우리나라에서도 유명한 미국의 팝송을 부르는 장면이 자주 나옵니다. 학살범들은 미국 영화 상영으로 돈을 벌었는데 공산주의자들을 학살한 이유 중 하나가 미국 영화 상영에 반대하여 자신들의 돈벌이를 방해했기 때문이라는 것입니다. 그들은 존 웨인이나 알 파치노를 특히 좋아했습니다. 그런 배우들은 우리나라에서도 인기가 많습니다. <The Act of Killing>에 나오는 팝송도 우리나라에서 번안되어 여러 가수가 불렀습니다. 그 팝송 중에 'Imagine'은 나오지 않지만 어쩌면 이 노래도 즐겨 불렀을지 모릅니다.

이 책은 존 레논[1]보다 백여 년 전에 국가도, 종교도, 소유도 없

---

1 John Lennon(1940-1980). 'Imagine'은 비틀즈가 해체되고 난 뒤 존 레논이 만든

는 세상을 상상해보라는 끔찍한 내용으로 여러 나라 사람들에게 쓴 톨스토이의 편지를 모은 책입니다. 그에게 편지를 보낸 사람들은 반드시 그런 생각을 했던 것이 아니라, 대체로 지금 우리처럼 외국의 간섭이나 침략 없이 나라를 발전시켜 부강해지기 위해서는 어떻게 하면 좋으냐고 물었습니다. 그런데 톨스토이는 도리어 국가나, 발전이나, 부강 같은 것을 생각하지 말라고, 또 병역, 납세, 교육, 근로의 의무 같은 국민의 의무를 지키지 말라고 답합니다. 게다가 전쟁이나 사형에 반대하라고 합니다.

이런 톨스토이의 답에 대해 당장 말도 안 되는 소리라고 욕할 분들이 계실 겁니다. 지금도 그런데 일제강점기에는 더욱더 그러했을 겁니다. 나라가 망했고 병역도 없어졌고 시골에서 농사밖에 지을 것이 없었으니 톨스토이 말대로 잘 되었다고 생각한 사람은 거의 없었겠지요. 그렇게 생각하지 않은 자들은 일본이 소위 대동아전쟁에서 이기는 것이 조선에도 좋다고 생각해 일본을 도왔을지도 모릅니다. 물론 어떻게든 나라를 되찾아야 한다고 생각한 소수는 독립운동에 뛰어들었고, 그렇게 하지는 못해도 민족자본이나 민족교육의 육성을 도모하기도 했습니다. 100년 전이나 지금이나 톨스토이의 말에는 분명 문제가 있습니다.

그러나 톨스토이가 기독교를 비롯한 여러 종교나 사상에서 끌어내는 그 비폭력 평화라는 기본 정신만큼은 지금 우리도 생각해볼

동명 음반의 타이틀곡이다. 그가 반전평화주의, 무신론, 무정부주의를 꿈꾸었음은 이 곡의 가사에 잘 나타나 있다. "……Imagine there's no countries(국가가 없다고 상상해봐)/ It isn't hard to do(어려운 일이 아니야)/ Nothing to kill or die for(죽이는 일도 죽는 일도 없는)/ No religion too(종교도 없다고 상상해봐) / Imagine all the people living life in peace(모든 사람이 평화 속에 살아가는 모습을 상상해봐) …… Imagine no possessions(소유가 없다고 상상해봐)/ I wonder if you can(잘 그려지진 않겠지)/ No need for greed or hunger(탐욕도 굶주림도 필요 없는)/ A brotherhood of man(인류애만이 존재하는)/ Imagine all the people sharing all the world(모든 사람이 온 세상을 공유하는 모습을 상상해봐)……."

필요가 있습니다. 기독교의 사랑이나 불교의 자비, 유교의 인(仁)이 폭력이나 전쟁, 사형과 합치될 리 없습니다. 그런 폭력적 전쟁을 위한 병역, 납세, 교육, 근로의 의무라면 문제가 많은 것이 아닐까요? 나아가 국가나 종교나 소유가 그런 전쟁의 원인이라면 역시 문제가 있는 것이 아닐까요? 특히 폭력과 전쟁이 아직까지도 우리의 삶에 기본적인 원리인 양 존재하는 현실에서 톨스토이를 다시 음미할 필요가 있습니다. 상식이라고 여겨지는 것들을 마치 도끼로 부수는 것처럼 파괴하는 톨스토이의 말을 한 번쯤은 생각해봐야 합니다.

그래서 톨스토이의 방대한 편지 중에 비폭력 평화 사상과 관련한 1880년 이후의 것들을 모아 번역해 이 책을 만들었습니다. 19세기 사람답게 톨스토이도 편지를 많이 썼고 그 수는 당대의 그 누구보다도 많아 거의 1만 통에 이르는 것으로 추산됩니다. 받은 편지는 더욱더 많아 쓴 편지의 몇 배에 이릅니다. 특히 마지막 10년 즉, 20세기 최초의 10년 사이에 집중되어 있습니다. 그중에서 비폭력 평화에 관련된 편지의 극히 일부인 28편만을 번역하여 소개하는 이 책은 톨스토이 서간집으로서는 국내에서 처음으로 내는 책입니다.

또한 톨스토이를 제대로 알기 위해서는 그의 작품이나 생애를 아는 것만으로는 충분하지 않습니다. 그는 전 세계를 상대로 말했고, 전 세계 사람들과 교류했고, 전 세계 사람들에게 영향을 끼쳤습니다. 그러니 그들에 대해서도 정확하게 알아야 톨스토이에 대한 이해가 충분해집니다. 가령 우리나라에 나와 있는 가장 방대한 톨스토이 전기인 쉬클롭스키[2]의 책에 간디가 톨스토이에게 보낸 편

---

2 Viktor Borisovich Shklovsky(1893-1984): 러시아 형식주의의 선구자 격인 인물. 그는 "낯설게 하기(defamiliarization, ostranenie)"라는 개념을 최초로 제시했다. 문학이 다른 학문과 변별되는 특성을 문학성이라 할 때, 그 문학성이란 문학이 사용하는 언어적 특질(말하는 방식)과 관련되며, 그것은 바로 "낯설게 하기"에 의해 특징된다고 주장했다. "낯설게 하기"는 익숙한 것을 낯설게 만듦으로써 그것을 새롭게 지각하도록 만드는 기법이다.

지가 언급되는 부분에서, 간디가 톨스토이에게 보낸 『인도의 자치 *Hindu Swaraj*』를 '인도가족법'으로 오역하는 등, 최근 톨스토이에 관한 책들이 많이 소개되는 가운데 그와 관련한 다른 나라 사람들에 대한 무지가 빚은 문제점도 이 책을 내게 된 또 하나의 이유입니다.

톨스토이를 이해하기 위해서는 편지가 매우 중요합니다. 그래서 쉬클롭스키 책은 물론 다른 여러 톨스토이 전기에도 편지가 자주 인용되는데, 지금까지는 주로 가족이나 친구와 나눈 편지의 일부만이 그의 생애에 대한 에피소드 중심으로 소개되었습니다. 그러나 그가 쓴 편지에는 일상의 안부를 전하는 것 말고 그의 사상을 전해주는 것이 많습니다.

톨스토이와 간디

저는 2016년 봄, 『신의 나라는 네 안에 있다*The Kingdom of God is Within You*』를 번역하면서 그 책이 특히 간디에게 충격을 주어 그가 비폭력운동을 하게 되었다는 점을 강조했습니다. 그는 『자서전』에서 인도 철학자 레이찬드바이[3]와 영국 사상가인 러스킨[4] 등의 영향도 받았다고 했지만 그 누구보다도 톨스토이의 영향을 많

3 Raychandbhai(=Shrimad Rajchandra, 1867-1901): 자이나교 철학자이자 영적 지도자. 간디의 『자서전』에서 그는 보석상이었으며 뛰어난 기억력을 가졌던 인물로 나온다. 그러나 간디가 그로부터 감동을 받은 것은 사무적 능력보다 영적인 감화력에 있었다. "아무도 레이찬드바이가 내게 남겨준 것 같은 인상을 준 사람은 없었다.…… 그의 말은 곧장 내 속을 찔렀다.…… 나는 마음속 깊이 그가…… 언제나 자기의 가장 깊은 생각을 내게 넣어줄 분이라는 확신을 가지고 있었다. 그는 내가 정신적 위기에 처했을 때 피난처가 되곤 했다."

4 John Ruskin(1819-1900): 예술비평가이자 사회사상가. 그는 애덤 스미스를 위시한 전통경제학을 속물경제학으로, 새로이 등장하던 사회주의경제학에 대해서도 "죽음과 파괴의 경제학"이라며 비판하고, 경제는 "이기심이나 욕심으로 발전하는 게 아니라 '애정'으로 발전한다."고 주장했다. "우리가 배운 경제학대로 세상이 굴러간다면 국가적 파멸의 길이 있을 따름"이라는 그의 주장은 영국 주류사회로부터 맹렬한 비난을 받았고, 살해 위협까지 받았다. 청년 변호사 간디는 남아프리카에서 기차 여행 중 러스킨의 책 『이 마지막 사람에게도*Unto This Last*』를 읽고 세상을 살아가는 지침으로 받아들였다고 한다.

이 받았습니다. 왜냐하면 톨스토이 외에 누구도 비폭력 평화의 실천을 그에게 가르쳐주지 않았기 때문입니다. 그 외 인도인과 영국인을 각각 한 명씩 말한 것은 너무나도 간디다운 예의랄까, 아니면 정치술이라 할 수 있을지도 모르지요.

간디는 25살 때인 1894년, 영어로 막 출간된 톨스토이의 『신의 나라는 네 안에 있다』를 비롯한 여러 책을 남아프리카에서 읽고 바로 비폭력운동을 시작했습니다. 그 뒤에도 『고백』(흔히 『참회록』이라고 번역되지만 이 책은 자신의 새로운 종교적 믿음을 고백하는 것을 중심 내용으로 하므로 저는 이렇게 번역합니다), 『예술은 무엇인가』, 『그러면 우리는 무엇을 할 것인가?』 등 톨스토이의 다른 책들도 열심히 읽고 자기 사상의 토대로 삼았습니다. 이미 1860년대부터 톨스토이의 모든 작품이 영어를 비롯하여 유럽의 여러 나라 언어로 번역되어 간디는 물론 인도인 누구나 톨스토이의 작품을 읽을 수 있었습니다.

간디의 비폭력운동은 전 세계에 전해졌으므로 그에 대한 소식을 러시아에서 톨스토이도 들을 수 있었을 테지만 간디의 편지를 받기까지 그가 간디에 대해 언급하지는 않았습니다. 물론 인도에 대한 관심은 컸지만 대부분 인도의 종교에 대한 것이었습니다. 톨스토이가 일기에 간디를 처음이자 마지막으로 언급한 것은 1910년 4월 20일, "간디가 문명에 대해 쓴 것을 읽었다"는 부분입니다. 그가 읽었다는 것은 그 며칠 전인 4월 4일, 간디가 톨스토이에게 보낸 『인도의 자치』를 말합니다. 그 책의 부록에서 간디는 독자들에게 톨스토이의 여러 책을 읽도록 추천했습니다.

간디가 톨스토이에 대해 처음 쓴 글은 1905년 9월 2일자 <인디언 오피니언>에 실은 「톨스토이 백작」입니다. 그 글에서 간디는 톨스토이의 생애를 소개했는데 다분히 자신의 생애와 유사하다는 점을 강조한 듯합니다. 청년 시절 크림전쟁에서 용감하게 싸워 조국에 크게 봉사하고, 한때 타락했지만 전쟁을 경험하면서 종교를 연구했고, 부를 포기하고서 가난한 생활을 하고, 비폭력, 비정치적으로 살고, 농업을 중시했다는 것 등입니다. 그가 쓴 『자서전』(1927년에 1권, 1929년에 2권 발간)에도 이러한 내용이 강조된 것을 보면 분명히 톨스토이 『고백』의 영향을 살필 수 있습니다. 간디는 톨스토이의 사상보다도 그의 삶을 닮으려고 평생 노력하였습니다.

제가 간디에 대해 관심을 갖게 된 이유 중 하나도, 우리와 달리 어떻게 그렇게 살 수 있었을까, 일제하 우리와 달리 어떻게 식민지치하에서 인도인을 움직여 그렇게 비폭력 평화 활동을 할 수 있었을까 하는 것이었습니다. 간디가 그렇게 할 수 있었던 이유 중 하나가 톨스토이 같은 훌륭한 스승을 언제나 마음에 품고 있었기 때문이 아닐까 생각합니다. 그런 훌륭한 스승이 있으면 자기 뜻을 펼치기에 큰 도움이 될 것입니다. 그 스승은 출세나 명예 따위의 세속적인 욕망을 취하기 위한 연줄 같은 것과는 무관했습니다. 간디도 톨스토이도 인맥이나 학맥을 이용한다든가 하는 것은 상상도 할 수 없었습니다.

참된 제자답게 간디는 톨스토이 사상의 소개와 보급에도 노력했습니다. 그는 톨스토이가 쓴 「인도인에게 보낸 편지: 인도의 종속, 그 원인과 치유」(1908년 12월 14일)와 「바보 이반」 그리고 「사람에겐 얼마만큼의 땅이 필요한가」를 비롯하여 많은 민화들을 번역해 톨스토이 단편소설집을 냈습니다. 우리나라에서도 그런 단편집이 나와 베스트셀러가 된 적이 있는데, 저는 그것이 「인도인에게 보낸 편지」와 같은 비폭력 평화의 책과 함께 읽혀지지 않은 점이 안타깝습니다. 만일 우리가 그 둘을 함께 읽었더라면 일제강점기에 인도인들처럼 비폭력 평화의 독립운동을 할 수 있지 않았을까라는 생각을 할 정도입니다.

간디는 『전쟁과 평화』, 『안나 카레니나』, 『부활』 같은 장편소설을 읽었다고 말한 적이 없습니다만 그렇다고 반드시 읽지 않았다고 단정할 수는 없습니다. 그가 읽은 것이 확실한 다른 책들에 대해서도 별로 많은 이야기를 하지 않았으니까요. 여하튼 톨스토이의 우화 번역은 간디의 유일한 문학 활동이라고도 할 수 있지만 더 중요한 것은「인도인에게 보낸 편지」의 번역과 소개입니다. 그것은 간디 자신의 평생 활동에 지침이 되었을 뿐만 아니라 인도인의 비폭력 평화운동에도 가장 중요한 지침이 되었습니다.

그 편지는 인도의 대표적인 혁명주의 저널인 <자유 인도인>의 편집인 타락 나트 다스[5]가 톨스토이에게 인도 독립을 위해 폭력을 사용할 수 있는지 묻고 인도 독립을 지지해달라고 요청한 편지에 대한 답으로 톨스토이가 보낸 것이었습니다. 톨스토이는 편지에서 인도 지배의 원인을 설명하면서 3만 명의 영국인이 2억 명의 인도인을 노예로 만드는 것은 불가능하고 인도인 스스로 폭력을 믿고 폭력의 노예가 되었다고 하면서 도덕적 각성에 의한 비폭력 저항을 하라고 주장합니다. 톨스토이가 일제강점기에 우리에게 편지를 보냈다면 같은 내용을 말했을 것입니다.

그 편지를 간행하면서 간디는 서문을 붙였습니다. 그 날짜가 1909년 11월 19일이니 간디가 40세, 톨스토이가 81세 때였습니다. 그 앞에 1909년 10월 1일 간디는 자신의 인도 활동에 대해 알리고 번역 허락을 요청하는 편지를 톨스토이에게 보냈고, 이어 톨스토이의 답장을 받자 같은 달 11일에 감사의 편지를 보냈습니다. 그리고 1년 뒤인 이듬해 11월 톨스토이가 죽는데, 죽기 몇 달 전인 3월부터 9

---

5 Tarak Nath Das(1884-1958): 벵갈 출신의 인도 독립운동가로 미국으로 이주했다. 1908년 톨스토이와 인도의 독립운동에 대한 편지를 주고받았는데, 이 편지들은 <20세기 매거진*The Twentieth Century*>에 연재되었고 이것이 이후「인도인에게 보낸 편지」로 출간되었다. 다스는 톨스토이의 주장은 소극적 저항이며 영국의 학정에 대해 무소용한 것이라고 본 반면, 간디는 톨스토이의 사상을 받아들여 끝까지 비폭력 저항운동으로 일관했다.

월까지 두 사람 사이에 다섯 통의 편지가 오갑니다. 저는 이 편지들이 죽기 직전의 톨스토이에게 자신이 평생 주장해온 비폭력사상이 실천되는 것을 보게 했기에 그를 무엇보다도 가장 행복하게 했을 것이고, 간디에게는 그가 평생 비폭력운동을 전개해가는 데에 그 무엇보다도 큰 힘이 되었을 것이라고 생각합니다. 물론 두 사람만의 행복이 아니라 인도인과 인류에게 무한한 행복을 준 것이지요.

간디가 그 편지로 톨스토이를 처음 안 것이 아닙니다. 그는 편지를 쓰기 20년쯤 전인 1888년, 영국에서 유학했을 때 톨스토이를 처음 알았고, 당시 런던에 있던 톨스토이의 제자 체르트코프[6]나 톨스토이의 책을 영어로 번역한 모드[7] 등도 알았습니다. 체르트코프는 번머스(Bournemouth) 교외인 크리스트처치(Christchurch)에 톨스토이 공동체를 세우고 그 후에 프리 프레스(Free Press)가 된 인쇄소를 지었습니다. 모드도 에섹스(Essex)의 펄리(Purleigh)에 농장을 세우고 <뉴 오더*The New Order*>라는 잡지를 발간했습니다.

이러한 모습은 간디가 1909년 남아프리카 요하네스버그 교외의 피닉스에 '톨스토이 농장'을 세우고 인쇄소(International Publishing Company)를 차려 <인디언 오피니언>을 비롯한 여러 책을 발간한 것과 유사합니다. 간디가 평생을 살았던 아쉬람도 같은 공동체이고 또한 평생 글을 쓴 것도 언론 활동의 연속이었으니 간디는 그야말로 일생을 톨스토이처럼 살았습니다. 그밖에 금욕을 실천하게 된 것 등도 톨스토이의 영향이었습니다. 공동체를 이루지 못하고 집도 떠나지 못하다가 죽기 직전에 가출한 톨스토이보다 더

6 Vladimir Grigoryevich Chertkov(1854-1936): 러시아제국의 출판업자로 톨스토이의 작품을 편집했다. 톨스토이주의자였던 그는 톨스토이주의를 제국의 적으로 간주한 당국의 박해를 피해 1897년 영국으로 망명했다.

7 Aylmer Maude(1858-1938): 에일머 모드는 아내 루이즈 모드(Louise Maude, 1855-1939)와 함께 톨스토이의 작품을 영역했으며, 친구 톨스토이의 전기를 쓰기도 했다. 러시아에서 수년 동안 살다가 영국으로 돌아온 이후 톨스토이의 작품을 번역·출판했다.

톨스토이답게 살았다고 해도 과언이 아닙니다.

톨스토이는 간디의 사상에 대해 비판한 적이 없지만 간디는 자신의 생각이 톨스토이와 완전하게 일치하지는 않는다고 생각했습니다. 절대적 비폭력주의자인 톨스토이와 달리 간디는 상대적 비폭력주의자라고 볼 수도 있습니다. 간디가 1918년 제1차 세계대전 때 인도 민족의 이익을 고려하여 모병을 호소한 것 등이 그 하나의 보기입니다. 애국심을 전적으로 부정한 톨스토이와 달리 간디에게는 애국심이 인류애로 가는 길이었습니다. 게다가 간디는 극단적인 경우에는 최소한의 폭력이 불가피하다는 점을 완전히 부정하지는 않았고, 비겁함보다는 차라리 폭력을 택했습니다.

간디 이전에도 톨스토이에게 편지를 보낸 인도인이 있었습니다. 바로 언론인 라마세한입니다. 이 책에도 실려 있는, '톨스토이가 그에게 보낸 편지(1901년 7월 25일)'에 인도 독립에 대한 언급이 없어 이상하게 보일지 모르지만 톨스토이에게는 국가권력 자체가 문제이지 그것이 누구(영국이나 인도)의 권력인지는 크게 문제되는 것이 아니었습니다. 이러한 생각은 일본인이나 중국인과 같은 아시아인에 대해서도 마찬가지였습니다.

톨스토이와 일본인

톨스토이는 인도인이나 중국인보다도 일본인을 더 먼저, 더 많이 알았습니다. 당시 일본은 인도나 중국보다 경제적으로 발전한 나라였고 러시아를 포함한 서양 문물의 수용에서도 앞섰으니 그러했던 것입니다. 이 책에 실린 일본인과 중국인의 편지를 위시하여 톨스토이는 많은 중국인, 일본인과 편지를 나누었습니다만 한국인과 나눈 편지는 없어서 유감입니다. 그러나 만일 한국인에게 편지를 썼다면 앞에서 본 「인도인에게 보낸 편지」나 일본인 및 중국인에게 보낸 편지와 크게 다르지 않았을 겁니다. 그러니 저는 그 편지를 우리가 받은 것이라고 생각해도 좋다고 생각하면서 번역했습니다.

일본인만큼 톨스토이를 적극적으로 수용한 민족은 세상에 다시없을 것입니다. 톨스토이는 외국의 어떤 작가보다도 일본인의 사랑을 많이 받았습니다. 1886년에 『전쟁과 평화』가 번역된 후 최남선이 그를 한국에 최초로 소개한 1909년까지 일본에서는 이미 1백여 편이 번역되어 있었고 단행본도 30여 종이 발간되었습니다. 특히 1904년의 러일전쟁 당시 톨스토이의 비전론은 일본 지식인들의 관심을 끌었습니다. 물론 당시 대다수 일본인은 개전론자였으니 비전론은 소수의견에 불과했습니다. 러시아도 마찬가지였습니다. 톨스토이는 소수의견이었고, 다수로부터 매국노라는 소리를 들었습니다. 일본의 사정도 마찬가지였고요. 사실 러일전쟁이든 청일전쟁이든 러시아, 중국, 일본이 조선 땅에서 싸운 전쟁이니 조선인들이야말로 비전론에 앞장서야 했는데 조선에서는 그런 소리가 전혀 없었습니다. 이는 그 뒤 100년이 더 지난 지금도 마찬가지입니다. 지금 이 시대에 한반도만큼 비전론이 필요한 곳이 또 있을까요?

동아시아에서 톨스토이가 처음으로 소개된 것은 1886년 모리 타이(森体)가 『전쟁과 평화』를 러시어아에서 직접 초역하여 『흐느끼는 꽃과 원한의 버들. 북유럽 혈전 최후의 먼지(泣花怨柳 北歐血戰餘塵)』라는 매우 황당하고 우스꽝스럽고 긴 제목으로 출판한 것이었습니다. 그러나 더 본격적인 소개는, 뒤에 우익이 된 도쿠도미 소호가 주재한 <국민지우(國民之友)> 1890년 9~10월호에 3회에 걸쳐 실린 「러시아문학의 태두, 톨스토이 백」이라는 글이었습니다.

도쿠도미 소호(徳富蘇峰, 1863-1957)는 이미 그 전부터 우익에 가까웠습니다. 특히 청일전쟁 때에는 우치무라 간조(内村鑑三, 1861-1930)의 「조선 침략의 정당성(Justification of Korean War)」을 <국민지우>에 발표하여 조선출병론(朝鮮出兵論)을 위시하여 일본의 아시아 침략론 제창에 앞장섰습니다. 그는 1910년 일제강점기가 시작될 때 총독부 기관지인 <경성일보>의 감독으로 한국에도 왔었습니다. 그 뒤 그는 일본의 괴벨스라고 불릴 정도로 우익의 길을 걸었습니다. 이처럼 일본에서 톨스토이가 우익에 의해 소개되었다는 것은 여러 가지로 의미심장한 일이었습니다.

그 뒤 톨스토이에 대한 많은 글이 소개되면서 그의 절대적 무제도주의, 신분 차별 철폐, 재산제 전폐, 애국과 혼인에 대한 비하, 전쟁의 거부, 노동의 강조가 처음부터 문제점으로 지적되었고, 이는 많은 찬반 논란을 일으켰습니다. 우익은 그런 점에서 톨스토이를 비판한 반면, 좌익은 다분히 아나키즘적인 절대적 무제도주의를 제외하고는 톨스토이 사상을 받아들였지만 톨스토이 사상의 핵심인 무저항주의에는 반대했습니다. 따라서 간디와는 처음부터 구별되었던 것입니다. 그런 의미에서 일본에는 간디가 없었다고 해도 과언이 아닙니다. 당시 일본이 동아시아에서는 가장 앞섰기 때문에 일본을 모방한 탓으로 중국이나 조선에서는 간디가 나오지 않았는지도 모릅니다.

일본인으로 톨스토이와 처음 편지를 나눈 사람은 1895년 <시대사조> 편집인인 요코이 토키오(橫井時雄, 1857-1927)였습니다. 아시아인으로서도 처음이었지요. 당시 목사였던 그 역시 국가와 신에 대한 사랑의 갈등을 경험하면서 톨스토이에게 편지를 썼는데, 톨스토이는 당연히 국가에 대한 사랑을 부정하고 신에 대한 사랑을 강조했습니다. 그러나 그가 편지를 받고 4년 뒤인 1899년부터 관계에 진출한 것을 보면 톨스토이의 충고에 따르지 않은 듯합니다.

요코이가 톨스토이에게 편지를 쓰기 9년 전인 1886년, 일본에 톨스토이 작품이 처음 소개된 뒤로 1920년대에는 각각 13권, 14권, 22권, 61권으로 이루어진 4종의 선집이 출판되었는데 1세기가 지난 지금 한국에서는 아직 13권 선집도 없는 것을 보면 일본인의 톨스토이 사랑이 어느 정도인지 알 수 있습니다.

톨스토이가 소개된 지 13년 뒤인 1897년, 도쿠도미 소호의 동생인 도쿠도미 로카(德冨蘆花, 1868-1927)가 일본 최초의 톨스토이 전기를 발간한 것도 그런 열렬한 사랑을 보여줍니다. 150쪽도 안 되고 내용도 문제가 많은 간략한 전기였습니다. 도쿠도미 로카는 우익으로 변절한 형 소호와 1903년부터 형제의 연을 끊은 일로도 유명합니다만 그렇다고 해서 그가 간디처럼 톨스토이의 삶을 따라 산 것은 아니었습니다. 이처럼 일본에서 좌우익이란 형제와 같았습니다. 대부분의 인민은 좌우익이 무엇인지도 모르고 먹고사는데 바빴습니다. 그저 지식인이라는 자들이 서로 좌우익이라고 갈라져서 싸운 것입니다.

그런데 일본에서 톨스토이가 대중적인 인기를 끈 특별한 계기가 있음을 주의해야 합니다. 1914년, 자연주의 작가인 시마무라 호게츠(島村抱月, 1871-1918)가 『부활』을 연극으로 공연한 것이 크게 성공한 탓이었습니다. 그때 여주인공을 맡은 마스이 스마코(松井須磨子, 1886-1919)가 극중에서 부른 '카츄샤의 노래'가 엄청난 인기를 끌었습니다. 이 노래는 일본 엔카의 원조라고 할 정도로 유명했습니다. 이런 분위기 속에서 톨스토이가 더욱더 인기를 끌었지만, 그런 분위기는 『부활』을 귀족 출신 미남 청년과 아름다운 창녀 사이의 비련을 다룬 소설로, 그리고 톨스토이를 그런 것을 쓴 감상적인 연애소설가 정도로 만들어버리기도 했습니다. 일본이 서양화 과정을 통하여 서양에서 유행한 것들을 상업적으로 소비했던 것 중의 하나가 톨스토이였다고도 볼 수 있습니다.

이 책에 실은 톨스토이의 편지를 받은 아베 이소(安部磯雄, 1865-1949)는 1901년 일본에서 처음으로 사회민주당을 결성(결성 후 곧 금지됨)한 사회주의자로 '일본 사회주의의 아버지'라고 불리는 사람입니다. 그는 1904년 말 정부에 의해 폐쇄된 사회주의 주간지인 <평민신문(平民新聞)>의 편집인으로, 1904년 8월 14일자의 신문에 8월 4일 톨스토이에게 보낸 「톨스토이가 일본에 끼친 영향」이라는 영문 글을 실었습니다. 그 편지에 대한 톨스토이의 답에서 아베가 일본의 반전론을 전했음을 알 수 있습니다.

그러나 톨스토이의 반전 평화사상은 이미 그 전부터 일본에서 널리 알려져 일부 사회주의자들에게 공감을 받았습니다. 가령 1903년 10월 20일, 도쿄에서는 600명 이상이 모인 자리에서 사회주의자 니시카와 고지로(西川光二朗, 1876-1940)가 톨스토이의 반전사상, 특히 병역을 거부한 러시아의 드호보르교도에 대해 말했습니다. 그 역시 사회민주당 창당에 참가하고 <평민신문>에 관여했으나 대역사건[8] 후 전향하여 정신수양사가 되었습니다.

드호보르교도는 러시아 정교회의 분리파 중 하나로서 두호보르(doukhobor, Духоборы)의 의미는 '영혼을 위해 싸우는 자'들입니다. 러시아 남부에서 생겨난 그들은 러시아 정교회의 보수적 교리를 반대하고, 개인의 존엄성과 자유를 주장하고, 납세나 투표를 거부하고, 공립학교에 자녀들을 보내는 것조차 거부했습니다. 특히 기독교 평화주의에 근거한 양심적 병역거부 때문에 아나키스트로 낙인찍혀 러시아 황제로부터 무서운 탄압을 받았고, 그 일부는 톨스토이 등의 도움을 받아 캐나다(서부 지역)나 키프로스로 이주했습니다. 그러나 어디를 가나 탄압은 그치지 않았습니다. 그래서 정부 건물에 불을 내거나 알몸으로 시위를 하기도 했습니다. 특히 캐나다에서는 1950년대까지 아이들을 인디언처럼 철조망이 쳐진 수용소 같은 기숙학교에 강제로 집어넣고 러시아어를 사용하면 구타하고, 부모와의 면담은 한 달에 단 두 차례만 허락했습니다.

톨스토이 평화사상은 도쿠도미 로카 등에 의해 그 전부터 알려

---

8 大逆事件(다이갸쿠지켄): 일본의 구(舊) 형법에 규정된 천황, 황후, 황태자 등에 대해 위해를 가하거나 모의한 대역죄에 대한 사건.

졌지만, 그의 영향을 크게 받은 우치무라 간조가 1903년에 쓴 「전쟁폐지론」에 의해 더욱더 적극적으로 전해졌습니다. 아베와 함께 1901년 사회민주당을 결성한 사회주의자 고토쿠 슈스이(行德秋水, 1871-1911)도 같은 해 반전주의를 주장하는 『20세기 괴물 제국주의(二十世紀持怪物帝國主義)』를 썼고 그 원조인 톨스토이를 찬양했습니다.[9] 그는 이미 1900년 <일본인>에 쓴 「소위 전쟁문학」이라는 글에서 "지금 우리 문단은 백 명의 키플링이 필요한 것이 아니라, 한 사람의 톨스토이를 갈망한다"[10]고 했습니다. 그 뒤 고토쿠, 아베, 니시카와 등이 함께 창간한 <평민신문>을 중심으로 반전활동이 시작되었습니다.

1904년 2월 러일전쟁이 터지자 톨스토이는 그해 5월 「회개하라!」는 글을 써서, 6월 27일 <런던 타임스>에 발표했습니다. 이 글은 러시아를 제외한 전 세계 중요 신문에 소개되었습니다. 고토쿠 슈스이는 그 글을 번역하여 <평민신문> 8월 7일자에 실었는데 엄청난 인기를 끌었습니다. 물론 반대 여론도 적지 않았습니다. 적국인 러시아의 위대한 작가가 러일전쟁에 반대한 것이 일본 정부나 우익에게는 좋은 선전거리가 되었고, 그 점이 톨스토이를 대중적으로 널리 알리는 계기가 되기도 했습니다.

그런데 고토쿠는 위의 글이 실린 지 1주일 뒤인 8월 14일호에 톨스토이를 비판하는 글을 실었습니다.[11] 톨스토이가 전쟁의 원인을 참된 종교의 상실 탓으로 보았고 참된 종교를 통한 평화의 회복을 주장하는 것은 잘못이며 전쟁의 원인이 자본주의에 있으니 자본주의 체제 전복에 의한 사회주의 건설이야말로 전쟁을 막는 유일한 길이라고 주장한 것입니다. 그러나 이는 톨스토이가 참된 종교가

9 고토쿠 슈스이, 임경화 옮김, 『나는 사회주의자다』, 교양인, 2011, 27쪽.

10 같은 책, 193쪽.

11 같은 책, 350-353쪽.

상실되어 자본주의가 시작되었고 그 자본주의를 없애기 위해 종교의 회복이 필요하다고 주장한 것을 고토쿠가 오해하거나, 톨스토이가 말하는 종교를 오해한 것이라고 볼 수 있습니다.

이러한 대립은 톨스토이가 이미 아베에게 보낸 편지에서도 드러난 것으로, 특별한 일은 아니었습니다. 사실 고토쿠는 그 전부터 톨스토이에 반대했습니다. 1904년 3월 27일자 <주간평민신문>에 발표한 「아아, 증세(增稅)!」에 나오는 다음 부분이 그 예입니다. 이 글은 전쟁을 위한 증세 주장에 대한 반박인데 중간 부분에서 톨스토이를 비판합니다.

> 다만 우리들은 지금 결코 톨스토이처럼 병역을 피하거나, 조세를 내지 말라고 말하는 것은 아니다. 우리들도 병역의 해악을 인정하고 조세의 고통을 느끼지만, 그래도 이것은 우리 국민이 조직한 제도가 불량하기 때문에 오는 것이다.…… 그것에 항의하고 거부한다면 법률의 죄인에 머물 뿐이다.[12]

그러면서 그는 "정권을 국민 전체에 분배하는 것"으로 시작하여 "토지와 자본의 사유를 금하고 생산의 결과를 생산자의 수중에 넣는 것을 마지막"으로 체제를 바꾸어야 한다고 주장합니다. 그러나 그도 자신이 말한 "법률의 죄인에 머물 뿐"입니다. 그도 결국은 법률에 의해 처형당하지 않았습니까?[13] 고토쿠는 악법에 대한 저항의식이 철저하지 못해서 톨스토이를 제대로 이해하지 못한 듯합니다.

---

12 같은 책, 348-349쪽.

13 1910년 5월, 천황 암살을 모의했다는 혐의로 5명의 무정부주의자가 체포되었는데 이 사건으로 정치적 반대파의 검거 파동이 일어났고 고토쿠도 체포되었다. 고도쿠는 1911년 1월 24일에 교수형을 당했다. 1965년 일본 대법원은 그와 함께 사형당한 무정부주의자들에 대한 재심 청구를 기각하였다.

여하튼 <평민신문>에 톨스토이에 대한 많은 글이 실렸던 것을 보면 적어도 초기의 일본 사회주의는 마르크스주의보다 톨스토이주의에 입각했다고 할 수 있습니다. 이는 일본만이 아니라 중국이나 한국에서도 마찬가지였습니다. 19세기에는 세상 어디에서나 마르크스주의보다 톨스토이주의, 보다 광의로는 아나키즘이 우세했습니다.

일본의 경우에도 이러한 사회주의자 외에 우치무라 간조와 같은 기독교인, 톨스토이와 함께 노자의 『도덕경』을 번역한 신학자 고니시 마스타로(小西増太郎, 1861-1939), 그리고 도쿠도미 로카를 비롯한 문학인 등 다양한 사람들이 톨스토이에 경도했습니다. 특히 도쿠도미 로카는 러일전쟁이 끝난 뒤 1906년 6월, 러시아에서 톨스토이를 방문한 뒤 돌아와 도쿄 부근에 톨스토이 공동체를 만들며 톨스토이처럼 살았습니다. 이 공동체 운동은 그 뒤 무샤노코지 사네아츠(武者小路實篤 1885-1976)나 아리시마 다케오(有島武朗, 1873-1923) 등에 의해 일본에 크게 보급되었습니다. 그들은 1918년 규슈(九州)의 휴우가(日向) 산촌에 토지를 구하여 동지들과 함께 이상사회의 건설을 목표로 공동체 생활을 실천하였으며 이는 7년간이나 이어졌습니다. 그러나 그러한 운동들은 대체로 1920년대 말 일본의 제국주의가 강화되면서 끝났습니다.

앞에서 말한 도쿠도미 로카에 대해 조금 더 소개할 것이 있습니다. 그는 1906년 예루살렘 순례를 마치고 야스나야 폴랴나(Yasnaya Polyana)에서 톨스토이와 함께 5일간 지내면서 평화사상을 체득하고, 러일전쟁의 승리에 도취한 일본을 비판한 「승리의 비애」를 썼습니다. 이어 1911년의 대역사건 직후 「모반론(謀叛論)」(1911)도 썼습니다.[14] 그러나 그 역시 그 뒤로는 평화운동을 하지 않

14 1910년 5월, 일본 정부가 조선 침략을 비판하는 등 진보 인사들을 일망타진하려고

았습니다. 그리고 일본은 전쟁으로 휘말려 들어가 버렸습니다. 톨스토이의 영향을 받은 이들이 톨스토이처럼 철저하지 못했던 탓이었을까요? 왜 인도에서 일어났던 비폭력 평화운동이 일본에서는 잠시 흉내만 내다가 금방 사라졌을까요? 당시 일본이 영국 지배하의 인도만큼도 자유롭지 못했던 탓이었을까요?

톨스토이와 중국인

톨스토이는 당대 일본은 서양 모방국이라고 싫어했지만, 당대 중국은 물론 고대 중국과 고대 인도는 자신이 좋아하는 비서양의 표상으로서 무척 좋아했습니다. 그래서 만년의 일기에 자기가 젊었더라면 중국에 갔을 것이라고 썼습니다. 이는 당대의 서양은 문명, 동양은 야만이라는 식의 오리엔탈리즘에 반발한 것이었지만, 동시에 그 무조건적인 반발이 갖는 문제점도 있었음을 주의해야 합니다.

톨스토이가 중국의 모든 것을 좋아한 것은 아닙니다. 특히 그는 왕조 중국을 러시아의 차르 체제만큼이나 싫어했습니다. 그러니 톨스토이가 차르 체제나 왕조 체제를 지지했다고 보는 일부 견해는 전적으로 잘못된 것입니다. 그 체제에 봉사한 지식인이나 예술가에 대해서도 톨스토이는 철저히 비판적입니다. 따라서 우리가 아는 중국 전통문화도 톨스토이에게는 관심의 대상이기는커녕 비판의 대상이었습니다.

중국에 대한 톨스토이의 관심은 유교와 도교 및 묵가에 한정되었습니다. 그중에서도 도교, 더 정확하게 말하자면 노자의 무위를 자신의 비폭력 사상과 유사한 것으로 보았습니다. 그러나 동양 사

고토쿠 슈스이 외 26명을 체포하고 그중 12명을 대역죄로 1911년 1월24~25일에 처형했다. 그 직후인 2월 1일, 제1고교의 강연에서 로카는 국가란 모자처럼 "머리 위에 쓰지만 머리를 지나치게 누르지 않아야 하는데, 머리를 무겁게 하면 모반할 수밖에 없다."고 말했다.

상에 대한 톨스토이의 지식이 충분하지 못해 여러 가지 오해도 있었습니다. 특히 그가 유교를 제대로 알았더라면 자신이 러시아정교나 차르 체제를 비판했듯이 유교나 중국 황제 체제를 비판했을지도 모릅니다.

톨스토이는 1876년, 노자의 『도덕경』을 처음 읽고 감동하여 원전을 읽기 위해 중국어를 배우고 그 번역 작업에 두 번(1893년에는 러시아인 포포프(E. Popov)와 함께, 1895년에는 중국어와 중국 고대 사상에 정통한 일본인 고니시 마스타로와 함께)이나 참여하고 1913년, 번역본 출판의 감수를 맡기도 했습니다. 그는 노자의 무위를 자신의 수동적 저항과 같은 것으로 보았습니다만 과연 그러한지는 의문입니다. 저는 묵자의 겸애사상이 톨스토이의 인류애와 통한다고 생각합니다. 톨스토이도 묵자를 좋아했습니다. 그러나 묵자와 공맹이 어떻게 다른지에 대해서는 제대로 몰랐습니다. 사실 그는 노자와 공자의 차이도 잘 몰랐기 때문에 중국의 전통 종교면 다 좋다는 식이었습니다.

톨스토이에게 최초로 편지를 보낸 중국인 장징퉁(張慶桐, 1872-?)은 상하이에서 태어나 1889년부터 1896년까지 러시아에서 공부한 뒤 중국에 돌아와 유명한 법률가와 출판인으로 지내며 톨스토이 작품을 번역하고 그의 사상을 중국에 퍼뜨렸습니다. 그는 자신의 러시아 체험을 쓴 「러시아 방문 인상」으로 중국에서 유명해졌습니다.

장징퉁은 1905년 12월 톨스토이에게 편지와 함께 그가 러시아 학자 A. 보즈네센스키(Voznesenskij)와 러시아어로 번역한 량치차오(梁啓超)의 『이홍장(李鴻章)』(영어 번역명은 『최근 40년간의 중국 정치사』)을 보냈습니다. 그 편지에서 그는 자신의 신념 즉, 러시아와 중국은 공유하는 점이 매우 많고, 따라서 양국의 인민은 미래에 서로 더욱더 깊은 이해를 수립해야 한다는 점을 전했습니다. 그에 의하면 중국과 러시아는 정치경제적 발전에서 서양에 뒤처진다는 공통점을 가지고 있지만, 중국은 러시아보다 더 뒤처져 있기 때문에 서구 유럽보다 러시아의 발전(이는 1905년 혁명 이후의 발전을 뜻했습니다) 경험을 더 많이 배워야 한다는 것이었습니다. 러일전쟁과 극동의 제국주의적 복잡성에 비추어보면 두 나라의 관계는 특히 중요하다고 그는 지적했습니다. 그리고 러시아 문화유산에 대한 지식이 두 나라의 이해 증진에 큰 도움이 되고, 자신은 톨스토이가 러시아의 어떤 작가보다도 인도주의적 신념을 가지고 있다고 생각하여 그의 작품을 중국어로 번역해왔다고 말했습니다.

그러나 톨스토이의 입장은 달랐습니다. 이 책에 수록한 답장 편지에서 보듯이 그는 러시아와 중국은 국가 간의 외교가 아니라 양국 인민의 내면적이고 정신적인 유대에 근거해야 한다고 했습니다. 민주개혁이나 산업발전에 기대하기보다는 참된 자유 즉, 국가로부터 자유로운 새로운 사회를 만들어야 한다고 주장했습니다. 그런 톨스토이의 주장에 대해 장징통이 어떻게 생각했는지는 더 이상 편지가 교환되지 않았고 장징통이 별도로 남긴 것이 없기 때문에 알 수 없습니다만 그다지 만족스러워하지는 않았을 것 같습니다.

이러한 톨스토이의 주장은 1906년 3월, 그가 상하이의 러시아 총영사 브로잔스키(L. Brodjanskij)로부터 중국의 학자이자 정치인인 구홍밍(辜鴻銘, 1854-1928)의 『존왕편, 총독 아문 문집(尊王篇, 總督 衙門 文集)』(영어 번역명은 『총독 아문 문집, 중국의 좋은 정부와 참된 문명을 구하는 중국인의 호소*Papers from Viceroy's Yamen; A Chinese Plea for the Cause of Good Government and True Civilization in China*』, 1901)과 『러일전쟁의 도덕적 원인』(영어 번역명은 *The Moral Cause of the Russo-Japanese War*)을 받고 보낸 「중국인에게 보낸 편지」에도 그대로 드러납니다.

구홍밍은 장징통과는 반대되는 사람이었습니다. 그는 청말부터 중화민국 초기까지의 격동기를 살면서 군주제를 옹호하고 서양식 산업화와 민주화에 반대한 보수 반동의 전형이었습니다. 그는 13세에 선교사를 따라 영국에 건너가 에든버러 대학교를 졸업하고 독일에서 공학박사를 받은 뒤 25세에 중국에 돌아왔으나, 특히 유교 전통에의 회귀를 주장하면서 1898년 중국인 최초로 『논어』를 영역했습니다. 그 뒤 1900년에 터진 의화단사건 때에는 서양 선교사들이 저지른 악행을 고발하고 그 원인이 캉유웨이(康有爲, 1858-1927)에게 있다고 비난하며 서태후를 옹호하는 등 서양을 비판하는 저술에 몰두했습니다.

『존왕편』에서도 구홍밍은 선교사와 중국 기독교인을 철저히 비판했습니다. 선교사들은 오만불손하고 그들이 가르치는 계몽이란 사기에 불과하며 그들의 궁극적인 목적은 서양 제국주의로 하여금 중국을 지배하도록 하기 위한 것이라고 보았습니다. 그들에게 유혹된 중국인 기독교도는 인간적으로 열등한 존재들로 태평천국의 난 등에 참가하여 중국을 배신했다는 것입니다.

톨스토이는 이에 대한 답으로 1906년 9월 13일, 「중국인에게 보내는 편지」를 공개적으로 썼는데 놀랍게도 서양에 반대한 구홍밍의 견해와 유사한 점이 많습니다. 물론 톨스토이가 주장한 폭력에 대한 소극적 저항은 구홍밍의 견해와는 달랐습니다. 톨스토이는 소극적 저항이 유교, 불교, 도교와 일치한다고 보았습니다. 특히 중국 전통 종교의 가르침을 본받고 농업 사회로 살아야 한다고 톨스토이가 주장한 것은 구홍밍이 유교식으로 살아야 한다고 주장한 것과 너무나 달랐습니다.

이런 톨스토이의 주장을 구홍밍이 인정했을 리 없습니다. 그는 1915년에 쓴 『춘추대의(春秋大義)』(영어 번역명은 *The Spirit of the Chineser People*)에서 기독교 대신 유교가 조상숭배와 충군효친의 예로 세계를 구출해야 한다고 주장하고 민주화와 산업화에 반대했습니다.

반면 톨스토이의 이 편지가 중국의 아나키스트들인 신세기파와 천의(天義)파 모두의 기관지에 실린 것을 보면 그 편지가 특히 아나키스트들에게 영향을 미친 것임을 알 수 있습니다. 그러나 반전통파인 전자보다 전통파인 후자의 류스페이(劉師培, 1884-1919) 등에게 더 큰 영향을 미쳤습니다. 후자는 특히 고토쿠 슈스이에 기울었는데 그 모두에게 톨스토이는 공통의 스승이었습니다. 류스페이가 나중에 만주 귀족에게 매수되어 혁명 후에는 위안스카이(袁世凱, 1859-1916)의 제제운동(帝制運動)에 참가하는데 이는 구홍밍과 유사합니다.

중국에는 현대 문학의 최고봉이라고 평가되는 루쉰(魯迅, 1881-1936)을 비롯하여 톨스토이의 영향을 받은 작가들도 많았습니다. 루쉰은 자신이 톨스토이를 처음 접한 것은 일본 유학 시절에 일본 학생들로부터 "회개하라"는 말을 들었을 때라고 말했습니다. 그 뒤 톨스토이 작품을 읽고 그의 인도주의에 공감한 점을 루쉰의 초기 작품집인 『눌함(吶喊)』 등에서 볼 수 있습니다. 어리석고 무지한 대중에게 자신의 나쁜 근성을 개혁해야 하는 것의 중요성을 강조했습니다. 그러나 루쉰은 톨스토이의 인도주의, 약자 사랑은 공감했지만 그리스도의 용서 정신에 입각한 무저항주의에는 동의하지 않았습니다. 루쉰은 니콜라이 2세 이후의 러시아 문학은 '삶을 위한 것'이라고 보고, 모든 작가들은 피압박자를 위한 문학을 했다고 평가하면서 그들을 중국 문학의 교사이자 친구라고 했습니다. 그러나 무저항주의는 당시의 중국에는 맞지 않는 매우 선진적인 것이기에 중국에서는 봉건세력과 외적에 대한 폭력적 저항이 필요하다고 보았습니다.

당시의 중국이 간디가 살았던 시대의 인도보다 후진적이었다고 할 수는 없을 것입니다. 그 후 1세기가 지난 지금도 마찬가지입니다. 그런데 지금도 중국에서는 민주주의가 제대로 구현되어 있지 않습니다. 반면 인도는 적어도 선거로 대표를 뽑는다는 점에서는 민주적입니다. 저는 중국이 조만간 민주주의로 바뀔 것이라고 생각하지만, 인도의 간디 같은 사람이 중국에 있었더라면 민주주의의 도래가 더 빨랐을지도 모릅니다.

마지막으로 루쉰의 동생 저우쭤런(周作人, 1885-1967)은 일본에서 무샤노코지 등이 공동체운동을 했을 당시 일본 유학(1906-1911) 중이었는데 그 영향을 받아 중국에서도 같은 운동을 했지만 곧 실패로 끝났다는 사실을 기억할 필요가 있습니다. 루쉰이 그것이 중국에서는 실현되기 어려운 이상이라고 신랄하게 비판했고 후스(胡適, 1891-1962)가 현실도피주의라고 비판한 것도 그 실패에 기여했을지 모릅니다. 그 밖에 중국에는 톨스토이의 영향을 받은 아나키즘 작가 바진(巴金, 1904-2005)과 야스나야 폴랴나를 처음 방문한 중국인인 취추바이(瞿秋白, 1904-2005) 그리고 1960년 톨스토이 소설을 완역한 차오잉(草 , 1923-1935)이 있습니다.

톨스토이와 러시아인

이 책에는 그 밖에 러시아인, 서양인, 인류에게 쓴 편지가 들어 있습니다. 러시아인인 톨스토이가 러시아인에게 쓴 편지가 많은 것은 당연한 일이겠고, 특히 그의 아내와 자녀 그리고 친구와 제자에게 보낸 편지가 많으나 이 책에는 10편의 편지만을 실었습니다. 가족에게 보낸 편지는 톨스토이의 삶과 작품을 이해하는 데에 대단히 중요하지만 비폭력 평화에 대한 편지만을 모은 이 책에서는 번역하지 않았습니다.

톨스토이는 몇 안 되는 오랜 친구인 스트라호프(Nikolay Nikolayevich Strakhov, 1828-1896)와 수많은 편지를 교환했습니다. 그는 러시아의 보수주의 철학자로 『전체로서의 세계』 등을 썼습니다. 1870년 『전쟁과 평화』가 세계적인 걸작이라는 것을 처음으로 인정한 사람 중의 하나이기도 했으나 매우 보수적인 입장이었습니다. 1896년에 나눈 편지는 톨스토이가 두호보르에 관심을 가진 것을 보여줍니다.

톨스토이에게는 친구보다 제자들이 더 중요했습니다. 가장 헌신적인 제자였던 체르트코프와 톨스토이는 1천 통 가까운 편지를 교환했는데 이 책에는 두 편만 실었습니다. 그의 아내인 체르트코바에게 보낸 편지까지 더하면 세 편입니다.

세 편 모두 톨스토이 내면의 고통을 느끼게 해줍니다. 특히 1909년 죽기 한 해 전의 편지는 『노자』를 읽는 톨스토이를 보여줍니다. 영화 <톨스토이의 마지막 정거장>에는 톨스토이의 아내와 끝없이 다투는 통통하게 살찐 귀족주의자이자 톨스토이주의자가 나오는데 그는 <부활> 주인공의 모델이 되기도 한 체르트코프입니다. 체호프(Anton Pavlovich Chekhov, 1860-1904)의 조부를 농노로 두고 부유하며 왕족과 친밀한 귀족 집안 출신의 그는 당대 귀족의 아들이면 그렇듯이 가정교사의 교육을 받고 근위기병대에 들어가 장교가 되었습니다. 1870년대까지 당시의 젊은 귀족 계급이 겪는 정신적 위기를 겪고 1881년 기병대를 나와 어머니의 영지에 도서관과 학교를 세워 농민 생활 개선에 헌신하면서 단순한 생활을 영위했습니다.

군인인 그는 29세의 육군 장교로 1883년 톨스토이를 만난 이래 톨스토이의 가장 유명한 제자이자 동료가 되었습니다. 그를 처음 만났을 때 톨스토이는 기독교도는 군복무를 거부해야 한다고 말했습니다. 그는 1880년부터 톨스토이의 저작을 읽고 1883년 톨스토이를 만나 모스크바와 페테르부르크를 함께 여행했습니다.

1884년 톨스토이의 권유로 '중개자'라는 뜻의 출판사 보스레드니크를 설립하고 검열에 걸린 톨스토이 저작을 영어로 번역하여 해외에서 출판했습니다. 1889년부터는 톨스토이의 삶에 더욱더 개입하여 그의 모든 저술을 관장한 탓에 톨스토이의 가족, 특히 그의 아내와 갈등을 야기했습니다. 그런 활동과 양심적 병역거부로 인해 1897년 영국으로 망명한 그는 가족과 함께 정착하여 그곳에서 11년을 살면서 출판 활동과 강연 활동을 계속했습니다. 1905년 러시아 혁명 이후 러시아와 영국에서 활동했던 체르트코프는 그의 친구인 비류코프와 함께 톨스토이의 생애 마지막 5년간 중요한 역할을 했습니다. 특히 1908년 귀국한 뒤 1910년 톨스토이가 죽기 전까지 톨스토이 곁에서 그를 도왔습니다. 그는 영국과 덴마크에 이어 러시아에서 양심적 병역거부를 인정하는 법률을 통과시키는 데 기여했습니다(그러나 7년 뒤 레닌이 사망하면서 폐지되었습니다). 1936년 죽기 전까지 톨스토이전집 90권을 편집했습니다.

체르트코프의 친구이자 톨스토이가 거의 유일하게 의존한 비류코프에게 1908년에 보낸 편지는 톨스토이가 젊은 시절(1866년) 경험한 어느 사병 재판에서의 변호 경험에 대해 쓴 것입니다. 비류코프(Pavel Biryukoy)는 1900년대 초부터 그의 가장 유명한 책인 『톨스토이의 생애』(1906-1920) 4권의 저술을 시작했는데, 이는 톨스토이를 정확히 알리고자 함이었습니다. 이 책은 그 후 모든 톨스토이 전기의 기초가 되었습니다. 비류코프는 1884년 말 체르트코프의 소개로 톨스토이를 알았고, 톨스토이와 가장 가깝게 활동한 톨스토이주의자로는 체르트코프 다음이라고 평가됩니다.

톨스토이가 러시아인에게 보낸 편지 중에서 가장 주목해야 할 것은 「인도인에게 보낸 편지」와 같이 자유주의자, 하사관, 황제, 노동자에게 쓴 일련의 편지들입니다. 먼저 1896년 「자유주의자에게 보낸 편지」는 당시 러시아에 존재한 자유주의자와 혁명주의자의 대정부투쟁을 모두 비판하고 국가를 벗어나는 권리 투쟁으로서 비폭력적인 비협력 평화운동을 권유한 편지로 지금 우리에게도 교훈을 줍니다.

1898년에 쓴 「하사관에게 보낸 편지」는 군인에게 국가와 교회 등의 권력에서 벗어나라고 권하는 편지로 앞의 편지보다 훨씬 위험할 수 있습니다. 1901년 왕자에게 보낸 편지에서 톨스토이는 고리키(Maxim Gorky, 1868-1936)의 석방을 탄원했지만 같은 해 「황제와 그의 보좌관들에게 보낸 편지」에서는 농민의 권리 인정, 사형 폐지, 평등교육 및 반인종주의 철폐, 종교의 자유 인정 등 당시 어떤 러시아인보다 광범한 인권 보장을 요구합니다. 「노동자에게 보낸 편지」는 사실상 농민에게 보내는 편지로 노동자의 사회주의적 폭력 투쟁보다는 농민으로서 비폭력적으로 살기를 권하며 헨리 조지[15]가 주장한 농민의 토지공유제를 강조합니다.

톨스토이와 서양인

톨스토이가 서양인에게 보낸 편지도 많지만 여기에는 로맹 롤랑과 버나드 쇼 등에게 보낸 4편만 실었습니다. 그런데 롤랑이나 쇼에게 보낸 편지는 앞의 간디에게 보낸 편지와 비교할 때 너무나 추상적이어서 상당히 공소하다는 느낌을 버릴 수 없습니다. 롤랑이나 쇼 같은 서양 작가들은 간디와 같은 행동의 차원이 아니라 이론의 차원에서 톨스토이와 대결하고 있습니다.

프랑스를 비롯한 유럽 여러 나라에서는 1885년부터 1887년 사이에 톨스토이 작품들이 대부분 번역·출판되었습니다. 로맹 롤랑

---

15 Henry George(1839-1897): 미국의 정치가이자 정치경제학자. 그는 단일세(Single tax)라고도 불리는 토지가치세의 주창자였으며, 조지주의(Georgism, 우리말로 지공주의라고도 함)라고 불리는 경제학파의 형성에 영향을 끼쳤다. 19세기 후반에 카를 마르크스와의 논쟁에서 자본과 토지를 구분하지 않는 마르크스주의를 비판하였다. 지공주의의 요지는, 개인은 자신의 노동생산물을 사적으로 소유할 권리가 있으나 사람이 창조하지 아니한 것 즉, 자연으로부터 부여받은 토지와 자연환경은 사유할 수 없고 모든 사람에게 공유되어야 한다는 것이다.

에 의하면 그때 프랑스의 젊은이들이 다양한 사상을 가졌음에도 톨스토이에 대한 사랑으로 하나가 되었는데, 그런 목소리는 유럽에서 처음이었다고 합니다. 롤랑도, 톨스토이가 흔히 말하는 회개 이전의 톨스토이와 회개 이후의 톨스토이로 나누어 그 둘이 다르다고 볼 것이 아니라 처음부터 끝까지 톨스토이는 하나라고 합니다. 롤랑은 1887년에 톨스토이에게 편지를 썼습니다. 그때 롤랑이 21세, 톨스토이가 59세였습니다.

로맹 롤랑(Romain Rollend, 1866-1944)은 프랑스의 소설가·사상가로 휴머니즘과 평화에 대한 신념으로 당대의 사회, 정치, 정신세계와 관련한 문학 활동과 평화운동을 벌였습니다. 대표작으로 소설 『장 크리스토프』가 있으며, 베토벤, 미켈란젤로, 톨스토이, 간디 등의 전기를 집필하였고, 1915년 노벨 문학상을 수상하였습니다. 그의 톨스토이 전기는 일찍부터 우리나라를 비롯한 세계 여러 나라에 소개되었습니다.

롤랑이 편지에서 정신노동이 과연 육체노동보다 무가치한가라고 묻자 톨스토이는 그렇다고 하면서 그 이유로 정신노동이 특권계급의 사치스러운 놀이가 되었기 때문에 정신노동도 인류를 위한 것이 되어야 한다고 주장했습니다. 조선시대까지의 전통 고급 예술이나 학문이라는 정신노동이 당대의 지배계급을 위한 것이었음이 그 단적인 보기입니다.

더 중요한 편지는 톨스토이가 어니스트 하워드 크로스비(Earnest Howard Crosby, 1856-1907)에게 보낸 무저항에 대한 편지입니다. 크로스비는 뉴욕 출생의 사회개혁가이자 작가로, '사회개혁클럽'의 창시자이고 초기 회장이었으며 채식주의자, 단일세 주의자, 반제국주의자였습니다.

인터넷에서 한글로는 검색이 안 되는 것을 보면 우리에게는 알려진 적이 거의 없는 사람인 듯합니다. 미국에서는 역사적으로 중요한 법률을 제정한 국회의원으로 유명한데, 1889년부터 5년간 이집트 알렉산드리아에서 판사를 역임한 점이 이색적입니다. 같은 시기에 외국인 법률가가 우리나라에 와서 서양법 계수 작업을 했던 것과 같은 일이었습니다.

그는 1894년 이집트에서 미국으로 돌아가는 길에 러시아에 들러 톨스토이를 만났을 정도로 톨스토이에 심취했습니다. 카츄샤의 재판을 다룬 『부활』을 읽고 톨스토이를 존경하게 되었다는 법률가는 한국에도 있지만, 크로스비는 『부활』이 나온 1899년보다 더 이른 시기부터 톨스토이주의자였습니다. 그러나 그의 톨스토이주의는 톨스토이가 살았던 러시아의 재판제도는 물론 크로스비의 조국인 미국의 사법제도, 특히 사형제도에 비판적이었고, 게다가 『부활』을 쓴 이유가 되었던 양심적 병역거부를 인정했다는 점에서 그보다 1세기가 더 지난 지금 우리의 사정과는 상당히 달랐음을 주의해야 합니다.

크로스비는 법률가이면서도 톨스토이와 카펜터(Edward Capenter, 1844-1929)를 비롯한 예술가에 대한 책을 많이 썼습니다. 그중에서도 압권은 죽기 직전에 쓴 셰익스피어 작품의 반민주주의를 철저히 비판한 『노동계급에 대한 셰익스피어의 태도』입니다. 이 글의 요지는 셰익스피어가 그 모든 작품에서 왕과 귀족을 끝없이 찬양하는 반면 민중은 철저히 모멸했다는 것입니다. 민중을 모멸하는 온갖 욕설이 셰익스피어 작품에 수없이 등장하는데 우리에게는 그런 점이 충분히 인식되지 못했고, 그 반대로 셰익스피어가 고상한 예술 연극 내지 영화의 대표 격으로 인식되어왔다는 점은 다시 들여다 볼 필요가 있습니다. 셰익스피어 당대에는 물론 지금도 서양에서 그의 연극은 우리의 TV 드라마 같은 수준의 대중예술입니다. 셰익스피어에 대한 우리의 인식은 무엇보다도 이 점에서 서양과 차이가 있습니다.

크로스비는 여러 가지 점에서 톨스토이와 의견을 함께했는데 앞에서 본 크로스비의 글은 톨스토이에게 「셰익스피어와 연극」이라는 글을 쓰게 한 계기가 되었고, 톨스토이의 글은 크로스비 글의 서문으로 발표되기도 했습니다. 톨스토이가 죽기 직전인 1903년부터 1906년 사이, 75세부터 78세 사이에 셰익스피어의 희곡과 연극을 되풀이하여 읽고 본 뒤에 심혈을 기울여 쓴 그 글은 그의 『예술은 무엇인가』와 함께 톨스토이 예술론의 백미입니다. 셰익스피어 전문가와 톨스토이 전문가 사이에서도 도덕주의라는 비난 아래 곧잘 무시되는 글이지만, 저는 그 글이 셰익스피어에 대한 최고로 정확한 평가라고 생각합니다.

크로스비나 톨스토이 외에도 셰익스피어를 비판적으로 본 사람들은 많았습니다. 톨스토이 이전에도 사무엘 존슨이나 바이런이 있었고 프랑스에서는 볼테르와 나폴레옹이 있었습니다. 톨스토이 이후에도 버나드 쇼와 윌리엄 모리스 그리고 비트겐슈타인이 있었습니다. 또 앙드레 지드가 「리어왕」을 너무나 인위적이라고 비판한 것은 톨스토이의 비판과 같은 맥락이었습니다. 쇼는 셰익스피어의 철학이 공허하고 도덕적으로 천박하고 남루하며 사상가로서는 박약하고 비일관적이고 저속한 편견에 사로잡혀 있다고 비난했습니다.

영국의 극작가인 버나드 쇼(Bernard Shaw, 1856-1950)는 1906년 12월, 톨스토이에게 그의 희곡 『인간과 초인*Man and Superman*』을 보냈습니다. 톨스토이는 처음 그 작품을 읽고 쇼에 대해 좋지 못한 인상을 받았으나, 그 후에는 그 작품은 물론 다른 작품도 좋아했습니다. 쇼도 톨스토이의 『예술은 무엇인가』를 현대 최고의 예술론이라고 찬양했고, 니체, 바그너, 쇼펜하우어, 입센과 함께 인류의 지적 양심을 수립한 5대 거목이라고 했습니다. 그러나 니체나 바그너는 톨스토이와 대립했습니다.

이 책의 마지막에 실은 「인류에게 보낸 마지막 편지」(1909년)

는 살인 범죄를 용인하는 군대와 군대문화, 전쟁을 거부하고 폐지해야 평화가 온다는 호소입니다. 그 근거는 살인하지 말라는 성서 등 모든 종교의 계율입니다. 특히 전쟁영웅주의, 군대의 영광과 애국심을 폐지해야 한다고 주장합니다. 톨스토이는 유일하게 왕이 나체라고 진실을 말한 아이처럼 전쟁과 군대에 반대해야 한다고 주장합니다. 이는 톨스토이의 일관된 주장입니다.

이 글은 1910년 8월 1일에서 5일까지 스웨덴 스톡홀름에서 열린 18회 국제평화회의를 위해 쓴 글인데, 톨스토이는 회의에 참석하지 못했고 편지도 회의에서 낭독되지 못했습니다. 그리고 두 달 뒤에 그는 죽었습니다. 그 후 1세기 이상이 지났지만 전쟁은 물론 군대도 없어지지 않았습니다. 지금의 세계, 특히 지금의 한반도처럼 군대와 전쟁의 위협이 큰 나라가 또 있을까요?

톨스토이와 한국인

최남선(崔南善, 1890-1957)이 <소년> 8호(1909. 7)에서 톨스토이를 "현시대의 최대 위인=그리스도 이후의 최대 인격"이라고 찬양하고 톨스토이즘 강령을 언급한 뒤 민화를 번역한 것이 조선에서 톨스토이를 최초로 소개한 것이었습니다. 그 다음 해 조선은 일본의 식민지가 되었고 석 달 뒤 톨스토이는 죽었습니다. 그러자 당시 톨스토이 소개에 앞장섰던 최남선은 「스승의 죽음을 애도하며」라는 글을 썼습니다. 그 '스승'이란 말에는 특별한 의미가 있었다기보다는 당시 톨스토이가 가장 유명한 외국 작가였기 때문에 붙인 말이었습니다. 그가 톨스토이처럼 살았다고 보기는 어렵습니다. 도리어 만년에 그가 친일을 한 것은 톨스토이로서는 상상도 하기 어려운 일이었을 것입니다. 최남선과 함께 톨스토이를 좋아했다는 이광수 등도 마찬가지입니다.

최남선의 톨스토이 소개는 당시 전 세계적으로 일반적인 톨스토이 평가로 손색이 있는 것은 아니었으나, 문제는 톨스토이즘을 철저히 왜곡한 점이었습니다. 일본의 소설가인 나카자토 야노스케(中里彌之助, 1885-1944)가 톨스토이즘의 주장이라고 한 8개 항목 중 반에 이르는 현대 문명과 국가에 대한 톨스토이의 비판을 생략한 것이었습니다. 그 생략된 부분에서 톨스토이는 소수 계급의 쾌락과 허영을 다수 하층 계급의 빈곤과 대비하고 국가는 살인을 강요하는 한편 불복종하면 엄벌에 처하는 죄악을 저지르고 있다고 비판했습니다. 이를 생략한 것은 톨스토이의 본질을 생략한 것이라는 점에서 거세라고 불러도 좋습니다.

대신 최남선은 톨스토이 사상을 '노동역작의 복음'이라고 했습니다. 여기서 노동역작(勞動力作)이란 일하여 애써 지음이라는 뜻으로 생업에 열심히 종사한다는 것입니다. 당시 최남선을 비롯한 지식인들은 한국인의 가장 심각한 문제점으로 게으름을 꼽았고 이 뜻에 따라 <소년>을 비롯한 매체에서도 열심히 일하는 근면을 중시했습니다. 톨스토이가 귀족이면서도 스스로 노동을 했다는 점은 당시 양반들의 나태에 대한 모범적 경고의 가치를 지녔을 것임에 틀림없지만 톨스토이의 노동이 반드시 그런 의미만을 갖는 것이 아니라 현대 문명에 대한 비판의 차원이었음을 최남선은 몰랐습니다.

톨스토이가 세계적으로 유명하게 된 것은 소설 때문이 아니라 1880년대에 쓴 종교 관계 글들이 러시아에서 계속 판금되었다는 소식이 전 세계에 전해졌기 때문이었습니다. 그중에서도 최대의 탄압을 받은 책이 『신의 나라는 네 안에 있다』(1891-1893)였습니다. 이 책은 1세기가 훨씬 지난 2016년까지도 우리말로 번역되지 않았습니다. 이는 한국인의 톨스토이 수용의 기형성을 단적으로 상징합니다.

그 기형화의 또 다른 면은 대중화입니다. 톨스토이 대중화는 일본, 중국, 조선 등 동아시아에서 공통으로 나타나지만 조선의 경우 일본에서 적극 논의된 톨스토이의 반전 평화사상은 논의된 적이 없었습니다. 앞에서 본 일본의 『부활』 연극 공연은 1915년 조선에서도 이루어지고 1916년에는 조선인 자신들에 의해서도 이루어져 역시 큰 인기를 끌었습니다. 1914년 최남선이 『갱생』 이라는 제목으로 『부활』의 요약 소개본을 발표한 뒤 『부활』만이 집중적으로 조선에 소개된 것도 그 공연과 무관하지 않습니다.

톨스토이 작품의 최초 한글 번역이 1910년대에 완역된 『부활』이었습니다. 『부활』은 1947년 이석훈의 번역으로 대성출판사에서 출판된 이래 1950년대에만 다섯 차례 이상 번역되었을 정도로 한국인에게 익숙한 작품이었습니다. 톨스토이의 최대 걸작이라고 하는 『전쟁과 평화』는 북한에서 서만일의 번역으로 전 3권이 조쏘출판사에서 1954년에 나온 것이 최초였습니다. 이어 남한에서 1955년 임경민과 이봉덕의 번역으로 『전쟁과 평화』가 전 6권으로 고려출판사에서 출판되고 『안나 카레니나』는 남한에서 이호철과 최상규의 번역으로 1959년 창원사에서 출판된 것이 각각 처음이었습니다. 그 밖에도 많은 소설들이 1960년대에 나왔습니다.

톨스토이의 민화는 1909년부터 번역되었고, 1910년대부터 번역된 『부활』은 해방 후 톨스토이 작품으로는 최초로 번역된 이후 지금까지 수없이 번역되었습니다. 『부활』 역시 최남선 등에 의해 그 반문명 내지 반국가사상은 거세된 권선징악의 연애소설로 왜곡되었다는 점에서 기형적 수용이었습니다. 『고백』은 1921년 김억이 번역하였고 『나의 종교는 어디에 있나?』는 1930년 정영진이 번역하였습니다. 이는 서양에서와 마찬가지로 기독교 측이 주도하였습니다. 일제강점기 기독교의 선교에 톨스토이 작품이 이용되었습니다. 이 점도 기독교 교회에 반대한 톨스토이를 우리가 기형적으로 수용한 한 사례입니다.

일찍이 신채호는 한국인은 고래로부터 외국문물을 한국의 풍토에 맞게 받아들이지 않고 원래의 모습 그대로 받아들인다고 비판한 적이 있으나 적어도 톨스토이의 경우 그 말이 맞는지 의심스럽습니다. 톨스토이는 철저히 거세되어 동물적임에도 거의 식물적인 상태로 수용된 것입니다. 그 수용 주체는 기독교도를 비롯한 당시의 지식인들로서 그들은 자신들이 기독교를 선교하고 자신들의 지적 주도권을 잡는 데에 톨스토이를 철저히 거세하여 이용한 것이었습니다.

한국인의 톨스토이 수용이 이론에 그치는 것도 톨스토이 사상의 실천적 측면과 전혀 달랐습니다. 최남선이든 이광수든 톨스토이와 같이 시골에서 노동에 종사한 적이 없고 톨스토이가 헌신한 기아 구제 운동 같은 사회봉사 활동에도 참여한 적이 없습니다. 이는 일본의 초기 톨스토이주의자인 도쿠도미 로카가 1906년 톨스토이를 방문한 뒤 톨스토이식 농촌생활을 하기 위해 시골로 내려간 것과 달랐습니다. 또한 로카가 1897년에 톨스토이 전기를 집필하고 1927년 죽기 전까지 평생을 톨스토이주의자로 지낸 것과 달리 최남선과 이광수에게 톨스토이는 평생의 사표가 아니라 지나가는 한때의 유명 외국인에 불과했습니다.

이제는 톨스토이를 좀 더 진지하게 받아들여야 합니다. 앞에서 지금 우리나라가 폭력적인 준전시의 나라라고 했습니다. 북한과의 대결 때문에 그렇다고 하지만 사실은 북한과의 대결은 폭력성에서 나온 것입니다. 왕조와 씨족주의 가문이 폭력적으로 지배한 왕조를 우리는 인민의 이름으로 물리친 적이 없고 아직까지도 그것을 예찬하며 살고 있는지도 모릅니다.

맺음말

이 편지를 번역하는 것이 중요한 이유는 무엇보다도 톨스토이 사상에 대한 정확한 이해를 돕는다는 점입니다. 톨스토이가 여러 얼굴을 갖는다는 등의 주장이 있지만 톨스토이는 비폭력 평화의 사상가입니다. 그래서 저는 2016년 초, 그의 비폭력 평화의 사상이 가장 선명하게 드러난 『신의 나라는 네 안에 있다』를 번역했습니다. 그 책이 나오고 10일 뒤에 서울대 이문영 교수의 『톨스토이와 평화』가 나왔습니다. 이 교수는 『신의 나라는 네 안에 있다』에 제가 쓴 해설을 읽고 자신의 생각과 같아서 반가웠다는 내용의 이메일을 주고 자신의 책을 보내주었습니다. 저 역시 제 톨스토이 공부의 동무가 있음을 알고 너무 반가웠습니다. 바야흐로 톨스토이의 비폭력 평화 사상이 본격적으로 소개되기 시작하고 있습니다. 왜 그럴까요?

동서고금에 다시없을 정도의 폭력과 전쟁 위협 속에서 살고 있다고 해도 과언이 아닌 지금 우리에게 비폭력 평화만큼 중요한 것이 또 있을까요? 어려서부터 폭력적 사회에서 군사훈련 및 그것을 방불케 하는 비인간적 교육으로 군인화된 저는 나이 70이 넘은 지금도 저 나름대로 비폭력 평화를 인생관으로 삼아 살아왔음에도 불구하고, 제가 얼마나 폭력적인 인간인지를 느낄 때마다 절망합니다. 아마 톨스토이도 그렇게 절망했기에 그렇게도 집요하게 비폭력 평화를 주장했을 것입니다. 그럼에도 그를 아름다운 카레니나나 카츄사의 사랑이야기 또는 도덕훈화적인 민화나 동화 작가 정도로 생각한다니 너무나 안타깝습니다.

톨스토이를 제대로 이해하고 그의 가르침을 존중한다고 해서 이 세상 사람들이 모두 톨스토이처럼 생각하고 사는 일은 생기지 않을 것입니다. 세상은 톨스토이가 생각한 것처럼 되지 않았습니다. 사회주의에 반대한 그는 사회주의가 서양에서는 없어지고 있는데 동양에서는 그것을 받아들이고 있다고 비판했습니다. 그러나 사회주의는 톨스토이가 살았던 러시아에서 그가 죽은 뒤 7년 만에 혁명으로 수립되었습니다. 루쉰이나 홍명희나 고도이처럼 톨스토이를 좋아한 사람들도 결국은 사회주의로 돌아섰습니다. 적어도 일제 강점기에 톨스토이가 제시한 길은 톨스토이처럼 양심적인 조선인에게는 통하지 않았습니다.

지금도 마찬가지입니다. 톨스토이가 주장한 농경사회로 되돌아가는 길은 불가능합니다. 이미 농경사회의 시대는 끝이 났습니다. 반면 그가 살았던 19세기 공업이나 도시의 비참함은 상당 부분 극복되었습니다. 물론 지금도 농업도 공업도 도시도 인간의 삶을 행복하게 만드는 쪽으로 잘 되어야 합니다. 전쟁이나 독재, 특권계급을 위해서가 아니라 모두의 행복을 위해서 말입니다. 톨스토이도 분명 그렇게 생각했을 것입니다. 톨스토이를 이해한답시고 그가 한 말을 그대로 좇는다는 식의 어리석음은 피해야 합니다.

이제 저는 남은 인생동안 이 땅을 비폭력 평화의 터전으로 만들고자 이 책을 준비했습니다. 이 책을 읽는 분들은 톨스토이가 여러분에게 직접 쓴 편지라고 생각하고 마음으로 읽어주시기 바랍니다. '신의 나라는 네 안에 있다'라고 하듯이 '평화의 나라는 네 안에 있다'라는 것입니다. 톨스토이가 말하는 신의 나라는 바로 비폭력 평화의 나라입니다. 존 레논의 노래처럼 군대도, 무기도, 전쟁도 없는 비폭력 평화의 나라입니다. 따라서 전쟁 영웅을 숭배한다든가, 전쟁을 미화하는 애국심을 찬양해서는 안 됩니다. 인민을 지배한 왕이나 통치자나 어떤 불평등 계급 사회도 찬양해서는 안 됩니다. 나아가 그것은 남을 조금도 차별하지 않고, 단 한 마디의 욕설도 내뱉지 않고, 모든 사람을 친구로, 동무로 대해야 가능합니다. 세계 모든 인간의 인권을 존중해야 합니다. 가능하다면 동물까지도 학대하지 않고 사랑해야 합니다. 톨스토이 가르침의 핵심은 바로 이것입니다. 우리는 그 가르침을 무시할 수 없습니다.

이 책은 R. F. 크리스천(Christian)이 편집하고 번역한 『톨스토이의 편지*Tolstoy's Letters* Volume 1』(1880-1910, Charles Scribner's Sons, 1978)를 기본 텍스트로 삼았지만, 크리스천의 책에는 없는 편지도 많고 영어 번역과 설명에 문제가 많아서 다른 여러 문헌을 참고하여 선택한 편지를 옮기고 해설한 것입니다. 가령 맥심 몬토토(Maxim Montoto)가 편집한 『인도인에게 보낸 편지*A Letter to a Hindu*』(Contance Garnett, 2015), 위키소스(Wikisource)의 '톨스토이의 편지(Letters by Leo Tolstoy)' 등의 영어판 번역본입니다. 이 책이 톨스토이의 비폭력 평화 사상을 이해하는 데 도움이 되기를 바랍니다. 그래서 이 땅이 비폭력 평화의 아름다운 나라가 되기를 진심으로 기원합니다.

마지막으로 톨스토이의 『예술은 무엇인가』를 비롯하여 저의 여러 책을 내어준 영남대출판부의 여러분들에게 깊은 감사를 드립니다.

2022년 7월

박홍규

Ⅰ. 아시아인에게 보낸 편지

요코이 토키오에게 보낸 편지(1895년)

요코이 토키오(橫井時雄, 1857-1927)는 목사, 저널리스트, 편집자, 체신성(遞信省) 관료 및 중의원을 지냈고 도쿠도미 소호·로카와 모계 쪽 친척이었습니다. 그는 1895년 『시대사조』 편집인으로서 톨스토이와 처음 편지를 나누었습니다. 당시 목사였던 그 역시 국가와 신에 대한 사랑의 갈등을 경험하면서 톨스토이에게 편지를 썼는데, 톨스토이는 당연히 국가에 대한 사랑을 부정하고 신에 대한 사랑을 강조했습니다. 그러나 그가 편지를 받고 4년 뒤인 1899년부터 관계에 진출한 것을 보면 톨스토이의 충고에 따르지 않은 듯합니다.

사랑하는 요코이 토키오에게

당신의 논문을 보내주어 고맙습니다. 당신이 그리스도의 가르침을 보급할 수 있다고 깊게 믿고 산상수훈에 나타난 기독교의 진수를 자국민에게 전하고자 함을 알고 몹시 기뻤습니다. 이는 고귀하고 절대적인 목적입니다. 저는 우리의 생명을 희생할 수도 있는 그 목적보다 더 고매한 목적을 알지 못합니다. 따라서 진지하게 말하도록 허락해주세요.

논문에서도 그렇지만 편지에서도 당신은 신과 마돈나 중 누구에 봉사해야 하는지 결정하지 못하고 있군요. 당신은 개인이나 가정이나 국가의 행복을 원하면서 동시에 개인, 가정, 국가의 이익으로부터 오로지 신의 의지에 따르기를 희망합니까?

종교의 다양성을 위해, 그리고 애국심의 극단적 전개가 낳은 인종 구별의 기초를 타파하기 위해 노력해야 한다고 당신은 말합니다.

당신은 애국심을 해부하고 분석하여 그것은 두 종류라고 합니다. 하나는 절도를 갖는 좋은 것이고, 다른 하나는 법을 벗어나 맹렬한 나쁜 것이라고 합니다. …

산상수훈이라는 그리스도의 가르침을 믿는 우리 기독교도는 그 목적을 이루고 그 의지에 사욕 없이 봉사하는 것에 전력을 기울여야 합니다.

저는 당신, 그리고 당신과 뜻을 같이 하는 친구들이 그런 행동에 나설 것을 희망합니다. 만일 제가 도움이 될 수 있다면 큰 기쁨일 것입니다.

레프 톨스토이

라마세한에게 보낸 편지(1901년 7월 25일)

A. 라마세한(Ramasehan)은 인도의 언론인이자 마드라스에서 발간된 사회정치 잡지인 『아리안*The Aryan*』의 편집인이었습니다. 그는 1901년 6월, 톨스토이에게 편지를 써서 톨스토이가 인도에서 널리 읽히고 있고 식민지주의에 많은 문제를 야기한다고 전했습니다. 톨스토이의 답장은 톨스토이의 어투를 누그러트리기 위해 약간의 수정을 거쳐 『아리안』에 실렸습니다.

사랑하는 라마세한에게

당신이 보내주신 흥미로운 편지는 잘 읽었습니다. 유럽이 제안한 사회문제 해결책을 인도에서 받아들일 수 없고 그것은 전혀 해결책이 아니라는 당신의 주장에 진심으로 동의합니다.

폭력으로 세워진 사회나 공동체는 근원적인 상태가 아닐 뿐더러 매우 위험한 것입니다. 그러한 사회를 묶는 연결은 언제나 단절될 위험에 있고 사회는 큰 불행을 만날 것입니다. 유럽의 모든 국가는 이러한 상태에 놓여 있습니다. 사랑하는 능력을 부여받은 합리적인 사람들에게 사회문제의 유일한 해결책은, 모든 사람이 자발적으로 채택하는 서로의 사랑과 합리적 원칙에 기초한 폭력의 절멸과 사회의 구성에 있습니다.

그러한 상태는 참된 종교의 발달에 의해서만 확보될 수 있습니다. 저는 '참된 종교'라는 말로 모든 종교의 근본적 원칙을 포함합니다. 인간의 영혼이라는 신의 본질을 인식하는 것과 그 발현인 인간의 생명에 대한 존중입니다.

인도의 종교는 오랜 과거부터 존재했고, 영적인 절대자 아트만[1]에 대한 인간의 관계를 물리적으로 정의하는 점에서 매우 심오한 것입니다. 그러나 그것은 사회계급인 카스트의 존재에 의해 생활에 도덕적이고 실제적으로 적용되면 왜곡됩니다. 생활에 대한 그러한 실제적 응용은, 자이나교[2], 불교, 생명을 신성하게 여겨 범해서는 안 된다고 하는 근본원리가 되고 있고, 따라서 모든 생물, 특히 인간의 생명을 뺏는 것을 엄금하는 카비르 판치스[3]와 같은 다른 모든 종파에 의해 행해지고 있습니다.

당신이 경험하는 세상의 악인 기아는 물론, 그보다 더 큰 사회악인 공장 생활에 의한 인민의 유린도, 당신 나라의 인민이 동료를 죽이는 군인이 되는 것(세포이 항쟁)[4]을 승인하는 동안 여전히 지속됩니다. 기생충은 불결한 몸에서만 자라납니다. 인도의 인민은 도덕적으로 순결하도록 노력해야 하고, 살인이나 살인의 준비행위로부터 발을 씻는 것에 비례하여 그들은 현재 고통을 받는 제도로부터 자유롭게 될 수 있습니다.

저는 영국인이 인도인의 복지를 위해 행한 모든 것에 감사해야 하고, 인도인을 문명에 이끈 모든 점에서 그들을 도와야 한다고 당신이 한 말에 전적으로 동의합니다. 그러나 영국인의 폭력 통치에 대해 그들에게 감사해서는 안 됩니다. 또 폭력 위에 선 조직에는

---

1 힌두교의 기본 교의 중 하나로 숨 쉬는 생명인 '나'를 뜻한다. 힌두교에서는 개인에 내재하는 원리인 아트만과, 우주의 궁극적 근원으로 브라만을 설정하여 이 두 원리는 동일한 것 즉, 범아일여(梵我一如)라고 파악한다.

2 인도의 종교로, 베다 신앙의 이단에서 비롯되었다. 그것은 자기완성을 핵심으로 하는 완전한 인간 이상의 존재를 인정하지 않기 때문에 무신론으로도 불렸다. 그것은 또한 사랑의 품성과 개인 간의 우애를 강조한다.

3 카비르 판치스(Kabir Panchis)는 15세기 종교철학자로서 신 앞에서는 모든 인간이 평등하고 개인과 신의 통합은 의례의 준수가 아니라 열정적인 개인의 헌신에 의해 이루어진다고 가르쳤다.

4 세포이 항쟁(1857-1858)은 세포이로 불린 인도인 용병이 영국의 동인도회사에 저항한 항쟁으로 이는 인도 독립운동의 시작이었다. 인도는 90년 후인 1947년에 영국으로부터 독립하였다.

어떤 형태로도 참여해서는 안 됩니다. 따라서 모든 계몽된 인도인의 의무는, 대중을 참된 종교의 원칙, 즉 인간 영혼의 신성한 본질을 인식하고 모든 존재의 생명을 예외 없이 존중하고 그것을 가능한 한 널리 알리는 것을 숨기는 모든 낡은 미신을 파괴하도록 노력하는 것이라고 저는 생각합니다. 저는 이러한 원칙이 당신 나라 인민의 오래 되고 심오한 종교 속에, 완전하게는 아니지만 상당히 포함되어 있고, 그 성장과 그것을 가리는 장막을 치우기를 요구할 뿐이라고 생각합니다.

저는 오로지 그러한 행동만이 인도인을, 지금 그들을 덮고 있는 모든 악으로부터 해방할 수 있고 그것이 당신이 바라는 목적을 달성하기 위한 매우 효과적인 수단이라고 생각합니다.

이처럼 아무런 거리낌 없이 내 의견을 쓰고 영어가 서툰 점을 양해하시고, 나를 믿어주십시오.

당신의 톨스토이

아베 이소에게 보낸 편지(1904년 10월 23일 / 11월 5일)

아베 이소安部磯雄(1865~1949)는 '일본 사회주의의 아버지'로 불리는 사람으로 1904년 톨스토이에게 편지를 보냈습니다 . 아래 편지는 그것에 대한 톨스토이의 답장입니다.

사랑하는 아베 이소에게

당신의 편지와 영문 논문을 받아 매우 기뻤습니다. 고맙습니다.

저는 현재 기만적이고 어리석은 국민이 저지르고 있는 끔찍한 전쟁범죄에 반대하는 합리적이고 도덕적이고 종교적인 사람들이 일본에 상당히 많다는 것을 전혀 의심하지 않지만, 그 증거를 보게 되어 몹시 기쁩니다.

지금 일본에 제가 친밀하게 교류할 수 있는 친구와 동지가 있다는 것을 알게 되어 정말 기쁩니다.

존경하는 모든 친구에게 바라듯이 당신과 진지한 관계를 맺길 바랍니다. 저는 사회주의를 인정하지 않고, 당신 나라의 현명하고 정력적인 인민 가운데 정신적으로 가장 발달한 사람들이 유럽에서는 포기하기 시작한 허약하고 망상적이며 잘못된 사회주의를 받아들이고 있음을 알고 유감이라는 점을 말하지 않을 수 없습니다.

사회주의는 인간 본성의 가장 비열한 부분인 물질적 복지의 만족을 목적으로 하지만, 그것이 제안하는 수단에 의해서는 결코 목적을 이룰 수 없는 것입니다. 물질적 복지를 포함하는 정신적이고 도덕적인 복지가 인류의 참된 복지입니다. 그 최고의 목적은 나라와 인류를 구성하는 모든 단위의 종교적이고 도덕적인 완전성에 의해서만 달성될 수 있습니다.

저는 종교라고 하는 것을, 모든 사람에 대한 사랑, 자신에게 행해지기 바라는 것을 다른 사람에게 행하는 계율 속에 실제로 표현된 (모든 인류에게 보편적인) 신의 율법에 대한 합리적 믿음으로 이해합니다. 이러한 방법이 사회주의 등의 허약한 이론보다 적합하며 이것은 유일한 진실입니다. 잘못된 이론을 실현하고자 하는 노력은 인류와 개인의 행복을 위한 참된 수단의 실현을 방해할 뿐입니다.

당신의 신념에 대해 비평한 것과 나의 영어가 서툰 점을 양해하시고, 제가 당신의 참된 친구임을 믿어주십시오.

레프 톨스토이

언제나 당신의 소식을 듣는 것을 기뻐할 것입니다.

장징통에게 보낸 편지(1905년 12월 4일)

장징통張慶桐(1872~?)은 상하이에서 태어났으며 청일전쟁이 끝난 후 구(舊)학문에서 벗어나 신학문을 배우기 위해 러시아어 공부를 했습니다. 1889년부터 1896년까지 러시아에서 공부한 뒤 중국에 돌아와 유명한 법률가와 출판인으로 지내며 톨스토이 작품을 번역하고 그의 사상을 중국에 퍼뜨렸습니다. 러시아 체험을 쓴「러시아 방문 인상」으로도 유명합니다.

안녕하세요?

당신이 보내준 책, 특히 당신의 편지는 나에게 큰 기쁨이었습니다. 평생 동안 저는 많은 일본인들을 만났지만, 중국인과 만나거나 함께 이야기할 기회를 몹시 바랐음에도 그러지 못했습니다. 그렇게 바란 이유는 제가 오랫동안 공자, 맹자, 노자와 그들에 대한 주석가들은 말할 것도 없이 중국의 종교적 가르침과 철학에 대해 너무나 잘 알고 있고—유럽인에게는 당연히 그러하듯이 매우 불충분한 것이겠지만—특히 맹자가 거부한 묵자[5]의 가르침에 깊은 인상을 받았기 때문입니다.

저는 언제나 중국 인민을 깊이 존경했고, 끔찍한 러일전쟁이 터지자 존경심은 더 커졌습니다. 이 전쟁에서 중국 인민은 영웅적인 공적을 세웠고 그것은 일본의 승리를 무효화시키는 데 중요했을

5 톨스토이 편지(Christian, p.653)에는 Mi-ti라고 나오지만 이는 묵자(墨子, 중국어 발음으로는 '무쯔')를 잘못 표기한 것이다. 최재목 교수는 Mi-ti를 『맹자』(등문공 상)에 나오는 묵자의 제자인 묵자이지(墨子夷之)라고 추정한다고 했지만, 톨스토이는 1903년 12월 18~19일 타우베(M. A. Taube)에게 보낸 편지에서도 Mi-ti(Christian, p.635)를 언급하면서 그를 공자, 노자와 동시대인으로 설명하는 것을 보면 역시 묵자라고 생각된다.

뿐 아니라, 러시아 정부와 일본 정부의 광기와 잔혹성을 중국 인민의 참되고 반항적인 빛으로 드러나게 했습니다.

중국 인민의 영웅적 공적은, 인민의 용기는 폭력과 살인이 아니라 모든 성가신 일과 모욕과 고통에도 불구하고 그 목적을 달성하기 위한 인내의 정신, 악으로부터의 후퇴, 그것을 야기하는 폭력의 인내에 대한 선호에 있습니다. 중국 인민은 소위 기독교인이라고 하는 유럽인의 잘못된 과거의 공격과 최근의 전쟁에 대항하여 저지른 잔혹함에도 불구하고, 기독교인과 러시아 정부보다 기독교는 물론 모든 종교의 가르침에 기초하는 보편적이고 영원한 진실의 인식보다 더 참된 기독교 정신으로 물들었음을 보여주었습니다.(저는 정부와 인민의 상이에 대한 당신의 언급을 상기합니다.)

저는 당신이 보내준 책을 아직 읽지 못했습니다. 바로 오늘 받았기 때문입니다. 그러나 당신의 편지를 보며 판단컨대 제가 그 내용에 찬성하지 못할 것 같아 두렵습니다. 편지와 당신의 책들을 보면 당신은 지금 제안되고 있는 중국의 정부와 사회구조의 변화에 호의적인 것 같습니다. 성장과 발전, 개선이라는 피부로 느끼는 변화에 공감합니다만, 모방적인 변화, 즉 통찰력을 가진 인민에게는 궁극적으로 무가치하게 보이는 유럽과 미국의 형태로 중국이 변하는 것은 치명적인 과오입니다.

변화는 반드시 인민의 특성에서 나오는 자신의 화음에 맞추어 커져야 하고, 완전하게 새롭고 다른 인민의 형태와는 달라야 합니다. 중국의 침체는 자주 비난을 받았기 때문에, 만약 우리가 그것을 기독교인들이 이룩한 결과와 비교한다면, 중국인은 기독교인들의 사악함과 성급함, 끊임없는 갈등의 상태보다 수천 배나 더 훌륭합니다.

저는 오직 러시아만 예외로 보는데, 그 이유는 대다수가 농민이기 때문입니다. 그로부터 저는 중국 농민의 대다수와 같은 새로운 삶의 형태를 기대합니다. 신은 중국이 일본의 길을 가지 않도록 도울 것입니다. 세계의 모든 인민처럼 중국인은 그들 자신의 정신적 힘을 발전시킬 필요가 있고, 정신적 힘이 왜곡될 때에 파괴적인 기술에 지배되어서는 안 됩니다.

중국과 러시아의 위대한 인민 사이에 내면적인 정신적 관련이 있기에 그들은 서로 손을 맞잡을 필요가 있다는 당신의 말에 완전히 동의하지만, 그것이 외교적 유대나 정부 동맹의 형태가 되어서는 안 됩니다. 그들, 특히 농민은 정부와 무관한 새로운 형태의 사회생활을 발달시킬 필요가 있고, 양심·언론·대표제 등의 다양한 자유가 아니라, 정부를 필요로 하지 않고 누구에게도 복종하지 않으며 오로지 최고의 도덕규범에만 복종하는 참되고 순수한 자유를 발전시킬 필요가 있습니다.

저는 다시금 당신과 알게 되었음을 기뻐하면서 저의 작품을 중국어로 번역하는 것이 가치 있는 일이 되면 매우 기쁘겠습니다.

레프 톨스토이

중국인에게 보낸 편지(1906년 9월 13일)

이 편지는 톨스토이가 중국의 보수적인 학자이자 정치인인 구홍민辜鴻銘(1854-1928)에게 보낸 편지입니다.

1

저는 당신의 책들을 받고 매우 흥미롭게 읽었습니다. 특히 『총독 아문 문집』이 인상 깊었습니다.

중국인의 생활은 항상 저의 관심을 끌었고, 저는 중국인의 지혜인 공자, 맹자, 노자의 책과 그 책들에 대한 논평에 익숙해지기 위해 노력해왔습니다. 저는 또한 중국 불교와 중국에 대한 유럽의 책들을 읽어왔습니다. 최근 유럽인과 상당수의 러시아인이 중국에서 자행한 여러 잔학 행위 이후, 중국인의 일반적인 기질에 대한 관심이 더 커졌습니다.

유럽 여러 나라의 부도덕하고 조악하게 이기적인 탐욕과 잔인에 의해 너무나도 많은 고통을 받은 중국인은 최근까지, 중국에 적대하여 행해진 모든 폭력에 대항하여 싸우지 않고, 도리어 고통당하기를 택하는, 도량이 넓은 현명한 평온으로 대응해왔습니다. 저는 중국 정부가 아니라 중국 인민에 대해 말하고 있습니다. 위대하고 강력한 중국 인민의 평온과 인내는 유럽인으로 하여금 더 건방진 공격을 하도록 했을 뿐입니다. 중국과 거래했던 유럽인이 그러했듯이, 유럽인들은 동물적 생활을 하는 거칠고 이기적인 사람들입니다. 중국이 겪고 있는 시련은 매우 엄중합니다.

그러나 정확하게 말하여 지금 가장 중요한 것은, 반드시 악을 악으로 갚지 않고 폭력을 참도록 이끄는 위대한 결과를 스스로 박탈하지 않도록 하기 위해 중국인이 인내심을 잃어서는 안 된다는 것입니다. 폭력에 대한 그들의 태도가 바뀌지 않아야합니다.

그리스도의 율법은 "오직 끝까지 참는 자야말로 구원받을 것이다."라고 했습니다. 보통은 이것을 받아들이기 힘들지만, 저는 의심할 여지없는 진실이라고 생각합니다. 악에 대한 악의 보상으로부터의 절제와 악에 대한 비참여가, 구원일 뿐만 아니라 악을 저지르는 자들에 대한 가장 확실한 대응 방법입니다.

중국인은 러시아 아서 항[6]에서의 항복 이후 이러한 진실을 너무나도 확고하게 볼 수 있었습니다.

일본과 러시아에 대항하여 무기로 아서 항을 보호하고자 한 중국인의 최대 노력은, 아서 항에서의 항복이 러시아와 일본에 초래한 물질적·도덕적 해악과 같은 파괴적인 결과를 빚지 않았다는 것입니다. 이와 같은 결과는 중국이 영국과 독일이레 웨이하이웨이 [7]와 키아오-차우[8]에서 패배한 경우에도 필연적으로 생겨났습니다. 강도들의 성공은 다른 사람들의 부러움을 이끌어내고, 생포된 먹이는 강도 자신을 망치는 분쟁의 대상이 됩니다. 이는 개들의 경우와 같습니다. 또한 짐승의 수준으로 타락한 인간들의 경우도 마찬가지입니다.

---

6 Port Arthur: 현재 다롄의 구 중 하나로 만주의 랴오둥(요동)반도 끄트머리에 자리 잡았다. Port Arthur는 영어이며, 러시아어로는 포르트-아르투르(Порт-Артур)다. 19세기 이곳에 정박한 영국 군함 함장의 이름에서 유래했다. 주변에 고지로 보호된 후미진 만(灣)이 있어 천연의 항구 입지를 갖추었으며, 황해와 보하이(발해)만을 감시, 통제할 수 있는 위치에 있어 일찍이 전략적 요충지로 가치를 주목받았다.

7 웨이하이웨이(威海衛): 산동반도의 동쪽에 있으며, 원래는 '웨이하이(威海)'인데 명나라 때 왜구의 침입을 방어할 목적으로 위소(衛所)를 설치하면서 '웨이(衛)'라는 이름이 붙었다. 청나라 때 북양함대의 기지였다. 1895년에 일본군과 청나라군 사이에 웨이하이 전투가 벌어졌고, 그해 일본군은 철수했다. 1898년 러시아가 반대편 해안에 위치한 뤼순을 조차지로 삼자 이를 빌미로 영국은 웨이하이를 조차했고, 1905년 일본이 러시아로부터 뤼순 항을 넘겨받자 이를 이유로 영국은 계속 웨이하이 조차지를 유지했다. 이리하여 1898년부터 1930년까지 영국 영토의 일부로서 "웨이하이웨이"로 불렸다. 1949년에 중화인민공화국이 세워진 후에 웨이하이웨이 시는 웨이하이 시로 이름이 바뀌었다.

8 키아오-차우(膠州)만은 산동반도 해안에 있는 만으로, 19세기말 독일 해군에 의해 점령되었다가 제1차 세계대전에서 일본에 점령되었다.

2

제가 지금 두려움과 슬픔으로 당신의 책에서 보고 듣는 것은, 유럽 국가가 저지른 만행에 강력하게 저항하는 투쟁과 욕망의 정신을 가져야 한다고 주장하는 중국의 선언입니다. 만약 당신이 당신의 책에서 주장하는 것이 바로 그런 것이고, 중국인이 참으로 인내를 상실하고서 유럽인의 방법에 따라 스스로 무장하여 중국 땅에서 모든 유럽 강도를 몰아내려고 한다면 그것은 무서운 일이 될 것입니다. 그것은 중국인들이 자신의 지능, 지속성, 에너지, 그리고 무엇보다도 그들의 엄청난 인구로 쉽게 수행할 수 있는 과제이지만 말입니다.

이는 서유럽의 가장 조잡하고 가장 무지 몽매한 대표들의 하나인 독일 황제에 의해 수행되었다는 의미에서 무섭다거나, 또는 중국이 유럽에 대해 위험하게 될 수 있다고 하는 의미에서 무서운 것이 아니라, 중국이 당신들의 참된 민족적 지혜의 대들보를 상실한다고 하는 의미에서 무서운 것입니다. 합리적인 사람들에게 자연스럽고 평화로운 농업 생활로 구성되는 이러한 지혜는, 그러한 삶을 포기해온 국가들이 조만간 의식적으로 돌아가야 하는 것입니다.

3

저는 인류의 삶에서 큰 격변이 우리 시대에 일어나고 있다고 생각합니다. 그리고 이러한 격변기에 동양 국가의 우두머리인 중국이 중요한 역할을 해야 한다고 생각합니다.

중국, 페르시아, 터키, 인도, 러시아, 그리고 일본—일본이 아직 타락한 유럽 문명의 그물에 완전히 걸리지 않았다면—과 같은 동양 민족의 임무는, 모든 민족에게 자유를 향한 참된 길을 가르쳐주는 데 있습니다. 그 길이란 당신이 당신의 책에서 썼듯이 중국어로 '도(道)', 즉 인간 생활의 영원하고 근본적인 법칙에 합치되는 행동의 길입니다.

예수의 가르침에 의하면 자유는 이 길에 의해 실현됩니다. "진리를 알라, 그러면 진리가 너희를 자유롭게 하리라"는 가르침입니다. 서양 민족이 거의 완전히 잃은 이 자유를 실현할 소명은 동양 민족에게 있습니다.

저의 생각은 다음과 같습니다.

고대로부터 평화롭고 근면한 사람들 가운데 노동보다 폭력을 선호하는 잔인한 자들이 생겨났는데 그 야만적이고 게으른 자들이 평화로운 사람들을 공격하고 자신들을 위해 일하도록 강요하는 경우가 있었습니다. 그러나 정복자가 광대한 인구 밀집의 공간을 장악한 과거에 그들은 피정복자에게 많은 해를 가할 수는 없었습니다. 피정복자의 수가 더 많았고, 특히 의사소통의 방법이 매우 원시적이었던 시대에는, 통치자의 폭력에 직접 복종해야 했던 인구의 적은 부분에 대해서만 결과가 초래된 반면, 대다수는 압제자와 직접적인 접촉 없이 평화로운 생활을 유지할 수 있었습니다. 전 세계적으로 그러한 상태였고, 최근까지 동양의 여러 나라, 특히 중국의 광대한 땅에서 그러한 상태가 계속되어 왔습니다.

그러나 앞으로 그러한 상황은 계속될 수 없을 것입니다. 그 이유는 첫째, 그 본질을 통해 강제 권력이 지속적으로 부패할 것이고, 둘째, 피통치 인민이 점차적으로 계몽되어 자신들을 권력에 복종하게 하는 악을 더욱더 선명하게 볼 수 있게 될 것이기 때문입니다. 그것의 효과는 의사소통 수단—도로, 우편, 전신, 전화—의 기술적인 개선에 의해 증가하고, 이에 따라 통치자는 본인이 도달할 수 없는 장소에서 자신의 영향력을 분명하게 나타내게 되는 것입니다.

피억압자는 또한 서로 가깝게 결합하게 되어, 그들이 처한 위치의 불리함을 분명하게 이해하게 됩니다. 시간이 지나면서 불리함은 너무 커져서 피정복자는 어떤 방법으로든 권위에 대한 자신의 관계를 변화시키고자 합니다.

서양의 국가들은 오랫동안 이러한 필요성을 느껴왔고, 서양 사람들은 공통된 수단에 의해 권력에 대한 자신의 태도를 변경해왔습니다. 그 수단은 권력을 한 사람이나 소수로부터 다수에게 확산하는, 대표를 통한 권력의 제한입니다.

저는 현재 독재 권력의 모든 악을 실현하는 동양의 국가들, 특히 중국에서 현재의 생활 조건을 참을 수 없어 그것으로부터 벗어날 수단을 추구할 때가 왔다고 생각합니다.

4

저는 중국에서 최고 통치자인 황제는 가장 현명하고 도덕적인 사람이어야 하고, 만일 그가 그렇지 못하면 백성은 그에게 복종하지 않을 수 있다는 가르침이 존재하는 것을 알고 있습니다. 그러나 저는 그 가르침이 단지 권력의 정당화에 불과하고, 유럽 국가들 사이에 순환된 바울의 가르침이 권력은 하나님으로부터 온 것임을 긍정하게 했던 그 불건전한 것과 같은 것이라고 생각합니다. 중국인은, 기독교 국가가 신에 의해 통치자에게 권력이 부여되고 그에 대항하여 싸운 다른 사람에게 부여되지 않았는지 알 수 없는 것과 똑같이, 자신의 황제가 현명하고 도덕적인지 알 수 없습니다.

권력의 정당화는 많은 사람들이 권력의 악을 생각하지 않을 때 지탱할 수 있었습니다. 하지만 지금은 대부분의 사람들이, 다수에 대한 하나의 권력이나 소수의 권력이 갖는 단점과 부정의를 알고 있기에 이러한 정당화는 효과가 없습니다. 따라서 국가는 여러 방법으로 권력에 대한 태도를 변경하지 않을 수 없습니다. 서양 국가는 오래전부터 이렇게 해왔고 지금은 동양의 차례가 되었습니다. 저는 그것이 러시아, 페르시아, 터키, 중국이 지금 자신의 위치를 찾을 수 있게 해줄 것이라고 생각합니다. 이러한 국가들은 더 이상 그들의 통치자에 대한 이전의 태도에 머물러있을 수 없습니다.

러시아 저술가인 게르첸(Aleksandr Ivanovich Gertsen, 1812~1870)이 정확하게 언급했듯이 징기스칸은 전보와 전기 모터를 사용할 수 없었습니다. 그런데 징기스칸이나 그와 유사한 사람들이 여전히 동양에 존재한다면, 그들의 시간이 마지막이 되었다는 것은 분명합니다. 그들은 두 가지 이유에서 계속 존재할 수 없습니다. 첫째, 문명이라고 하는 전보와 그 밖의 모든 것 때문에 그들의 권력은 너무나도 억압적인 것이 되었습니다. 둘째, 같은 문명 때문에, 국가들은 그들에게 징기스칸의 존재 또는 부존재가 과거에 그러했듯이 무관심의 문제가 아니라는 것을 아주 절실하게 인식하게 된 것입니다.

러시아는 확실히 그러한 경우입니다. 터키와 페르시아도 마찬가지입니다. 중국의 경우에는 특히 그렇습니다. 왜냐하면 중국 정부와의 충돌과 불화에도 응징을 받지 않은 유럽인에게 중국 영토를 도둑질하게 만든 중국인의 평화로운 기질과 그 군대의 엉성한 조직 때문에 그렇습니다.

중국인은 권력과의 관계를 변화시켜야 합니다.

5

지금 저는 당신의 책과 그 외 다른 정보로부터 계몽된 중국인들의 개혁당이라는 것이 독재정부를 대의정부로 대체한다는 서양 국가의 방법을 따라야 하고, 군대의 구성과 산업 조직도 서양 국가와 유사하게 해야 한다고 생각하고 있음을 알게 되었습니다.

이러한 해결책은 언뜻 간단하고 자연스러운 것으로 보입니다만, 그것은 피상적일 뿐만 아니라 아주 어리석고, 내가 중국에 대해 아는 것에 의하면 지혜로운 중국 사람들에게는 전혀 맞지 않은 것입니다. 서양 국가의 정치체제, 군대, 징병제도, 산업 조직은 중국인들의 삶의 기반 모두를 포기하게 만들 것입니다. 그것은 그들의 과거, 중국만이 아니라 모든 인류를 위한 '도(道)'의 진실한 방법을 구성하는 합리적이고 평화로운 농업 생활의 포기가 될 것입니다.

중국인이 그들 가운데 유럽 제도를 도입함으로써 유럽인을 추방하고, 유럽과 유사한 헌법, 강력한 상비군, 산업 발전을 하려고 해왔음을 인정합시다. 일본은 이미 그렇게 했습니다. 일본은 헌법을 도입하고 육군과 함대를 확장하며 산업을 발전시켰습니다. 이 모든 불가분의 상호 조치의 결과는 이미 분명합니다. 그 인민의 조건은 점점 더 많이 유럽 국가의 위상에 접근하여왔고, 그 위상은 매우 큰 부담이 되고 있습니다.

6

외부의 매우 강력한 서유럽 국가들은 현재 중국 군대를 분쇄할 수 있습니다. 그러나 이들 나라에서 살고 있는 사람들의 위상은 중국인의 위상과 비교할 수 없을 뿐더러, 오히려 그것은 엄청난 재난입니다. 이런 국가들 내에서 진행되는 투쟁, 즉 빈곤하고 분노하는 노동자와 정부 및 부자 사이의 투쟁, 군대를 구성하는 기만당한 사람들의 강제에 의해서만 억제되는 투쟁 사이의 투쟁은 끊임없이 이어지고 있습니다. 이와 비슷한 투쟁은 서로 다른 국가들 사이에서 끊임없는 군비 증강을 요구하고 있으며 이는 어느 순간 가장 큰 재앙으로 뛰어들 준비를 하고 있는 것이나 마찬가지입니다.

그러나 이러한 상태가 아무리 두렵다고 해도, 그것은 서양 국가의 재앙의 본질을 구성하지 않습니다. 그 최대의 근본적인 재앙은, 음식을 자급할 수 없는 이러한 나라들의 생활 전체가, 지금도 여전히 합리적인 농업 생활을 보존하고 있는 중국이나 인도나 러시아 등과 같은 다른 나라로부터 폭력과 교활함에 의해 생계 수단을 조달할 필요에 근거하고 있다는 것입니다. 그리고 그것이 개혁당 사람들에 의해 모방의 대상이 된 기생 국가와 그들의 활동이라는 것입니다!

헌법, 보호 관세, 상비군은 서양 국가들을 지금과 같이 바꾸었습니다. 즉, 농업을 포기하게 하고, 마을과 공장을 대부분 불필요한 제품을 생산하는 곳으로 만들고, 오로지 폭력과 강도에 적응하여 군대와 함께 살아가는 사람들로 바꾸었습니다. 언뜻 보기에 그들의 지위가 아무리 화려해도 그것은 필멸하는 것입니다. 만일 그들이 지금과 같은 삶의 구조, 즉 농업 국가를 기만하고 강탈한 것에 의해 세워진 그 삶의 전체 구조를 변경하지 않는다면 필연적으로 멸망할 것입니다.

서양 국가의 무례와 능력에 놀라 그것을 모방하는 것은, 부패하지 않고 근면한 사람이 노동의 습관을 잃어버리고 자신을 폭행한, 돈을 헤프게 쓰는 건방진 악당을 모방하는 것과 같은 것입니다. 그것은 자신도 비슷하게 부도덕한 불량배가 되어 다른 부도덕한 불량배에게 성공적으로 맞서는 것일 겁니다.

서양 국가는 동양 국가에게 본보기가 될 수 있지만 지금 하고 있는 모습은 결코 좋은 보기가 아닙니다.

7

서양 국가들의 길을 따르는 것은 확실한 파멸의 길로 가는 것을 뜻합니다. 또한 러시아인, 페르시아인, 터키인, 중국인이 놓여 있는 지금의 위치를 유지하는 것도 불가능합니다. 특히나 중국인 당신들에게는 분명히 불가능합니다.

무장한 국가들 가운데 독립적으로 존재할 수 없는 비무장 국가라는 위치에서 평화를 사랑하며 남아 있기 때문에, 당신들은 필연적으로, 그들의 유지를 위해 국가들이 강요당하는 약탈과 착취의 상태에 놓이게 될 것입니다.

그렇다면 무엇을 해야 하나요?

러시아를 위해 우리가 겪고 있는 악으로부터 자유로워지기 위해, 그리고 여전히 악한 것에 빠지지 않기 위해 우리 러시아인이 해야 하는 것과 하지 말아야 할 것을 나는 누구보다 가상 잘 알고 있습니다. 우리 러시아인은 무엇보다도 먼저 기존의 권위에 순종하지 않아야 하고 또한 무지한 사람들이 우리 사이에서, 그리고 개혁당이 당신들 사이에서 시도하고 있는 것을 해서는 안 됩니다. 우리는 서양을 모방해서는 안 되고, 하나의 권력을 또 다른 권력으로 대체하여 군주제든 공화제든 정체를 구성하려고 해서도 안 됩니다.

그것은 반드시 서양 국가와 같은 불행한 위치로 우리를 데려갈 것이기 때문에 절대 해서는 안 됩니다. 우리는 그들에게 대항하여 투쟁하지 않고, 그들 속에 참여하지 않으며, 우리에게 자행될 수 있는 폭력 행위를 이겨내는 평화로운 농업의 삶을 살아가야 합니다. 이것은 중국인을 유럽 국가에 의한 토지와 재산의 강탈로부터 해방하기 위해서뿐만 아니라, 그들의 도덕적 가르침과 양심에 반하는 행동을 요구하는 정부의 무리한 요구에서 자유롭게 되기 위해서도 해야 하는 일입니다.

합리적 삶의 방식인 '도'를 따르는 것으로 이루어지는 자유에 대한 준수만이, 당신의 관료가 당신에게 야기하는 모든 재난을 스스로 없어지게 하고, 유럽인이 당신에게 가한 억압과 약탈을 불가능하게 만들 것입니다. 당신은 관료가 당신에게 요구하는 것을 수행하지 않음으로써 그들로부터 자신을 자유롭게 할 수 있습니다. 무엇보다도 복종하지 않음으로써, 각각의 억압과 착취를 중단할 수 있을 것입니다. 도를 유지하면 유럽인의 착취로부터 자신을 자유롭게 할 수 있을 것이고, 어떤 국가에 속하거나 스스로 정부가 저지른 행위에 대한 책임자임을 인정하지 않을 수 있을 것입니다.

당신이 유럽 국가로부터 당하고 있는 착취와 약탈은, 오로지 당신이 스스로 정부를 인정하기 때문에 발생합니다. 만일 중국 정부가 없다면, 외국은 그들의 잔학 행위를 자행하기 위해 국제 관계라는 구실을 만들 필요가 없을 것입니다. 당신의 정부에 복종하기를 거부함으로써, 당신은 당신에게 폭력을 행사하도록 외국 권력을 조장하지 않게 되고, 만일 당신이 사적으로나 공적으로 국가에 봉사하지 않고 군사 서비스를 제공하지 않는다면, 당신을 고통 받게 하는 모든 재난이 없어질 것입니다.

8

악으로부터 해방하기 위해, 정부의 남용, 이웃 국가의 착취와 약탈과 같은 것과 싸우지 않아야 하지만, 악의 뿌리, 그리고 사람들이 인간적 권위를 향해 스스로 맺는 관계와는 싸워야 합니다. 만일 사람들이 인간의 힘을 법(도)이나 신의 힘보다 더 높게 인식한다면, 사람들은 항상 그들이 제정하고 복종하는 권력(헌법과 같은) 조직의 노예가 될 것이고, 더 복잡한 조직이 될수록 노예화의 정도는 심해질 것입니다. 신(도)의 법이 모든 사람이 종속해야 하는 최고의 법이 되는 경우에만 사람들은 자유로워질 수 있습니다.

9

개인과 사회는 언제나 하나의 시대에서 다른 시대로 넘어가는 과도기적인 상태에 있지만, 이러한 전환이 특히 분명하고 생생하게 실현되는 경우가 있습니다. 갑자기 더 이상 유치한 생활을 계속할 수 없다는 느낌이 찾아오는 것과 마찬가지로, 국가의 생활에서도 사회가 더 이상 과거처럼 존속될 수 없게 되고, 그들의 관습·조직·행동을 바꿀 필요를 느끼는 때가 찾아옵니다. 그것은 아동기에서 성인기로 넘어가는 과도기와 같이, 동서양의 모든 국가가 지금 통과하고 있는 전환기로 보입니다. 이 전환은, 더 이상 참을 수 없게 된 인간의 권위에서 자신을 해방하고, 인간의 권력 이외에 기초한 생활을 수립할 필요성으로 구성되어 있습니다.

이 과업은 역사적 운명에 의해 동양 국가에 정확하게 예정되어 있습니다.

동양 국가는 아직 군사, 헌법 및 산업 생활에 의해 부패되지 않았고, 천국이나 신의 최고 율법의 필요성에 대한 믿음을 아직도 가지고 있습니다. 또한 아직 농업을 포기하지 않고 있다고 하는, 특별히 행복한 조건 위에서 이러한 목적을 실현시킬 수 있는 위치에 있습니다. 그들은 유럽 국가들이 오래전에 인간의 권위로부터의 해방이 특별히 어렵게 되어온 잘못된 방식으로 전환한 경로에서 벗어나는 지점에 서있습니다.

따라서 서양인의 모든 재앙을 본 동양의 국가들은, 자연스럽게 인간의 권위라고 하는 잘못으로부터 스스로 해방되기 위해 노력해야 합니다. 그 방법은 권력의 상상적 한계, 서양 국가들이 자신을 해방하기 위해 노력한 수단인 대의제도로 형성되는 인공적이고 기만적인 방법에 의해서가 아니어야 하고, 더욱더 급진적이고 간단한 계획에 의해 권력의 문제를 해결해야 합니다.

이러한 계획 자체는, 아직 천국이나 신, 도의 법칙이라는 최고의 구속법에 대한 믿음을 상실하지 않은 사람들에게 호소합니다. 그것은 오로지 인간의 권위에 순종할 가능성을 배제하는 법을 따르는 것으로만 구성되어 있습니다.

만일 중국인이 오로지 과거에 살았던 것과 같이 계속 살아가고자 한다면, 그것은 유교, 도교, 불교와 같은 자신들의 세 가지 종교의 원칙에 따라 행동하면서 평화롭고 부지런하게 농경생활을 하는 것입니다. 유교는 모든 인간의 권위로부터 해방시키고, 도교는 자신이 바라지 않는 일을 남에게 하지 않는 것이고, 불교는 모든 인간과 생물을 사랑한다는 점에서 세 종교는 근본적으로 일치합니다. 그러면 중국인들이 지금 당하고 있는 고통이 저절로 사라지고 어떤 권력도 그들을 정복할 수 없을 것입니다.

제 생각에, 그 과업은 지금 단지 중국을 위해서만이 아니라, 또한 모든 동양의 국가들이 정부와 외국에 의해 당하고 있는 악으로부터 자신을 해방하는 것에만 있지 않고, 모든 국가에게 그들 모두가 현재 존재하고 있는 일시적인 위치에서 벗어나는 것을 가리키는 것에 있습니다. 인간의 권위로부터 스스로를 해방하고, 신성한 권위에 복종하는 것 외에 다른 방법은 없습니다.

레프 톨스토이

인도인에게 보낸 편지: 인도의 종속, 그 원인과 치유

마하트마 카람챤드 간디의 서문[9]

아래 편지는 <자유 인도인*Free Hindustan*> 편집인[10]이 보낸 편지에 대한 답장으로 러시아어로 쓴 톨스토이의 편지를 영어로 번역한 것입니다. 이 편지는 여러 손을 거친 다음, 톨스토이 저술에 많은 관심을 가지고 있었던 저에게 그것을 출판할 가치가 있다고 생각하는지 물은 어떤 친구를 통해 전해졌습니다. 저는 당장 그렇다고 답했고, 그것을 제가 구자라트(Gujarati)어로 번역하는 한편 다른 누군가가 인도의 여러 언어로 번역해 출판해야 한다고 말했습니다.

제가 받은 편지는 타자로 작성된 사본이었습니다. 그래서 작가에게 물었더니[11] 그는 그것이 자신의 것이라며 제가 그것을 인쇄할 것을 친절하게 허락했습니다.

---

9 이 서문은 『문명·정치·종교』(상)(라가반 이예르 편, 허우성 옮김) 145-148쪽에 실린 것과는 약간 다르다. 날짜도 11월 18일이다.

10 그는 1907년 이후 미국에서 살았던 인도인 타락 나트 다스(Tarak Nath Das, 1884-1958)였다. 그는 1908년 5월 24일, 톨스토이에게 톨스토이가 옹호하는 러시아 인민보다 인도 인민은 더욱더 비참한 처지에 있다고 하고, 톨스토이는 전쟁을 증오하지만 인도에서는 굶주림이 더 무섭다고 했다. 그래서 인도 독립을 위해 폭력을 사용할 수 있는지 물었고, 인도 독립을 지지해달라는 편지를 보냈다. 또 캐나다에 이민 온 인도인으로 다스와 함께 잡지를 간행한 쿠마르(Guran Ditt Kumar)도 같은 취지의 편지를 톨스토이에게 보냈다. 톨스토이는 이들 편지에 대한 답장을 반년간이나 준비하여 그 원고와 교정본 등이 413쪽이나 되는 양으로 남아 있다.(빅토르 쉬클롭스키, 이강은 옮김, 『레프 톨스토이 2』, 나남, 2009, 489쪽.)

11 이렇게 물은 편지가 톨스토이에게 보낸 간디의 첫 번째 편지다. 간디가 톨스토이에게 보낸 첫 번째(1909년 10월 1일)와 두 번째(1909년 10월 11일)의 편지는 남아프리카에서의 3년 활동에 대해 전한 것이었다.

오랫동안 사표의 한 사람으로 존경해온 그토록 훌륭한 선생의 변변치 않은 신봉자인 제가 특별히 이제 세상에 발표되는 편지의 발행에 연관된다는 것은 영광스러운 일입니다.

모든 인도인이 스스로 인정하든 안하든 간에, 나라에 대한 소망을 가지고 있다고 말하는 것은 사실에 대한 단순한 선언입니다. 그러나 그러한 소망의 정확한 의미에 대해, 특히 그 목적을 달성하기 위해 사용해야 할 방법에 대해서는, 인도의 민족주의자 수만큼이나 많은 의견이 존재합니다. 그 목적을 달성하기 위해 수용된 전통적 방법 중 하나는 폭력적인 방법입니다. 와일리(Curzon Wylie)[12]경의 암살은 그러한 방법의 가장 극악하고 혐오스러운 형태였습니다.

톨스토이는 평생 압제자를 제거하거나 개혁을 확보하기 위한 폭력의 방법을 악에 대한 무저항의 방법으로 대체하기 위해 헌신해 왔습니다. 그는 폭력에 나타나는 증오를 자기 고통으로 표현되는 사랑으로 만나고자 하였습니다. 그는 이처럼 위대하고 신적인 사랑의 율법을 깎아내릴 수 있는 어떤 예외도 인정하지 않습니다. 그는 인류를 괴롭히는 모든 문제에 그것을 적용합니다.

서양 세계에서 가장 명확한 사상가 중의 한 명인 톨스토이 같은 사람이, 병사에게서 폭력이 무엇이고 그것이 무엇을 할 수 있는지를 알았던 사람이, 일본이 위선적인 현대 과학의 법칙을 맹목적으로 추종하는 것을 비난하고 그 나라를 '가장 큰 재앙'으로 두려워할 때, 우리는 멈추어 서서, 우리가 영국 통치를 참지 못하고 기존의 악을 다른 더한 악으로 대체하기를 원하고 있지 않는지를 깊이 생각해보아야 합니다.

---

12 와일리는 당시 인도장관인 몰리(J. Morley) 경의 정치보좌관으로 인도 민족주의자인 마단랄 딩그라(M. Dhingra)에 의해 암살되었는데 당시 인도에서 딩그라는 순교자로 찬양되었다.

세상의 위대한 신앙들을 낳은 인도는 무슨 일이 있더라도 그 신성한 흙 위에 무기 공장을 지어서는 안 되지만 유럽인을 노예의 상태로 전락시킨 산업화의 생산이라는 모습으로 문명화 과정을 겪고 있습니다. 인류의 유산인 최선의 본성이 그 안에서 질식되어갈 때도, 국가주의적인 인도가 되는 것은 멈춰야 합니다.

만일 우리가 영국이 인도를 지배하는 것을 원치 않는다면, 우리는 반드시 그 대가를 치러야 합니다. 톨스토이는 그것을 지적합니다. "악에 저항하지 마십시오. 그러나 당신 스스로 악—법정 운영이라는 폭력적 행위, 세금의 징수, 그리고 더욱더 중요한 것은 병사들의 징집—에 참여하지 마십시오. 그러면 세상의 어느 누구도 당신을 노예화하지 못할 것입니다"라고 야스나야 폴랴나의 현자는 열정적으로 선포합니다.

다음과 같이 말하는 그의 진심을 누가 의문시할 수 있겠습니까? "하나의 상업 회사가 2억의 인구를 포함하는 나라를 노예화하였습니다. 이를 미신을 믿지 않는 사람에게 말해보십시오. 그러면 그는 그것이 무엇을 뜻하는지 깨닫지 못할 것입니다. 3만 명의 사람들, 운동선수도 아니고 도리어 나약하고 평범한 사람들이, 힘이 넘치고 영리하고 능력 있고 자유를 사랑하는 사람들을 노예로 만들었다는 것은 무엇을 의미합니까? 그 수치는 영국인이 아니라, 인도인들 스스로 노예가 되었음을 명백하게 하지 않습니까?"

현존 체제에 대해 톨스토이가 비난하는 점의 중심적 진리를 깨닫기 위해 그가 말하는—그가 말하는 사실 중 일부는 정확히 언급되지 않았습니다—모든 것을 수용할 필요는 없다고 해도, 그의 말은 우리 안의 사악한 열정의 동요로 생긴 수성(獸性)이나 육신에 대한, 영혼의 특징인 사랑의 저항할 수 없는 힘을 깨닫고 그것에 따라 행할 것을 요구합니다.

톨스토이의 설교에는 분명히 새로운 것이 없습니다. 그러나 그가 오래된 진리를 보여주는 것에는 새로운 힘이 있습니다. 그의 논리를 비난할 수 없습니다. 무엇보다도 그는 자신이 말하는 것을 실천하고자 노력합니다. 그는 설득력이 있습니다. 그는 진실하고 진지합니다. 그는 주의를 끌게 합니다.

1909년 11월 19일

마하트마 카람찬드 간디

1

존재하는 모든 것은 유일자다. 사람들은 오로지 이 유일자를 다른 이름으로 부른다.(베다[13])

신은 사랑이다. 그리고 사랑에 머무르는 자는 신 안에 머무르며 신이 그 안에 머무른다.(요한복음 4장 16절)

신은 하나의 전체이고 우리는 부분들이다.(비베카난다[14]의 베다 가르침에 대한 해석)

망상과 욕망을 낳는 그런 현세의 나라에서 고요와 휴식을 추구하지 말라. 왜냐하면 당신이 그렇게 행하면, 삶의 거친

---

13 베다(Vedas)는 고대 인도의 신화적·종교적·철학적 문헌들을 말한다. 베다가 만들어진 정확한 연대는 알 수 없으나 대부분의 학자들은 B.C. 1500-1200년경으로 연대를 추정한다. 이들 찬가는 부분적으로 예배의 내용이 되었다. 찬가들은 자연과 우주의 현상이 인격화한 존재인 신들을 찬양했다. 가장 오래된 찬가 본집으로는 〈리그베다〉가 있다.

14 비베카난다(Vivekananda, 1862-1902)는 인도의 종교가 라마크리슈나의 애제자였다. 1893년 시카고에서 열린 세계종교회의에서 동서양의 정신적 융합을 강조한 네오 힌두이즘(Neo Hinduism)으로 커다란 반향을 불러일으켰다. 그는 모든 종교는 참다운 의미에서 선이라 보고 종교적 보편성과 관용성을 주장하는 한편 기독교로 대표되는 서양문명에 경종을 울렸다. 또한 인도의 정신문명, 특히 베단타 철학의 불이일원사상(不二一元思想)이야말로 이를 구원할 수 있는 것이라고 하면서도, 당시 인도의 빈곤과 질병·기근 등의 사회적 문제는 서양의 교육과 기술 도입에 의한 새로운 생활양식에 따라 극복되어야 한다고 주장했다.

> 황야로 끌려가고, 나에게서 멀어지기 때문이다. 당신의 발이 삶의 짜인 뿌리 속에 엉켜들고 있다고 느낄 때마다, 내가 당신에게 가리켜준 길에서 벗어났음을 알도록 하라. 왜냐하면 나는 당신을 넓고 부드러운 길 위에 두었고, 그 길은 꽃으로 뿌려져 있기 때문이다. 나는 당신 앞에 등불을 두었으니, 당신은 넘어지지 않고 그 길을 따라가며 달릴 수 있다. (크리슈나)[15]

저는 당신의 편지와 잡지 두 권을 받았습니다. 모두 매우 흥미로웠습니다. 소수에 의한 다수의 억압, 그리고 필연적으로 그로부터 초래되는 도덕적 타락은 언제나, 특히 가장 최근에 저를 사로잡았던 현상입니다. 저는 그 주제에 관해 일반적으로 그리고 특별히, 당신이 편지와 잡지에 쓴 그 무서운 악이 계속 발생하는 이유에 대해 제가 생각하는 바를 설명하고자 합니다.

대다수의 노동자가 노동과 삶 자체를 통제하는 몇 안 되는 게으름뱅이에게 복종한다는 이 놀라운 사실의 이유는—압제자와 피압제자들이 한 종족이든, 또는 인도 등에서처럼 압제자가 다른 나라이든 간에—언제 어디서나 똑같습니다.

이런 현상은 특히 인도에서 기이한 모습으로 나타납니다, 왜냐하면 그곳에서는, 신체적·정신적으로 탁월한 재능이 있는 2억 명이 넘는 사람들이, 사상적으로 너무나 이질적이고 종교적 도덕성에서도 열등한 소수 집단의 권력 속에 있음을 발견하기 때문입니다.

당신의 편지와 잡지에 있는 글만이 아니라 비베르카난다 등의 매우 흥미로운 작품으로부터 우리 시대 모든 나라의 불행과 마찬가

15 크리슈나(Krishna)는 힌두교 서사시 마하바라타의 영웅이다. 비슈누의 여러 화신 중 하나로 여겨진다.

지로, 그 이유는 삶의 의미를 설명함으로써 행위의 지침에 대한 최고의 법을 제공하고, 유사 종교의 모호한 가르침과 그로부터 도출되어 흔히 '문명'이라고 하는 비도덕적인 결론을 대체할 수 있는 합리적인 종교적 가르침이 없기 때문으로 보입니다.

당신의 편지는 일반적으로 당신의 잡지나 인도의 정치적 글과 마찬가지로, 인도인 대부분의 여론 지도자들은 인도인이 믿고 있는 종교의 가르침에 더 이상 중요성을 두지 않고, 오늘날 영국 등의 유사 기독교 국가들이 살아가고 있는 반종교적이고 심각하게 비도덕적인 사회적 제도를 채택하는 경우를 제외하고는 그들이 겪는 압제로부터 인민을 자유롭게 할 가능성을 전혀 인식하고 있지 않음을 보여줍니다.

그러나 영국인이 인도인을 예속화한 주된 원인은, 이러한 종교적 의식과 그로부터 흘러나와야 하는 행위의 부재 그 자체입니다. 그 결여는 우리 시대 동서양의 모든 국가, 즉 일본에서부터 영국, 미국에 이르기까지 공통적인 것입니다.

2

> 오 당신은, 머리 위, 발 밑, 그리고 오른쪽과 왼쪽의 혼란을 본다. 당신이 아이처럼 겸손하고 기뻐할 때까지 당신 안으로 영원한 수수께끼일 것이다. 그리하면 당신은 나를 볼 것이고, 당신 안에서 나를 찾아내고, 당신은 세상을 다스릴 것이고, 안에 있는 거대한 세상으로부터 바깥에 있는 조그만 세상을 향해 바라볼 것이고, 당신은 존재하는 모든 것을 축복하고, 시간과 당신이 함께 모든 것이 온전함을 알게 될 것이다. (크리슈나)

저의 생각을 당신에게 분명히 설명하기 위해 저는 훨씬 이전으로 돌아가야 합니다. 우리는 사람들이 수백만 년 전, 심지어 1만 년 전에 어떻게 살았는지 알 수 없고, 알 필요도 없습니다. 그러나 우리가 인류에 관한 지식을 가지고 있는 만큼의 과거에도 언제나 가족·종족·민족 같은 특정한 집단이 살아왔고, 그들 중 다수가 반드시 그러해야 한다는 신념으로 기꺼이 한 사람 또는 여러 사람들의—극히 소수의—통치에 순종하고 굴복했음을 잘 알고 있습니다. 온갖 상황과 특성에도 불구하고 이러한 관계는 우리가 그 근원을 아는 다양한 사람들 사이에서 나타났습니다. 그리고 더 먼 과거로 갈수록 이러한 제도는 사람들이 평화롭게 함께 살 수 있도록 하기 위해 통치자와 피통치자에게 절대적으로 필요한 것처럼 보였습니다.

따라서 그것은 어디에나 있었습니다. 그러나 이러한 외적인 삶의 형태가 수세기 동안 존재하고 있지만 아주 초기에—우리 시대보다 수천 년 전에—강압에 기초한 이런 삶의 한가운데에는, 상이한 국가 사이에서 하나의 동일한 사상이 끊임없이 나타났습니다. 즉, 이 사상은 모든 개인 안에는 존재하는 모든 것에 생명을 주는 영적인 요소가 나타나게 되며, 이 영적인 요소는 유사한 성질을 지닌 모든 것을 스스로에게 함께 묶으려 애쓰는 것입니다.

이런 사상은 여러 시대와 장소에서 완성도와 명료함을 갖고 아주 다양한 형태로 나타났습니다. 그 표현은 브라만교와 유대교와 마즈다교(조로아스터의 가르침)에서 불교·도교·유교, 그리스 로마 현자들의 작품에서는 물론, 기독교·마호메트교에 이르기까지 발견됩니다. 이런 사상이 서로 다른 나라와 서로 다른 시대에 솟아났다는 사실 자체는 그것이 사람의 본성에 내재된 것이며 진실을 담고 있음을 가리킵니다. 그러나 이런 진실은 공동체가, 그들 중 일부가 다른 사람을 억눌러야만 함께 유지될 수 있다고 여기는 사람들에게만 알려졌고, 그래서 그것은 기존의 사회 질서와 상당히 양립할 수 없는 것처럼 보였습니다.

게다가 그것은 처음에 단편적으로만 표현되었던 탓에 너무나 희미해서, 비록 사람들이 그 이론적 진실을 인정하였어도 그것을 자기 행위의 지침으로 수용할 수가 없었습니다. 그럼에도 강압을 토대로 하는 사회 안에서의 진리 전파는 언제나 하나의 동일한 방법으로 저지되었습니다. 즉, 권력을 가진 사람들은 이런 진리의 인정이 자기들의 지위를 잠식할 것이라고 여기면서, 의식적으로 또는 가끔은 무의식적으로 그것과는 매우 이질적인 해석과 첨가로 그것을 왜곡하였고, 또 공공연한 폭력으로 그것을 가로막았습니다.

그래서 진리는, 즉 자신의 삶이 진리의 토대이고 사랑으로 스스로 나타나며 사람에게 극히 자연적인 영적 요소에 의해 인도되어야 한다는 이 진리는, 사람의 의식을 향한 길을 강제하기 위해 그것이 표현되는 불명료함과, 그것을 둘러싸고 있는 고의적이고 우발적인 왜곡에 대해서뿐만 아니라 의도적인 폭력, 즉 박해와 처벌을 이용해 사람들로 하여금 통치자에 의해 승인되고 진리와 충돌하는 종교적 율법을 받아들이도록 하는 폭력에 대해서도 대항해야 했습니다. 진리에 대한 그런 방해와 오전(誤傳)은 아직 완전한 명료함을 달성하지 못한 상태에서의 유교·도교·불교·기독교에서, 또한 마호메트교와 당신들의 브라만교에서 발생하였습니다.

3

> 나의 손은 모든 곳에 사랑을 심었고, 받고자 하는 모든 이들에게 주었다. 나의 모든 자녀들에게 축복을 내렸으나 그들의 맹목으로 여러 번 그것들을 보지 못하였다. 그들의 발밑에 널려 있는 선물을 거두는 자들이 얼마나 적은가. 고집스러운 변덕으로 그들의 눈을 그것에서 돌리고 내가 그들에게 준 것을 갖지 못한다고 슬피 하소연하는 자가 얼마나 많은가. 그들 중 많은 자들은 나의 선물뿐만 아니라, 나, 모든 축복의 근원이

고, 그들 존재의 창조자인 나를 거부한다. (크리슈나)

나는 세상의 혼란과 다툼에서 잠시 벌리 떨어져 있다. 나는 당신의 삶을 사랑과 기쁨으로 아름답게 만들고 생기 있게 만들 것이다. 영혼의 빛은 사랑이기 때문이다. 사랑이 있는 곳에 만족과 평화가 있고, 만족과 평화가 있는 곳에, 그곳에 내가 또한 그들 가운데 있다. (크리슈나)

죄 없는 자의 목적은 다른 자들에게 슬픔을 일으키지 않고 행함에 있다. 비록 그가 그들의 감정을 무시해 커다란 힘을 얻을 수 있을지라도.
죄 없는 자의 목적은 그에게 악을 행한 자에게 악을 행하지 않음에 있다.
만일 사람이 심지어 아무 이유 없이 그를 증오하는 사람에게도 고통을 준다면, 그는 결국 극복될 수 없는 후회를 얻게 될 것이다.
악을 행하는 자에 대한 처벌은 그에게 커다란 친절을 베풀어 그 스스로 부끄러워하게 만듦에 있다.
사람에게 있어서 뛰어난 지식이 무슨 소용이겠는가. 만일 그 자신이 소유한 것만큼 이웃의 고통을 덜어주려 애쓰지 않는다면?
만일, 아침에 한 사람이 다른 사람에게 악을 행하고자 한다면, 저녁이면 그 악이 그에게 돌아오리라. (힌두 크랄)

이렇게 그것은 모든 곳에 있었습니다. 사랑이 최고의 도덕을 나타낸다는 인식은 어디에서도 부정되지 않았습니다. 그러나 이 진리는 어디에서나 그것을 왜곡하는 모든 종류의 거짓과 함께 섞여,

마침내 말밖에는 아무것도 남지 않았습니다. 최고의 도덕은 오직 집안의 용도와 같은 사적인 삶에만 적용될 수 있고, 공적인 삶에서는 모든 형태의 폭력이—가령, 투옥·처형·전쟁—(비록 그런 수단이 어떠한 사랑의 흔적에 정면으로 배치되어도) 소수의 악행자에 대항하여 다수를 보호하기 위해 사용될 수 있다고 가르쳐졌습니다.

비록 양심이, 만일 어떤 자들이 누가 다른 사람의 이익을 위해 폭력적인 상황에 처해져야 할 것인지를 결정할 것을 주장한다면, 폭력을 당하는 그들은 아마도 돌이켜 그들에게 폭력을 사용한 사람들에 관해 유사한 결론에 도달할 것이라고 가르쳐주었습니다. 나아가 비록 브라만교, 불교, 그리고 무엇보다도 기독교의 위대한 종교적 스승이 사랑의 율법에 대한 그런 왜곡을 예견하고, 사랑의 불변 상태(즉, 고통, 모욕, 모든 종류의 폭력을 악으로 저항하지 않고 참는 것)에 대해 끊임없이 주목해왔음에도, 사람들은 계속해서—사람을 앞으로 이끄는 모든 것에 관계없이—양립할 수 없는 것인 사랑의 미덕과 사랑에 대치되는 것, 즉 폭력으로 악을 억압하는 것을 결합하려고 시도하였습니다. 그런 가르침은 그 내적인 모순에도 불구하고 너무나 굳건히 확립되어서 사랑을 미덕으로 인식하는 사람들조차, 폭력을 토대로 하는 삶의 질서를, 사람들이 고문하는 것뿐만 아니라 서로 죽이는 것을 허용하는 것을 합법이라고 여기고 있습니다.

오랫동안 사람들은 이같이 명백한 모순 안에서 그것을 모른 채로 살았습니다. 그러나 이런 모순이 여러 나라 사상가에 의해 점점 더 분명해지는 시대가 왔습니다. 사람들이 서로 돕고 사랑하는 것은 당연하지만 고문하고 살해하는 것은 그렇지 않다는, 오래되었지만 단순한 이 진리가 이전보다 더욱더 명백해졌고, 그래서 진리의 왜곡을 그럴 듯하게 포장해 왔던 궤변을 믿는 사람은 점점 더 적어졌습니다.

과거에는 폭력의 사용을 정당화함으로써 사랑의 율법을 침범하는 최고의 수단은 차르, 술탄, 라자, 샤 등의 기타 국가수반인 통치자에게 신적인 권리가 있다고 주장하는 것이었습니다. 그러나 인류가 오래 살아가면 갈수록 이런 특이한, 통치자에게 신이 내린 권리에 대한 믿음은 약해졌습니다. 그런 믿음은 거의 동시에 기독교와 브라만교 세계, 불교권과 유교권에서 시들었고, 급기야 이제는 너무나 희미해져서 사람의 이성적 이해와 참된 종교적 정서에 반해 더 이상 유지할 수 없게 되었습니다. 사람들은 그들의 이익뿐만 아니라 도덕적 정서에도 반대되는 것을 행하도록 명령받을 때, 그들 자신과 유사한 타인의 의지에 복종하는 것의 무분별함과 부도덕성을 점점 더 명백하게 깨닫고 있습니다.

다양한 권력자의 신성에 대한 믿음으로 인해 어떠한 종교적 권위도 신뢰를 상실하였으므로, 사람들은 그것에 대한 종속에서 자유로워지기 위한 시도를 할 것이라고 가정할 수 있습니다. 그러나 불행하게도 초자연적인 존재로 여겨지고 사람들을 복종하게 만듦으로써 혜택을 받던 통치자뿐만 아니라, 이들 허위의 신적인 존재에 대한 믿음의 결과, 그 통치 기간 동안 그들 주변에 끊임없이 커가는 무리들이 집단화해 다시 사람들을 통치하며 이용하였습니다. 초자연적이고 신이 임명한 권위에 대한 과거의 기만이 시들자, 이들은 그들의 전임자들처럼 사람들을 소수 통치자의 예속 상태로 두는 것이 가능하도록 만드는 방법에 몰두하였습니다.

4

> 자녀들아, 너희 마음이 무엇으로 인도되어야 하는지 알기를 바라느냐? 공허한 것에 대한 너희의 갈망과 노력을 던져 버려라. 행복과 지혜에 대한 너희의 잘못된 생각, 그리고 너희의 공허하고 부정한 욕망을 벗어던져라. 이것들을 없애면 너희는 사랑을 알게 되리라. (크리슈나)
>
> 스스로를 파괴하는 자가 되지 말라. 너희의 참된 존재로 깨

어나라. 그러면 너희는 두려워할 것이 없으리라. (크리슈나)

고루하고 쓸모없는 종교적인 것을 대신해 이제 새로운 정당화가 나타났습니다. 이들 새로운 정당화는 과거의 것만큼이나 부적절하지만 새로운 것이기에 그 무용성은 다수에게 즉시 인식될 수 없습니다. 뿐만 아니라 권력을 누리는 사람들은 새로운 궤변을 전파하고 그것을 매우 기술적으로 지원해, 이 이론이 정당화하고자 추구하는 억압으로부터 고통 받는 많은 사람들에게도 논의의 여지가 없는 것처럼 보이게 합니다. 이러한 새로운 정당화는 '과학적'입니다.

'과학적'이라는 말로 이해되는 것은 과거에 '종교적'이라는 말로 이해되던 것이었습니다. 과거에 단순히 '종교적'이라고 불린다는 이유 때문에 그렇게 불리는 모든 것이 의문의 여지가 없었던 것과 똑같이, 이제 '과학적'이라고 불리는 모든 것이 의문의 여지가 없다고 여겨집니다. 신이 임명한('오로지 신의 권력만 있을 뿐이다') 통치자의 초자연적 성격의 인식을 구성하던 폭력에 대한 쓸모없는 종교적 정당화는 이제 '과학적' 정당화로 대체되었습니다. 그것은 먼저, 사람에 대한 사람의 강제는 모든 시대에 존재하였기 때문에 그러한 강제는 반드시 계속해서 존재해야 한다는 주장을 제시합니다.

사람들이 그들의 이성 및 양심이 가리키는 것보다는 과거의 시대를 통해 행해지던 대로 계속해서 살아야 한다는 이런 주장은, '과학'이 '역사적 법칙'이라고 부르는 것입니다. 그것보다도 더 진보적인 '과학적' 정당화는, 식물들과 야생 짐승 사이에 언제나 적자생존을 초래하는 끊임없는 생존 투쟁이 있듯이 인간 존재 즉, 영리함과 사랑을 타고난 존재이고, 생존 투쟁과 적자생존에 종속된 사람들에게 결여된 능력 사이에서도 유사한 투쟁이 수행되어야 한다는 선언입니다. 이것이 바로 두 번째의 '과학적' 정당화입니다.

세 번째이자 가장 중요한, 그리고 불행하게도 가장 만연한 정당화는 사실 약간 변형되었지만 매우 오래된 종교적인 것입니다. 즉, 공적인 삶에서 다수의 보호를 위해 일부를 억압하는 것은 불가피하고, 그래서 인간의 교제에서 오로지 사랑에 의지하는 것이 아무리 바람직하더라도 어느 정도의 강제는 피할 수 없다고 하는 것입니다. 유사 과학에 의한 이런 정당화의 유일한 차이는, 폭력이 사용될 수 있고 반드시 사용되어야 할 사람에 대해 결정할 권리를, 왜 어떤 사람들은 가지는데 타인은 가지지 못 하는가라는 질문에 대해, 유사 과학은 이제 종교에 의해 주어진 것—결정할 권리는 그것이 신성한 권력을 소유한 사람들에 의해 선언되었기 때문에 정당하다고 선포하던—과는 다른 대답을 주고 있다는 사실에 존재합니다. '과학'은 이런 결정이 사람들의 의지를 대변하고, 그것은 헌법적 형태의 국가 아래서 그 당시 다스리고 있는 사람들의 모든 결정과 행위 안에서 표현을 찾도록 되어 있다고 말합니다.

이것이 강압의 원리에 대한 과학적 정당화입니다. 이러한 주장은 근거가 박약할 뿐만 아니라 전혀 타당하지 않지만 특권적 지위를 차지하는 사람들에게는 필요한 것이기에 그들이 과거에 순수한 개념을 믿었던 것처럼 맹목적으로 그것들을 믿고, 똑같이 확신을 가지고 그것들을 전파하고 있습니다. 힘써 일해야 하는 불행한 다수의 사람들은 이러한 '과학적 진리'가 드러내는 위엄에 의해 너무나 아찔한 나머지, 마치 과거 그들이 유사 종교적 정당화를 받아들였던 것과 같이, 이런 새로운 영향 아래서 과학적으로 어리석은 짓거리를 성스러운 진리로 받아들이고, 이전처럼 무자비하고 오히려 더 많아진 현재의 권력 보유자에게 계속해서 복종합니다.

5

나는 누구인가? 당신의 아기 눈이, 지평선이 이런 현재의
삶을 당신에게서 숨기는 세상을 놀랍게 응시하던 때부터

> 당신은 나를 찾았다. 비록 당신은 그것이 무엇인지 몰랐으나, 나를 당신의 마음 안에서 기도해 당신의 천부적인 권리로 요구하였던 것이다. 나는 당신의 영혼에 수십만 년 동안 있었다. 때로 나는 당신이 나를 알아보지 못하므로 당신 안에서 슬퍼하고 있었고, 때로는 나의 머리를 들고, 나의 눈을 뜨고, 나의 팔을 벌려 당신을 부드럽고 조용히, 또는 격렬하게 불렀고, 당신을 땅에 묶고 있는 쇠사슬에 반란을 일으킬 것을 요구하였다.(크리슈나)

그렇게 하여 기독교 세상에는 문제가 계속 나타나고 있습니다. 그러나 우리는 광활한 브라만교, 불교, 유교 세계 안에는 이런 새로운 과학적 미신이 자리 잡지 않았고, 중국, 일본, 인도는 과거에 그들의 눈이 폭력을 정당화하는 사기에 걸리지 않았으므로, 인간성에 내재한 사랑의 율법의 인식으로, 그리고 그것이 위대한 동양의 교사들에 의해 그토록 강력하게 주장되어 왔으므로 즉시 나아갔으면 하는 기대를 가질 수도 있을 것입니다. 그러나 동양에서도 종교적인 것을 대체하는 과학적 미신이 수용되었고, 그것이 점점 더 튼튼한 발판을 확보하고 있습니다.

당신은 잡지에서 인도인의 행동을 인도할 기본적 원리로 행동원리를 제시하였습니다. 즉, "침략에 대한 저항은 정당화될 뿐만 아니라 의무적이고, 무저항은 이타주의뿐만 아니라 이기주의도 다치게 한다."는 것입니다. 사랑은 모든 고통으로부터 인류를 구원할 유일한 길이고, 그 안에서 당신 역시 예속으로부터 인도인을 구할 유일한 방법을 찾을 수 있습니다.

너무나도 오래 전에 사랑은 인도인 사이에서 인간의 삶에 대한 종교적 토대로 특별한 힘과 명료함으로 선언되었습니다. 사랑, 그리고 악을 행하는 자에 대한 폭력적 저항은 사랑의 개념에 대한 전체적 의식과 의미를 완전히 파괴할 정도의 상호 모순을 포함합니다. 그러한 모순에서 어떤 결과가 생깁니까? 당신은 기쁨에 들뜬 마음으로 20세기에, 종교적 인민의 한 신봉자로서, 당신의 과학적 계몽과 그렇게 행할 권리를 느끼면서 그들의 율법을 부인하고 있습니다. 당신은 폭력 사용을 옹호하는 자—진리의 적, 처음에는 신학, 후에는 과학의 시녀인 당신의 유럽인 교사—에 의해 당신 안에 주입된 놀라운 어리석음을 반복하고 있습니다.

당신은 영국인이 인도인을 노예로 만들었고 그들을 복종하도록 한 이유가 인도인이 충분히 의연하게 저항하지 않았고 무력을 무력으로 대처하지 않았기 때문이라고 말합니다. 그러나 진실은 도리어 그것과 정반대입니다. 만일 영국인이 인도인을 노예화하였다면 그것은 바로 인도인이 폭력을 사회적 질서의 근본적인 원리로 인정하였고 아직도 그것을 인정하고 있기 때문입니다. 그들의 작은 라자[16]에게 그들이 복종했던 원리와 마찬가지로 그들을 위해 서로 투쟁하고, 나아가 유럽인 및 영국인과 싸웠으며 또 다시 그들과 싸우려 하고 있습니다.

하나의 상업 회사[17]가 2억 명이 사는 나라[18]를 노예화하였습니다. 이를 미신을 믿지 않는 사람에게 말해보십시오. 그러면 그는 그것이 무엇을 뜻하는지 깨닫지 못할 것입니다. 3만 명의 사람들, 운동선수도 아니고 도리어 나약하고 평범한 사람들이, 힘이 넘치고 영리하고 능력 있고 자유를 사랑하는 수억 명의 사람들을 노예로 만들었다는 것은 무엇을 뜻합니까? 그 수치는 영국인이 아니라 인도인 스스로 노예가 되었음을 명백하게 보여주지 않습니까?

영국인이 자신을 노예로 만들었다고 인도인이 불평할 때, 그

---

16 라자(산스크리트어:)는 인도 문화권에서의 왕의 호칭이다.(출처: 위키백과)

17 영국의 동인도회사를 말한다.

18 인도를 말한다.

것은 마치 술주정뱅이들이 그들 가운데 정착한 술장사가 그들을 노예로 만들었다고 불평하는 것과 같습니다. 당신이 그들에게 음주를 포기해도 좋다고 말해보십시오. 그러면 그들은 그것이 습관이 되어 끊을 수 없고, 그들의 힘을 유지하기 위해 반드시 술을 마셔야 한다고 답할 것입니다. 그들 자신 또는 다른 나라 사람들에게 복종하는 수백만 명의 사람들도 똑같은 것이 아닙니까?

만일 인도인이 폭력에 예속되었다면, 그것은 오로지 그들 스스로 폭력에 의지해 살아 왔으며, 인간성에 내재한 영원한 사랑의 율법을 인식하지 않기 때문입니다.

6

> 자기가 이미 가진 것을 찾고, 자기가 그것을 가지고 있음을 모르는 사람은 가련하고 어리석다. 그렇다, 그를 둘러싸고 있는 내가 그에게 준 사랑의 기쁨을 알지 못하는 사람은 가련하고 어리석다. (크리슈나)

사람들이 그들의 마음에 고유하고 이제 그들에게 밝혀진 사랑의 법칙—그것은 폭력에 의한 모든 저항을 배제하기에 폭력으로부터 초연하게 살아가는 것—으로 온전히 살자마자, 수백 명이 수백만 명뿐만 아니라 단 한 명의 개인도 노예로 만들 수 없을 것입니다. 악을 행하는 자에게 저항하지 마십시오. 행정부나 법정의 폭력적 행위, 세금의 징수, 무엇보다도 병역에 참여하지 마십시오. 그러면 세상의 어느 누구도 당신을 노예로 만들 수 없을 것입니다.

7

> 오, 너는 속박되어 앉아 있고 계속 자유를 찾아 헐떡인다. 오로지 사랑을 찾으라. 사랑은 그 자체가 평화이고, 평화는

완전한 만족을 준다. 나는 오로지 만족만이 보이는 거의 발견되지 않은 땅으로 가는 문을 여는 열쇠다. (크리슈나)

서양인과 마찬가지로 동양인에게 지금 일어나고 있는 것은, 마치 각 개인이 유년기에서 사춘기로 그리고 청년에서 성년으로 지나갈 때 일어나는 것과 같습니다. 그는 이제까지 그의 삶을 인도하던 것을 잃고 방향 없이 살며, 그 나이에 적합한 새로운 표준을 찾지 못하고 있습니다. 그래서 그는 삶의 비참함과 무의미함으로부터 관심을 돌리고자, 모든 종류의 일자리, 근심, 오락 및 마취를 꾸며냅니다. 그러한 상황은 오랫동안 지속될 것입니다.

어떤 사람이 삶의 한 시기에서 다른 시기로 넘어갈 때 이전처럼 무의미한 행동과 흥분을 계속할 수는 없고, 비록 이전에 그를 이끌던 것이 쓸모없게 되었지만, 이것이 그가 이제 아무런 합리적 인도 없이 살아야만 하는 것이 아니라, 오히려 그는 자신의 나이에 걸맞은 삶을 이해해야 하고, 그것을 밝힌 다음 반드시 그것에 의해 인도되어야 함을 깨달아야만 하는 때가 오기 마련입니다. 똑같은 방법으로 인간의 성장과 발전에 유사한 시기가 반드시 오기 마련입니다. 저는 그 시기가 이제 도달했다고 믿습니다.

그것이 1908년에 왔다는 의미가 아니라, 인간 삶의 내부 모순이 이제 극도의 긴장 단계에 도달하였다는 것입니다. 즉, 한편으로는 사랑의 율법이라는 은혜에 대한 의식이고, 다른 한편으로는 수세기 동안 공허하고 불안하고 초조하고 혼란스러운 삶의 모습을 초래하며 사랑의 율법과 충돌해왔던, 폭력의 사용 위에 세워진 기존의 삶의 질서입니다. 이런 모순에는 반드시 맞서야 하고, 그 해결은 쓸모없게 된 폭력의 법을 향해서가 아니라, 먼 옛날부터 사람들의 마음속에 살아있던 진리에 호의적인 것입니다. 그 진리는 사랑의 율법이 인간의 본성과 일치하는 것입니다.

그러나 사람들은, 그들이 모든 종교적 및 과학적 미신으로부터, 그리고 그에 따른 거짓된 설명과 수세기 동안 진리에 대한 인식을 방해한 궤변적 왜곡으로부터 완전히 자유로워질 때 이 진리를 깨달을 수 있습니다.

가라앉는 배를 구하려면, 바닥의 짐을 배 바깥으로 던질 필요가 있습니다. 과거에는 그것이 필요했겠지만 이제는 배를 가라앉게 만들기 때문입니다. 인류에게 행복에 관한 진리를 가리는 과학적 미신도 마찬가지입니다. 그러기 위해 사람들은 반드시 진리를 껴안아야 합니다. 유년기에 그랬던 모호한 방법이 아니라, 또한 종교와 과학의 교사들이 준 편파적이고 왜곡된 방법이 아니라, 그들의 최고 율법으로 껴안아야 합니다. 각각의 진리를 흐리고 있는 미신(유사 종교 및 유사 과학)으로부터 이 진리의 완전한 해방은 필수적입니다. 연령과 습관에 의해 인정되는 전통에 의존한 편파적이고 우유부단한 시도가 아니라—시크교의 창시자인 구루-나낙(Guru-Nanak)[19], 기독교 세계에서는 루터(Luther)[20], 그리고 다른 종교의 유사한 개혁가들에 의한 종교적 범주에서 시작되었던 것과 같은 것이 아니라—모든 고대 종교 및 현대의 과학적 미신으로부터 종교적 인식이 근본적으로 정화되는 것을 말합니다.

만일 사람들이 오르무즈드(Ormuzd)[21], 브라마(Brahma)[22], 사바오드(Sabbaoth)[23]에 대한 믿음으로부터, 그리고 크리슈나와 그

---

19 구루 나낙(Guru Nanak, 1469~1539)은 시크교(Sikhism)의 창시자다. 시크교는 16세기 인도 동북부 푼잡 지역에서 생긴 종교로, 현재 푼잡 지방을 비롯하여 세계 여러 곳에 약 2천 5백만 명의 신도가 있다.

20 마틴 루터(Martin Luther, 1483~1546)는 독일의 성직자이자 성서학자로, 당시 교회의 부패를 공박한 그의 95개 조항은 프로테스탄트 개혁을 촉진시켰다. 그의 사상과 저술에서 비롯된 종교개혁운동은 개신교를 낳았으며, 사회·경제·정치사상에 큰 영향을 끼쳤다.

21 조로아스터교의 으뜸 신.

22 인도 후기 베다 시대의 힌두교 주요 신의 하나로 범천이라고도 한다.

23 구약성경에 나오는 신의 이름.

리스도처럼 그들의 화신으로부터 스스로 자유로워졌다면, 즉 낙원과 지옥, 윤회와 부활에 대한 믿음으로부터, 우주의 외부 문제에 관한 신의 개입에 대한 믿음으로부터 자유로워졌다면, 그리고 무엇보다도 그들이 스스로 베다, 성경, 찬송가, 삼장[24], 코란[25] 등의 무오류성(無誤謬性)으로부터 자유로워졌다면, 또한 무한히 작은 원자 및 분자에 대한, 그리고 무한하게 크고 먼 세상, 그들의 움직임 및 기원에 대한 맹목적 믿음으로부터, 뿐만 아니라 현재 인류가 종속되어 있는 과학적 법칙—역사적 법칙·경제적 법칙·투쟁 및 생존의 법칙 등—의 무오류성에 대한 신앙으로부터 자유로워졌다면, 만일 사람들이 '학문'이라고 불리는 마음과 기억에 관한 우리의 저질스러운 능력을 쓸모없이 행사하는 것의 무서운 축적으로부터, 그리고 모든 종류의 역사, 인류학, 설교학, 세균학, 법학, 우주학, 전략—그 이름은 군대입니다—으로부터 자유로워졌다면, 그리고 이 모든 해롭고 어리석은 바닥짐으로부터 스스로 자유로워졌다면, 사랑의 율법은 모든 사람들이 자연스럽게 가질 수 있고, 모든 문제와 혼란을 해결함으로써 저절로 명백해지고 당연한 것이 될 것입니다.

8

> 자녀들아, 너희 발아래 꽃들을 보라. 그것들을 밟지 말라. 너희 안에 있는 사랑을 보고 그것을 부정하지 말라. (크리슈나)

> 모든 인간의 마음을 초월하는 더 높은 이성이 있다. 그것은 멀리 그리고 가까이 있다. 그것은 모든 세상에 스며들고 동

24 삼장(三藏, (Tripitaka)은 불교의 경전을 경, 율, 논의 3가지로 분류하고 이를 합쳐서 부르는 말이다. 대체로 경은 깨달은 자로서의 붓다의 말씀, 논은 붓다 이후의 제자들이 경과 율에 대한 주석, 율은 계율이다. 이 세 가지를 모두 합쳐 경이라고도 한다.

25 예언자 무하마드(Muhammad)에게 전해진 알라의 계시 내용을 집대성한 이슬람의 성전(聖典).

> 시에 그들보다 무한히 높다.
> 모든 사물이 더 높은 영혼에 담겨 있음을 아는 사람은 다른 존재를 비웃으며 대할 수 없다.
> 모든 영적인 존재가 최고의 것과 동등한 그에게 기만이나 슬픔의 여지가 있을 수 없다.
> 오로지 종교적 의식에 헌신하고 무지한 사람들은 깊은 어둠속에 있으나, 헛된 망상에 빠진 사람들은 훨씬 더 큰 암흑 안에 있다. (우피나샤드, 베다로부터)

그렇습니다. 우리 시대에 극도에 달한, 인류가 자초한 재앙으로부터 탈출할 수 있으려면 이 모든 것은 반드시 제거되어야 합니다. 인도인이 영국의 종속으로부터 자유를 추구하든, 또는 다른 누군가가 자기 국적이나 다른 국적의 압제자들과 투쟁하든—그것이 미국인에게 스스로 대항하는 흑인이든, 페르시아, 러시아, 터키 국가에 맞서는 페르시아인, 러시아인, 터키인이든, 또는 자신과 다른 모든 사람을 위한 가장 큰 행복을 찾고 있는 어떤 사람이든—그들은 당신들의 비베카난다스, 바바 바라티스(Baba Bharatis)와 타인에 의해, 또는 기독교 세계에서 아무도 필요로 하지 않은 것에 대한 유사한 해석가와 해설자에 의해 공식화되어 왔던 것과 같은 오래 묵은 종교적 미신에 대한 해석이나 정당화가 필요하지 않습니다. 또한 물질에 관한 무수한 과학적 이론은 불필요할 뿐만 아니라 대체로 해로운 것입니다.(영적인 영역에서 아무것도 무관하지 않습니다. 유용하지 않은 것은 해로운 것입니다.)

영국인, 프랑스인, 독일인 및 러시아인을 위한 것처럼 인도인에게 요구되는 것은 헌법과 혁명이 아니며, 회담과 의회, 해저 항해와 공중 항해를 위한 많은 정교한 장치, 강력한 폭발물도 아니며, 또한 부유한 지배 계층의 즐거움에 기여할 편의 시설, 수업이 많은 학부를 자랑하는 새로운 학교와 대학교, 신문과 서적의 증가, 축음기와 영사기도 아니며, 예술이라는 용어를 지닌 유치하고 대체로 타락한 어리석은 짓도 아닙니다.

오로지 한 가지가 필요합니다. 즉, 종교적 및 과학적 미신에 의해 마비되지 않은 영혼 안에 있는 단순하고 명백한 진리—우리의 삶을 위해 한 가지 율법, 즉 사랑의 율법이 정당하다는 진리—의 지식으로서, 이는 개인뿐만 아니라 인류에게 최고의 행복을 가져다주는 것입니다.

진리의 인식을 방해하는 저 무성하고 산과 같은 어리석은 짓거리로부터 당신의 마음을 자유롭게 하십시오. 그러면 진리는 당장 그것을 질식시켜 왔던 유사-종교적인 기만 가운데에서 솟아날 것입니다. 사람 안에 고유하고 의심할 여지가 없는 영원한 진리는 세상의 모든 위대한 종교에서 동일한 것입니다. 그것은 때가 되면 나타나 보편적인 인식으로 나아갈 것이고, 그것을 흐리게 하였던 기만은 저절로 사라질 것이고, 그것과 함께 인류가 지금 겪고 있는 악도 없어질 것입니다.

9

> 자녀들이여, 너희의 구름 덮인 눈으로 위를 바라보라. 그러면 기쁨과 사랑으로 가득 찬 세상이 너희에게 열릴 것이니, 그것은 나의 지혜로 만들어진 합리적인 세상이고, 유일한 실제 세상이다. 그러면 너희는 사랑이 너희에게 행한 것을, 사랑이 너희에게 주었던 것을, 사랑이 너희에게서 무엇을 요구하는지 알 것이니라. (크리슈나)

야스나야 폴랴나

1908년 12월 14일

간디와 나눈 일곱 통의 편지들(1909-1910년)

런던, 1909년 10월 1일

선생님에게.

저는 최근 3년간 트란스발(남아프리카)에서 벌어진 일에 대해 선생님에게 알려드리고자 이렇게 펜을 들었습니다.

그곳은 영국의 식민지로 약 1만 3천명의 인도인이 살고 있습니다. 그들은 여러 해 동안 법적 어려움 밑에서 노동을 해왔습니다. 그곳의 피부색에 대한 편견과 아시아인 전체에 대한 반감은 극심합니다. 이는 주로 아시아에 대한 상업적 질시에 의한 것입니다.

그것은 3년 전, 아시아계 사람들을 차별하기 위해 만든 법률이 통과되었을 때 절정에 이르렀습니다. 그 법률은 저와 다른 많은 사람들이 생각했듯이 그것이 적용될 사람들의 인간적 존엄성을 격하시키고 제거하려고 한 것이었습니다.

저는 이런 성격의 법률에 복종하는 것은 참된 종교의 정신에 반한다고 느꼈습니다. 저와 제 친구들 몇은 악행에 대한 저항의 원칙을 철저히 믿었고 지금도 그것을 굳게 믿고 있습니다.

저는 또한 선생님의 저술을 공부하는 특권을 가졌고, 그것은 저에게 깊은 인상을 남겼습니다. 지금과 같은 위치에 있는 것을 충분히 설명받기도 전에, 영국령 인도에 사는 사람들은 법률이 그 위배에 대해 어떤 처벌을 내린다고 해도 우리가 그런 법률에 복종해서는 안 되고, 도리어 투옥을 감내해야 한다는 충고를 스스로 받아들였습니다.

그 결과는 그 투쟁의 핵심에 설 수 없는 인도인의 절반가량이 투옥의 고통을 견디고, 그들이 인간적 존엄성의 격하라고 생각한 법률에 복종한 것이 아니라 트란스발에서 추방된 것이었습니다.

거의 2,500명에 이르는 다른 절반은 양심을 위해 투옥되었고, 그 중 많은 사람이 5번이나 투옥되었습니다. 투옥의 일수는 4일에서 6개월까지 다양했고, 많은 사람들이 힘든 노동에 종사하고 있습니다.

지금 트란스발에는 1백 명이 넘는 수동적 저항자가 있습니다. 그들 중 몇 사람은 너무나 가난하여 하루하루 생계를 겨우 잇고 있습니다. 그 결과 그들의 아내와 아이들은 공공 기부의 도움을 받아야 했지만, 그들도 또한 수동적 저항에서 일어섰습니다. 이는 영국령 인도에 사는 사람들에게 엄청난 압력을 초래했는데, 저는 그런 일이 자주 일어난다고 생각합니다. 그 투쟁은 지금도 여전히 진행 중이고 언제 끝날지는 아무도 모릅니다.

그러나 적어도 우리들 몇몇은 분명히 소극적 저항은 성공할 수 있는 반면, 잔혹한 권력은 반드시 실패한다고 생각합니다.

우리는 또 투쟁이 지속되는 한 우리가 약하기 때문에 그 투쟁을 계속 감내할 수 없으리라는 생각을 정부의 마음에 야기하는 믿음을 갖게 하는 것이라고 생각합니다.

제국의 권위를 보고서 구제책을 예상하여 그들 앞에서 그 지위를 확보하기 위해 친구와 함께 저는 여기에 왔습니다. 수동적 저항자들은 그들이 정부에 호소하는 것 외에 아무 할 일이 없다는 것을 알았지만, 대표는 공동체의 더 약한 구성원에서 오기 때문에 그들의 강함보다 약함을 대변한다는 것을 깨달았습니다.

그러나 만일 '수동적 저항의 윤리와 효과'에 대한 글을 위해 일반적 경쟁이 이루어진다면 그것은 운동을 대중화하고 사람들로 하여금 생각하도록 할 것입니다. 한 친구가 그렇게 제안된 경쟁과 관련한 도덕적 문제를 제기해왔습니다. 그는 그러한 경쟁이 수동적 저항의 참된 정신에 반한다고 생각합니다.

도덕이라는 주제에 대해 선생님의 의견을 물어봐도 괜찮을까요?

만일 선생님에게 기고를 요청하는 것이 나쁘지 않다고 생각하신다면 그 주제에 대해 글을 보내주도록 제가 특별히 접근해야할 사람들의 명단을 저에게 보내주실 수 있을 지요?

선생님의 시간을 방해할지 모르는 또 하나의 용건이 있습니다. 현대 인도의 불안에 대해 어느 인도인에게 보낸 선생님의 편지 복사본을 친구가 나에게 보내왔습니다. 그 표지를 보면 선생님의 견해인 것처럼 보입니다. 저의 친구는 자기 부담으로 그것을 2만 부 인쇄해서 배부하고, 번역도 하려고 합니다. 그러나 우리는 원본을 찾을 수 없고, 따라서 그 복사가 정확하고 선생님의 편지라는 사실을 확인하지 않는 한 그 인쇄가 정당한지 알 수도 없습니다. 저는 이 편지에 복사본을 한 부 첨부합니다. 선생님께서 그것을 직접 쓰신 것인지, 정확한 복사인지, 그리고 위와 같이 인쇄해도 좋은지 저에게 친절하게 알려주시리라고 믿습니다. 그리고 그 편지에 보탤 것이 있으면 그렇게 해주십시오.

또 하나 말씀드릴 것이 있습니다. 선생님은 마지막 문단에서 독자들에게 환생에 대한 믿음을 설득하려는 것처럼 보입니다. (제가 그것을 언급한다고 해서 무례를 범하는 것이 아니라면) 저는 선생님께서 그 문제에 대해 특별히 연구하셨는지는 모릅니다. 환생이나 윤회는 수백만 명 인도인과 중국인의 오랜 믿음입니다. 그들 대부분은 그것이 더 이상 학문적으로 받아들일 문제가 아니라 경험의 문제라고 말합니다. 그것은 삶의 수많은 신비를 합리적으로 설명해줍니다. 트란스발의 감옥에 들어간 수동적 저항자들에게도 그것은 위안이었습니다. 제가 이에 대해 쓰는 목적은 그 교의의 진리를 선생님에게 확신시키려고 하는 것이 아니라, 선생님께서 편지에 쓰신 것으로부터 '환생'을 지워 주실지 있는지 묻기 위해서입니다.

문제의 편지에서 선생님께서는 크리슈나로부터 다수를 인용했고 해설하셨습니다. 그렇게 인용하신 것으로부터 그 책의 제목을 지어주신 점에 감사합니다.

이 편지로 지루하게 해드렸군요. 선생님을 존경하고 따르는 사람들이라고 해서 선생님의 시간을 방해할 권리가 없고 선생님을 귀찮게 해드리지 않는 것이 그들의 의무임을 저는 잘 압니다. 그러나 선생님을 전혀 모르는 제가 진리에 대한 관심에서, 그리고 여러 문제에 대한 조언, 평생의 과업으로 만드신 해결책을 구하기 위해 이렇게 편지를 드리게 되었습니다.

존경의 마음을 남기며

M. k. 간디

야스야나 폴랴나, 1909년 10월 7일

간디에게.

저는 방금 당신의 매우 흥미로운 편지를 받았습니다. 그것은 제게 많은 즐거움을 주었습니다. 신이시여, 트란스발에 있는 우리의 사랑하는 형제들과 동료들을 도우소서! 우리들 안에서도 역시, 이 같은 온유함과 잔인함 사이의, 겸손과 사랑, 자만과 폭력 사이의 싸움이, 특별히 종교적 의무와 국가의 법률 사이의 첨예한 충돌에서, 병역 수행의 거부로 나타나면서 훨씬 더 강하게 느껴지고 있습니다. 그러한 거부는 더 자주 생길 것입니다.

저는 「인도인에게 보내는 편지」를 썼고, 그것이 인도에서 번역되어 매우 기쁩니다. 모스크바 사람들이 크리슈나에 대한 책의 제목을 당신께 알려 드릴 것입니다. '환생'과 관련해 저는 어느 것도 빠트리지 않았습니다. 왜냐하면 저는 환생에 관한 신앙이 영혼 불멸과 하늘의 진리·사랑에 관한 신앙과 마찬가지로 인류를 결코 억누르지 못할 것이라고 생각하기 때문입니다. 그러나 만일 당신이 원한다면 그것을 생략하는 것을 당신에게 맡깁니다. 당신의 번역판을 돕게 되어 매우 기쁩니다. 인도어로 저의 작품이 번역·배포되는 것은 저에게 즐거움입니다.

금전 지불 문제는 종교적 사업과 관련해 생기지 않을 것이라고 생각합니다.

저는 우애로 당신을 반기며, 당신과 연락하였기에 즐겁습니다.

레프 톨스토이

런던, 1909년 10월 11일

선생님에게.

「인도인에게 보낸 편지」와 제가 편지로 말씀드린 몇 가지 문제에 대해 등기 편지를 보내주셔서 감사드립니다.

선생님의 건강이 좋지 못하다는 소식을 듣고, 저의 감사를 적는다는 것이 피상적인 형식인 것을 알고 선생님에게 폐를 끼치지 않기 위해 연락드리기를 주저했습니다. 하지만 최근에 에일머 모드 씨에게 선생님의 건강이 정말 좋고 매일 아침 편지를 규칙적으로 잘 쓰신다고 들었습니다. 정말 반가운 소식이어서, 선생님이 매우 중요하다고 가르쳐주신 문제에 대해 이렇게 다시 편지를 드리게 되었습니다.

지금 남아프리카에 사는 영국인 친구가 저의 삶에 대해 쓴 책을 동봉합니다. 제가 평생을 바쳐온 투쟁에 대해 적은 책입니다. 저는 선생님의 적극적인 관심과 동정을 절실히 바라기 때문에 이 책을 보내는 것이 도리에 어긋나지 않으리라 생각합니다.

트란스발의 인도인 투쟁은 현대의 가장 위대한 일이고, 목표에 이르기 위해 선택한 방법을 이상적으로 만든 것입니다. 저는 참여자들이 그 투쟁의 끝에 어떤 개인적 이익도 얻지 못하고, 영향을 받은 사람들의 반이 원칙을 지키기 위해 엄청난 고통을 당하고 투옥된 투쟁을 알지 못합니다. 제가 하고 싶은 대로 그 투쟁에 대해 광고할 수도 없습니다.

선생님은 오늘날 가장 광범위한 여론을 주도하고 계십니다. 도크[26] 씨의 책에서 발견하신 사실에 만족하신다면, 제가 도달한 결

---

26 조지프 존 도크(Joseph John Doke, 1861-1913)는 영국의 침례교 목사로 1909년, 『M. K. 간디, ; 남아프리카의 인도 애국자』(*M. K. Gandhi: Indian Patriot in South Africa*)를 썼다.

론이 그 사실들에 의해 정당화된다고 생각하신다면, 그 운동을 알리기 위해 적당하다고 생각하시는 방법으로 영향력을 행사해주시길 요청해도 괜찮을까요? 만일 그렇게 해주신다면 그것은 무종교와 증오·허위에 대한 종교·사랑·진실의 승리일 뿐만 아니라, 수백만 명 인도인과 그밖에 짓밟힌 세계에 모범을 보여주고, 적어도 인도에서 폭력을 없애려고 하는 위대한 길로 나아가는 훌륭한 사례가 될 것입니다. 만일 우리가 마지막까지 저항한다면 저는 그 궁극적 성공에 대해 조금도 의심하지 않을 것입니다. 선생님께서 제시한 길의 격려만이 우리의 결의를 강화시킬 것입니다.

문제의 해결을 향한 조정은 실제로 실패했고, 저는 제 동료들과 함께 이번 주 중에 남아프리카로 돌아가 투옥될 겁니다. 제 아들도 이 투쟁에 참가했고 지금은 6개월 징역형으로 수감되어 있음을 알려드립니다. 이는 이 투쟁 기간 중의 네 번째 투옥입니다.

이 편지에 대해 답장을 주시려면 요하네스버그 사서함 6522로 보내주십시오.

건강하시길 빌면서 이만 그칩니다.

선생님의 순종하는 종

M K 간디

요하네스버그, 1910년 4월 4일

러시아, 야스나야 폴랴나, 레프 톨스토이 백작님께

선생님께.

제가 여행을 통해 지나가며 머물렀던 런던에서 선생님께 편지한 것을 선생님은 기억하실 것입니다. 선생님의 매우 헌신적인 신봉자로서 저는 이 편지와 함께, 저의 작품을 구자라트어(저의 고향 언어입니다)로 번역해 엮은 조그만 책을 보내드립니다. 인도 총독부가 이 책의 원본을 압수하였음을 알려 드릴 필요가 있을 것 같습니다. 그래서 저는 번역본을 서둘러 발행하였습니다. 제가 선생님께 심려를 끼쳐드릴까 송구스럽지만, 만일 선생님의 건강이 허락하고 선생님께서 책을 두루 살펴볼 시간이 있으시면, 책에 대한 선생님의 평을 제가 얼마나 바라는지 저로서는 말할 필요가 없을 것입니다. 또, 출판을 허락해주신 선생님의 「인도인에게 보내는 편지」의 사본 몇 부를 선생님께 보내드립니다. 이것은 또한 인도어 중 하나로 번역되었습니다.

선생님의 천한 종, M. K. 간디

야스나야 폴랴나 1910년 5월 8일

마하트마 간디에게

사랑하는 친구여.

저는 막 당신의 편지와 당신의 책『인도의 자치』를 받았습니다.

저는 그 책을 굉장히 관심 있게 읽었습니다. 왜냐하면 저는 그곳에서 다루는 문제인 수동적 저항이, 인도인들뿐만 아니라 전체 인류에게 매우 중요하다고 생각하기 때문입니다.

당신의 첫 편지를 찾을 수는 없었지만, 그것을 찾다가 도크가 쓴 당신의 전기를 보았습니다. 나에게 깊은 감동을 준 그 책은 당신을 알게 하고 당신의 편지를 이해할 수 있게 하였습니다.

저는 현재 그렇게 편치 않습니다. 따라서 제가 매우 귀하게 여기는 당신의 책과 당신의 활동 전부에 대해 가슴 안에 있는 모든 것을 쓰기를 억누르고 있습니다. 그렇지만 나아지는 대로 다시 쓸 것입니다.

당신의 친구이자 형제,

레프 톨스토이

요하네스버그, 1910년 8월 15일

톨스토이 백작님에게

선생님께.

저는 선생님께서 지난 5월 8일에 보내주신 격려와 성심의 편지를 받고 매우 감동했습니다. 저의 『인도의 자치』에 대해 선생님께서 평가해주셔서 정말 고맙습니다. 만일 선생님께 시간적인 여유가 있다면 그 책에 대해 좀 더 상세하게 말씀해주시기를 학수고대합니다. 앞 편지에서 그렇게 하시겠다고 말씀하셨듯이 말입니다.

칼렌바흐 씨가 톨스토이농장에 대해 쓴 편지를 이미 보냈습니다. 칼렌바흐 씨와 저는 오랫동안 친구로 지내왔습니다. 선생님께서 『고백』에 정말 멋지게 서술한 경험의 대부분을 칼렌바흐 씨도 겪었음을 말씀드립니다. 그 책만큼 칼렌바흐 씨를 깊게 감동시킨 책은 없었습니다. 우리는 선생님께서 세상에 안겨준 이상에 따라 살려고 하는 노력에 자극받아 선생님의 존함을 농장 이름으로 삼는 것에 대해 상의했습니다.

수동적 저항자를 위해 농장을 이용하도록 허용한 그의 관대한 행동에 대한 보답으로 <인디언 오피니언> 몇 권을 동봉합니다. 그것은 선생님에게 많은 정보를 드릴 것입니다.

이러한 일로 심려를 끼치지 않기를 바라면서 트란스발에서 지속되고 있는 수동적 저항 투쟁에 대한 선생님의 관심에 다시 감사드립니다.

선생님의 천한 종

M. K. 간디

코체티, 1910년 9월 10일

간디에게

저는 당신의 잡지 <인디언 오피니언>을 받았습니다. 폭력에 의한 모든 저항을 포기하는 사람들에 대해 말하는 것을 알고 기뻤습니다. 그리고 저는 그것을 읽고 어떤 생각이 났는지 당신에게 알려주고 싶다고 즉시 느꼈습니다.

제가 오래 살면 살수록—특히 죽음이 다가오는 것을 분명히 느끼는 지금—다른 무엇보다도 더욱더 강하게 느끼고 저의 생각에서 너무나도 중요해지는 것이 있습니다. 폭력에 의한 모든 저항의 포기, 궤변에 의해 왜곡되지 않은 사랑의 율법을 표현하고 싶은 마음이 생기는 것입니다. 사랑, 달리 말하면 모든 영혼의 합일을 향한 노력과 그로부터 나오는 서로에 대한 순종의 태도는, 모두가 각자의 가슴 깊숙한 곳에서 (우리가 아이에게 가장 명백히 보듯이) 알고 느끼며, 그가 세속 사상의 그물에 걸려들기까지 알고 있듯이, 삶의 가장 숭고하고 사실상 유일한 율법을 대표합니다.

이 율법은 철학—인도뿐만 아니라 중국, 유대, 그리스 및 로마의—에 의해 선언되었습니다. 가장 명백하게 선언한 사람은 그리스도입니다. 그는 명시적으로 바로 그 위에 모든 율법과 예언이 있다고 하였습니다. 나아가 그 인식을 방해하고 언제나 그것을 왜곡하는 것을 예견했습니다. 그는 특히 세속의 이익에 의해 살아가는 사람들에게 나타나는 오해—즉, 그들이 폭력에 의해 그들의 이익을 방어하거나, 그가 표현한 것처럼 주먹에는 주먹으로 갚고 도난당한 재산을 폭력에 의해 되찾을 권리 등을 주장하는 것—의 위험을 지적하였습니다.

사리를 아는 사람들이 그러하듯이, 어떠한 폭력의 사용이라도 삶의 최고 법인 사랑과 양립할 수 없습니다. 그는 폭력의 사용이 단

한번이라도 허용되는 것처럼 보이자마자 그 율법 자체는 즉각 부정된다는 것을 알았습니다. 기독교 문명은 전부 외관상 화려하지만, 이처럼 이상하고 명백한—일부는 고의적이지만 주로 무의식적인—오해와 모순 위에서 성장하였습니다.

그러나 근본적으로 사랑의 율법은, 만일 폭력에 의한 방어가 나란히 세워진다면, 더 이상 유효할 수 없습니다. 일단 사랑의 율법이 유효하지 않다면, 힘의 정의를 제외하고는 아무런 법도 남지 않습니다. 그런 상태에서 기독교는 1900년을 살아왔습니다. 사람들은 언제나 사회 질서의 주된 원리인 힘에 의해 이끌려 왔습니다. 기독교 국가와 다른 국가 사이의 차이는 오로지 이것입니다.

기독교에서 사랑의 율법은 다른 어떤 종교에서보다도 더욱더 명백하고 단호하게 주어졌고, 그 신봉자들은 엄숙하게 그것을 인정하였습니다. 그럼에도 불구하고 그들은 폭력의 사용이 허용된다고 여기며 그들의 삶을 폭력 위에 세웠습니다. 그래서 기독교 국가의 삶은 그들의 믿음과 그들의 삶이 세워진 원리 사이의 더 큰 모순—행위의 율법을 규정하는 사랑과 폭력의 사용 사이의 모순의 다양한 형태—가령, 국가, 법정, 군대—를 제기합니다. 이런 모순은 기독교의 영적 삶의 발전에 따라 증가하였고 최근 몇 년 동안 최고도의 긴장에 이르렀습니다.

문제는 이제, 우리는 반드시 두 가지—우리가 종교적 윤리를 인식하지 않고 우리의 삶의 행위가 힘의 정의에 의해 결정되도록 인정하는 것, 또는 강제적인 세금 부과의 중단과 법제도와 경찰제도, 그리고 무엇보다도 군사제도의 폐지를 요구하는 것—중의 하나를 선택해야 한다는 것입니다.

이번 봄에, 모스크바 여학교의 성경 시험에서, 처음엔 그들의 종교 선생이 그리고 다음엔 동석했던 대주교가 여학생에게 십계명, 특히 6번 계명에 대해 물었습니다. 여학생이 계명을 정확하게 암송한 뒤에 대주교는 다음과 같은 질문을 던졌습니다.

"살인은 언제나 신의 율법으로 금지되나요?" 그 불행한 여학생은 그들의 교사에 의해 잘못 인도되어 다음과 같이 대답해야 했습니다. "언제나 그런 것은 아닙니다. 왜냐하면 그것은 전쟁과 사형에 의해 허용되기 때문입니다."

그러나 이런 일상적인 추가 질문—"살인하는 것이 언제나 죄인가요?"—이 불쌍한 여학생 중의 한 사람에게 내려졌습니다. (제가 당신에게 말하는 것은 일화가 아니라 실제로 발생한 일이며 어떤 목격자에 의해 내게 전해졌습니다.) 그 여학생은 얼굴을 붉히고 단호하고도 감정적으로 대답했습니다. "언제나 금지합니다!"

대주교의 통상적인 궤변에도 불구하고 그 여학생은 확고하게 그것을 주장했습니다. "살인은 모든 상황, 심지어 구약성서에서도 금지되며, 그리스도는 우리가 살인하는 것뿐만 아니라, 일반적으로 우리 이웃에게 어떤 해를 끼치는 것도 금지합니다."라고요. 대주교는 위엄과 말재주에도 불구하고 침묵했습니다. 여학생이 이긴 것입니다.

그렇습니다. 우리는 신문에서 비행 기술의 진보, 복잡한 외교관계, 다양한 클럽들, 신기한 발견, 모든 종류의 동맹, 예술 작품에 대해 쓸 수 있을 것입니다. 우리는 그 여학생이 말한 것을 대수롭지 않게 지나칠 수 있습니다.

그러나 우리는 그 여학생을 완전히 침묵시킬 수는 없습니다. 왜냐하면 모든 기독교인은, 그가 아무리 모호하게 느낄지라도 똑같이 느끼기 때문입니다. 사회주의, 공산주의, 아나키즘, 구세군, 범죄의 증가, 고된 노동에서의 해방, 부자의 불합리한 사치와 빈민의 불행, 무섭게 증가하는 자살의 숫자. 이 모든 것은 미래에 반드시 해결되어야 할 내적 모순의 증거입니다.

물론, 사랑의 율법이 인정되는 방식으로 해결된다면 폭력에 대한 의존은 포기될 것입니다. 우리에게 지상의 반대편에 있는 것처럼 보이는 트란스발에서의 당신의 활동은, 우리의 관심의 중심에 있고 가장 무거운 실천적 증명을 제공하며, 이제는 기독교인들뿐만 아니라 세상의 모든 사람들이 함께 참여할 수 있는 것입니다.

이곳 러시아에서도 역시, 비슷한 운동이 급속하게 주의를 끌고 있고, 병역 거부가 해마다 늘어가고 있다는 것을 듣는다면 당신이 기뻐할 것이라 생각합니다. 아무리 폭력적 저항을 포기하는 사람의 숫자와 병역 거부자의 숫자가 아직은 적다고 해도, 우리는 말할 수 있습니다. 신이 우리와 함께 있고, 신은 사람보다 강하다고.

기독교—심지어 우리에게 가르쳐진 기형적 기독교—의 믿음과 군대의 필요성과 꾸준히 증가하는 살육하기 위한 준비에 대한 믿음 사이에는, 하늘까지 들리고 조만간 그 완전한 실체가 반드시 드러나야 하는 명백한 모순이 있습니다.

그러나 그것은 국가의 유지에 없어서는 안 될 기독교를 전멸시켜버리거나, 또는 그 모순이 군대와 그것에서 나오는 폭력—국가는 그 사용을 결코 적게 필요로 하지 않습니다—을 쓸어버릴 것입니다. 모든 국가는, 당신의 영국이든 우리의 러시아든, 이런 모순을 인식하고 있습니다.

따라서 러시아에서 우리가 경험하였고 당신의 잡지 기사에서 보듯이, 그것의 인정은 국가에 해로운 다른 어떤 활동보다도, 국가에 의해 강력히 저항 받을 것입니다. 국가는 어떤 방향에서 가장 큰 위험이 그들을 위협하는지 알고 있고, 그들의 이익을 보호하기 위해서 뿐만 아니라 실제로 그 존재 자체를 위해 싸우고자 주의 깊은 눈으로 경계하고 있습니다.

당신의 레프 톨스토이

Ⅱ. 러시아인에게 보낸 편지

러시아 자유주의자에게 보낸 편지(1896년 8월 31일)

저는 문학위원회를 옹호하고 대중 교육의 적에 반대하는 당신과 당신의 동료들과 함께 하게 되어 매우 즐거우며, 그 활동에 대해 알게 되어 고맙게 생각하고 있습니다. 그래서 당신이 일하고 있는 분야에 반대할 생각이 없습니다.

저의 유일한 위안은 저 역시, 비록 다른 방법이지만, 계몽에 대한 동일한 적에 맞서는 투쟁에 끝없이 참여하고 있다는 것입니다.

당신이 열중하고 있는 특별한 문제와 관련하여, 저는 금지된 문학위원회를 대신해서 똑같은 목적을 추구하는 수많은 다른 문학협회가 국가와 상의하지 않고 어떤 검열 당국으로부터도 허락을 요청하지 않고 구성되어야 한다고 생각합니다. 국가는, 만일 그들이 원한다면, 이들 문학협회를 기소해서 회원을 처벌하고 그들을 추방하라고 하십시오. 만일 국가가 그렇게 한다면, 그것은 사람들로 하여금 훌륭한 책과 도서관에 특별한 중요성을 갖도록 만들게 할 것이고, 계몽을 향한 추세를 강화시킬 것입니다.

국가의 허락을 얻지 않아야 할 뿐만 아니라, 의식적으로 그들의 참여를 회피하면서 조용하고 끈질기게 옳은 일을 하는 것이 제게는 이제 특별히 중요한 것처럼 보입니다. 국가의 힘은 인민의 무지에서 나오는 것입니다. 국가는 이를 알고 있기에 언제나 참된 계몽을 반대할 것입니다. 바로 지금이야말로 우리가 진실을 알아야 할 때입니다.

국가가 암흑을 퍼뜨리는 한편 사람들은 계몽에 바빠 보이는 것처럼 가장하기도 하는데 이를 그대로 두는 것은 바람직하지 않습니다. 국가는 현재 모든 종류의 유사 교육 기관을 이용해 그런 짓을 하고 있고 학교, 고등학교, 대학교, 학원 및 모든 종류의 위원회와 회의를 통제하고 있습니다. 그러나 좋은 것이 좋은 것이고, 계몽이 계몽인 것은, 오로지 그것이 매우 좋을 때와 매우 계몽되었을 때이지, 그것이 델리피노프(Delyfinof)나 두란노(Dourano)의 회람에 맞추기 위해 색조를 낮추는 때가 아닙니다.

저는 가치 있는 것, 공평무사한 것, 자기희생의 노력이 소득 없이 허비될 때 매우 유감스럽게 생각합니다. 훌륭하고 지혜로운 사람들이 그들의 힘을 국가 차원의 투쟁에 맞서서 소비하지만, 국가 자체가 만들고 싶어 하는 법률은 무엇이든지 계속하는 것을 본다는 것은 이상한 일입니다. 이것은 그 문제가 내게 어떻게 비쳐지는가 하는 것입니다. (우리 자신들이 그러한 것처럼) 국가가 매우 나쁘다는 것을 깨닫고, 그것에 맞서서 투쟁하는 사람들이 있습니다.

라디체프(Radistchef)와 데카브리스트의 난[1]의 시대 이전부터 투쟁을 계속하는 두 가지 방법이 있었습니다. 하나의 방법은 스텐카 라진[2], 데카브리스트인 푸가초프[3], 1860년대의 혁명주의 정당, 3월1일의 테러주의자[4] 등이 취했던 방법입니다. 다른 방법은 당신들

1 데카브리스트의 난 혹은 12월혁명당원이란, 1825년12월, 러시아 제국에서 일부 청년 장교들이 유럽의 자유주의사상에 영향을 받아 입헌 군주제의 실현을 목표로 일으킨 난이다. 데카브리스트란 개혁을 부르짖으며 혁명을 일으켰던 청년 장교들을 총칭해서 부르는 말이다. 데카브리스트의 난을 진압한 니콜라이 1세는 자유주의 운동에 위협을 느껴, 전제 정치를 더욱더 강화하였다.

2 스테판 티모페예비치 라진(1630~1671)은 러시아의 농민 혁명 운동가로 러시아 제국 차르의 전제적 통치에 반발한 반란을 주도한 코사크 지도자이다.

3 푸가초프의 난은 예카테리나 2세 치하의 러시아에서 일어난 농민반란(1773~1775)이다.

4 1881년 3월 1일, 알렉산드로 2세가 마차를 타고 궁으로 향하는 중, 나로드니키(공화주의자)의 인민의 의지파의 폭탄테러에 의해 암살된 사건을 말한다. 알렉산드르 2세(1818~1881)는 1861년 농노해방을 했고 사법제도를 개혁하여 지역재판관을 선출제로 바꾸고 기혹한 제도들을 폐지했다.

에 의해 전파되고 실행되는 '점진주의자들'의 방법으로 폭력 없이 법적인 제한 내에서 투쟁을 계속하며 조금씩 헌법적인 권리를 정복해 나가는 것입니다.

제가 기억하는 한 이러한 방법은 반세기 이상 끊임없이 사용되어 왔으나, 아직도 사태는 점점 악화되어 가고 있습니다. 심지어 그것 자체가 보여 주는 것과 같은 개선의 징조도 이런 종류의 활동에서가 아니라, 그 두 종류의 활동에 의해 행해진 해로움에도 불구하고, 제가 뒤에 이야기할 원인으로부터 비롯된 것입니다.

한편, 우리가 맞서 싸우고 있는 권력은 전에 없이 더욱더 거대하고 강력하고 오만해져 가고 있습니다. 인민들의 자치 조직—지방 정부, 공개 재판, 당신들의 문학위원회 등등—에 대한 마지막 서광은 모두 사라져 버렸습니다.

두 가지 방법이 그토록 오랫동안 아무런 효과 없이 시도되어 왔으므로, 우리가 전자든 후자든 소용이 없다는 것을 명백히 깨달을 수 있고, 또한 이것이 왜 그러한지를 알 수 있다고 저는 느낍니다. 적어도, 언제나 국가를 싫어했고, 국가에 저항하는 위의 방법 중 어느 것도 결코 채택한 적이 없는 제게는, 두 가지 방법의 결함이 확실하게 보입니다.

첫 번째 방법이 만족스럽지 못한 이유는, 비록 폭력적인 수단에 의해 기존 체제를 바꾸려는 시도가 성공한다고 해도, 새로운 조직이 지속되고 그 새로운 질서의 적이 어떤 적절한 기회가 된다면, 그들에 맞서서 사용했던 것과 같은, 즉 프랑스 등 어디에서든 혁명이 있어 왔던 곳에서 끊임없이 발생했던 것과 같은 폭력을 사용해 승리하지 못할 것이라는 보장이 없기 때문입니다. 그래서 새로운 사태의 질서는 폭력에 의해 세워졌으므로 폭력, 즉 범죄에 의해 지속적으로 지지되어야 할 것이고, 결국 그것이 바꾸어 버린 질서처럼 그것은 필연적으로 매우 신속하게 타락할 것입니다.

실패하는 경우, 혁명주의자의 폭력은 오로지 그들이 맞서서 투쟁하는 사태의 질서를 강화시킬 뿐입니다. (우리 러시아의 경험 안에서, 푸가초프의 반란으로부터 3월 1일의 시도까지 언제나 그러했듯이.) 왜냐하면 그것은 우유부단한 두 파벌 사이에서 갈팡질팡하고 서있는 사람들인 전체 군중을 보수주의적이고 퇴행적인 파벌로 몰아가기 때문입니다. 따라서 우리가 이성과 경험을 따른다면, 이런 수단은 비도덕적일 뿐만 아니라 비합리적이고 비효과적이라고 과감히 말할 수 있습니다.

다른 방법은 훨씬 덜 효과적이거나 덜 합리적이라고 생각합니다. 그것이 비효과적이고 비합리적인 이유는, 그 수중에 전체 권력(군대, 정부, 교회, 학교, 경찰)을 가지고 있고, 자유주의자가 저항하고자 하는 근거가 되는 법률이라는 것을 만들어 내는 국가가 무엇이 진정으로 그것에 위험한 것인지 너무 잘 알고 있으며, 그것에 복종하고 그 지도 아래서 행동하는 사람들이 그 권위에 손상을 가하는 어떤 것도 행하도록 내버려 두지 않기 때문입니다.

우리 앞에 있는 암시를 예로 들어 보겠습니다. 즉, 사람들의 무지에 의존하는 우리와 같거나 또는 다른 어떤 국가는 그들이 정말로 계몽되는 것에 결코 동의하지 않을 것입니다. 국가는 그들에 의해 통제되는 유사 교육 단체—학교, 고등학교, 대학교, 학원, 위원회, 회의, 검열 당국에 의해 용인되는 간행물—, 이러한 기관 및 간행물이 그 목적에 도움이 되는 한, 다시 말해 사람들을 마비시키거나 적어도 그들의 마비를 저해하지 않는 한 용인할 것입니다.

그러나 기관이나 간행물이 국가 권력이 의지하는 것(사람들의 무지)을 치유하려고 시도하자마자, 국가는 누구에게 어떤 해명을 하거나, 왜 그들이 그렇게 행동하고 반대하지는 않는지 말하지도 않고, 거부권을 선언하고 기관이나 단체를 재배치하거나 폐쇄시키며 간행물을 금지시킬 것입니다. 따라서 이성과 경험이 명백히 보여 주듯이, 그런 환상과 같은 점진적 권리에 대한 정복은 국가에 잘 어울리는 자기기만일 뿐이고, 따라서 국가는 그것을 장려할 준비도 되어 있는 것입니다.

그러나 이런 활동은 비합리적이고 비효과적일 뿐만 아니라, 또한 해로운 것입니다. 그것이 해로운 이유는, 계몽되고 유익하고 정직한 사람들이 국가의 직위에 들어감에 의해, 그들이 없다면 국가가 소유할 수 없는 도덕적 정당성을 부여하기 때문입니다. 만일 국가가 전적으로 투박한 요소—그처럼 그들의 핵심을 구성하는 폭력적인 사람, 이기주의자, 아첨꾼—로 구성되어 있다면, 그것은 계속해서 존재할 수 없는 것입니다.

정직하고 계몽된 사람들이 국가의 업무에 참여하고 있는 것이 발견된다는 사실은 국가가 소유하는 어떤 도덕적 위신이라도 국가에게 주는 것입니다. 그것이 국가 업무에 참여하거나, 그것을 받아들이는 자유주의자의 활동으로부터 초래되는 한 가지 악입니다. 그러한 활동에 의한 다른 악은 그들이 작업을 계속할 기회를 확보하기 위해 이처럼 고도로 계몽되고 정직한 사람들이 타협하기 시작해야 하고, 그래서 점차적으로 좋은 목적을 위해 말과 행동에서 어느 정도 진리로부터 이탈할 것을 고려하게 된다는 것입니다.

가령, 비록 제도권 교회를 믿지 않지만, 그 의식에 참여하거나 맹세하거나 어떤 문제의 성사를 위해 필요할 때 사람의 천부적 존엄에 충실하지 않는 경멸적 언어로 표시된 청원을 제시하거나, 군대에 입대하거나, 모든 권력을 박탈당한 지방 정부에 참여하거나, 교사나 교수로서 자신이 필요하다고 여기는 것이 아니라 국가가 가르치라고 명령하는 것을 가르치는 것에 협조하는 것입니다. 심지어 국가의 요구와 명령에 굴복해 자신의 양심을 침범하는 젬스키 나찰리니크[5]

---

5 Zemskii nachalnik는 알렉산드르 3세가 농민들에 대한 통제를 강화하기 위해 설치한

가 될 수도 있고, 신문이나 잡지를 편집하면서 반드시 언급해야 하는 것에 대해 침묵하고 출판하라고 명령 받은 것을 출판할 수도 있습니다.

이런 타협—예측될 수 없는 한계—에 들어서면서 계몽되고 정직한 사람들은, 오로지 그들만이 국가에 의한 인간의 자유 침해에 대해 일부 방벽을 형성할 수 있음에도 불구하고, 조금씩 물러나면서 양심의 요구로부터 점점 더 멀어져 가며, 마침내 국가에 완전히 의존하는 위치로 전락해 버립니다. 그들은 국가로부터 상금과 보수를 받고, 그들이 자유주의 사상을 촉진한다고 계속 상상하면서, 그들이 싸우기 시작해야 하는 바로 그 명령을 따르는 초라한 하인과 지지자가 되는 것입니다.

자유주의 진영에는 더욱더 훌륭하고 진실한 사람들이 있는데, 그들은 국가로부터 뇌물을 받지 않고 포섭되지도 않고, 보수나 지위에서도 자유로운 사람들입니다. 그러나 이런 사람들도, 국가가 펼쳐 놓은 그물에 걸려들며, 그들이 위치하는 장소로부터 나아갈 수 없어서 (지금의 당신이 위원회에서 행하듯) 그 새장 안에서 날개를 퍼덕입니다.

또는 분노한 나머지, 그들은 혁명 진영에 뛰어가거나, 자살하거나, 술을 마시거나, 실의에 빠져서 전체 투쟁을 포기하게 됩니다. 그리고 무엇보다 흔한 것은 문학 활동으로 물러나 검열관의 요구에 복종하면서 그들이 말하도록 허용한 것만 말하고, 가장 중요한 것에 대해 침묵함으로써 대중에게 왜곡된 시각을 전달하여 국가를 만족하게 하는 것입니다.

그러나 그들은 계속해서 그들에게 생활의 수단을 주는 저술을

새로운 지방 관리로, 행정권에 사법권까지 지닌 이 관리들은 각급 지방행정 기관에 파견되어 농민들에 대한 직접적인 행정 및 사법적 통제권을 행사했다.

통해 사회에 기여한다고 상상하고 있습니다. 그리하여 깊은 생각과 경험이 제게 함께 보여주는 것은, 지금까지 국가와 싸우기 위한 두 가지 수단은 비효과적일 뿐만 아니라, 사실상 국가의 권력과 무책임을 강화시켜주는 경향이었습니다.

그렇다면 우리는 무엇을 해야 합니까? 70년 동안의 과거가 결실 없음을 증명하였고, 오로지 역효과만을 초래한 것 같은 일은 명백하지 않습니다. 과연 우리는 무엇을 해야 합니까? 바로 그들이 행한 것, 즉 그들의 활동으로 인해 세상이 시작되었을 때부터 성취해 왔고, 오늘날 여전히 성취하고 있는 빛과 선을 향한 전진에 우리가 빚지고 있습니다. 그것이 바로 반드시 행해야 하는 것입니다! 그리고 그것은 무엇입니까?

오로지, 국가에 전혀 종속되지 않는, 아니 국가가 그것을 좋아하든 말든, 선하고 필요하다고 여기는 것에 대한 조용하며 참된 지속입니다. 자신의 권리를 주장하는 것입니다. '문학위원회'의 구성원, 의원, 지주, 상인, 심지어 의회 의원으로서가 아니라, 이성을 가지고 자유로운 사람으로서 자신의 권리를 주장하고, 오로지 양심과 인간의 존엄이 수호될 수 있는 방법으로—양보와 타협을 동반하는 지역회의나 위원회의 권리가 수호되는 것으로서가 아니라, 어떠한 양보나 타협 없이—그것들을 수호하는 것입니다.

하나의 요새를 성공적으로 방어하려면, 교외의 모든 집을 태워 버리고 튼튼한 것, 당신이 결코 넘겨줄 수 없는 것만을 남겨 두어야 합니다. 이처럼 굳건한 거점을 기반으로 우리는 우리가 필요로 하는 모든 것을 정복할 수 있습니다. 사실 의회 구성원으로서의 권리, 또는 지역 회의의 구성원으로서의 권리는 보통 사람의 권리보다 큰 것입니다.

그것은 마치 그런 권리를 이용함으로써 많은 일을 할 수 있는 것처럼 보입니다. 그러나 걸림돌은 의회나 위원회의 구성원으로서 권리를 획득하려고 하면, 사람으로서 자신의 권리 일부를 포기해야 한다는 것입니다. 사람으로서 자기 권리의 일부를 포기하고 나면, 더 이상 지렛대의 고정된 접점이 없게 되며 어떤 진정한 권리를 정복하거나 유지할 수 없게 됩니다. 타인을 수렁에서 끌어 올리려면 자신이 단단한 땅 위에 서야만 하고, 만일 타인을 돕고자 하는 바람에서 수렁으로 들어간다면 당신은 타인을 끌어당기는 것이 아니라 자신을 가라앉게 할 것입니다.

의회에 의해 법제화된 1일8시간 노동제를 얻어내거나, 당신의 위원회를 통해 지지되는 학교 도서관을 위한 자유주의 프로그램을 얻는 것은 매우 바람직하고 유익할 지도 모릅니다. 그러나 만일 이런 목적을 위한 수단으로써, 그가 존경하지 않는 것에 대해 말로 존경을 표현함으로써, 의회 구성원이 반드시 공식적으로 그의 손을 들고 선서를 할 때의 거짓처럼 거짓말을 해야 한다면, 또는 (우리의 경우에) 만일 아무리 자유주의적인 프로그램이라도 통과시키기 위해 공개 예배에 참여하고, 맹세하고, 제복을 입고, 허위 및 아첨 섞인 진정서를 작성하고, 유사한 성격을 담은 연설을 행하는 것 등이 필요하다면, 이런 일을 하고 사람으로서 우리의 존엄을 저버림으로써, 우리는 우리가 얻을 수 있는 것보다 훨씬 많은 것을 잃을 것입니다. 한 가지 확실한 목적에 도달하기 위해 시도하다가(흔히 제대로 달성되지는 않지만), 우리는 극도로 중요한 다른 목적에 도달할 가능성을 스스로 박탈하게 됩니다. 어떤 이유와 상황에서도 굴복하지 않는 어떤 것을 지닌 사람들만이 국가에 저항하고 그들을 제지할 수 있는 것입니다. 저항할 힘을 가지려면, 당신은 반드시 단단한 땅 위에 서 있어야 합니다.

국가는 이것을 잘 알고 있고, 무엇보다도 사람들에게서 굴복하지 않는 것—즉, 인간으로서의 존엄성—을 교묘히 알아내는 데 관심을 가지고 있습니다. 그들에게서 그것을 알아낼 때, 국가는 조용히 그들이 좋아하는 것을 진행해 나가며, 국가는 더 이상 어떤 진정한 저항도 만나지 않을 것을 알고 있습니다.

공개적으로 맹세하는 것에 동의하는 사람은, 천박하고 거짓인 맹세의 말을 선언하거나, 제복을 입고 복종하면서 몇 시간 동안 각료의 환영회에서 기다리거나, 자신을 대관식을 위한 특별 경관으로 명부에 올리거나, 존경을 보이기 위해 단식하고 성찬을 받거나, 검열관에게 그렇고 그런 사상 등을 표현해야 할지 말아야 할지 묻습니다. 그런 사람은 더 이상 국가가 두려워하지 않습니다.

알렉산드르 2세는 자유주의자들을 두려워하지 않는다고 말했습니다. 왜냐하면 그는 그들을 모두—돈으로 안 된다면 명예로—매수할 수 있다는 것을 잘 알고 있었기 때문입니다.

국가에 참여하거나 그들의 명령 아래서 일하는 사람들은, 자신이나 그 동조자를 기만하는 것입니다. 그러나 그들이 맞서서 투쟁하는 사람들은 경험하는 저항의 강도에 따라, 그들이 정말 잡아당기고 있지 않고, 오로지 그런 척하고 있다는 것을 (국가가) 너무나 잘 알고 있습니다. 자유주의자들에 관한 한 우리 국가는 이를 알고 있고, 반대의 정도를 끊임없이 시험하고, 진정한 저항은 실제로 존재하지 않음을 알고서, 그러한 반대자들이 있음에도 그들은 좋아하는 것을 할 수 있다는 충분한 확신으로 그런 과정을 계속해 나갑니다.

알렉산드르 3세[6]의 국가는 이것을 너무나 잘 알았고, 그것을 알기에 자유주의자들이 달성했다고 생각하고 너무나 자랑스러워한 모든 것을 고의적으로 파괴하였습니다. 국가는 배심원에 의한 재판 제도를 바꾸어서 제한하였고, 치안판사 법원을 폐쇄하였고, 대학교의 권리를 취소하였고, 고등학교의 전체 교수 체계를 왜곡하였고, 학생 군사 훈련단과 환각제의 국가 판매까지 부활시켰고, 젬

6 알렉산드르 3세(1845~1894)는 전제 군주제를 강화하고 반동정치로 일관했다.

스키 나차리니크를 세웠고, 태형을 법제화하였고, 자치 정부를 거의 폐쇄하였고, 주지사에게 무제한의 권력을 주었고, 처벌로 군대의 농가 숙영을 장려하였고, '행정적' 추방 및 투옥의 관행과 정치범에 대한 사형을 늘렸고, 종교적 박해를 부활시켰고, 야만적 미신의 사용을 절정에 달하게 했고, 결투를 통한 살인을 합법화하였고, '포위 상태'라는 이름 아래 사형을 정상적 상태로 만드는 무법제도를 확립하였습니다. 이 모든 것에서 국가는 한 사람의 훌륭한 여성을 제외하고는 아무런 저항에 부딪히지 않았고, 그녀는 대담하게 본 그대로의 진실을 국가에게 말했습니다.

자유주의자들은 그들 안에서 이런 일이 그들을 불쾌하게 한다고 속삭였지만, 그들은 계속 법적 절차와 지방 정부, 대학과 국가 활동, 언론에 참여하였습니다. 언론에서 그들은 암시하도록 허락 받은 것을 암시하였고, 그들이 침묵해야 하는 것에 대해서는 계속 침묵하였으나, 출판하라고 명령 받은 것은 무엇이든 출판하였습니다.

결국, (편집실의 속삭임에 은밀히 관여하지 않는) 독자는 자유주의자의 신문이나 잡지를 받게 되면, 반대 측 논평이나 흔적도 없이 잔인하고 비이성적인 대책의 발표를, 이런 대책을 제정하는 죄를 짓는 사람들에게 아첨하고 아부하는 연설, 심지어 대책 자체에 대한 찬사와 함께 읽게 되는 것입니다. 이렇게 해서 알렉산드르 3세의 형편없는 활동—알렉산드르 2세 시절에 뿌리를 내리기 시작했던 선량한 것은 무엇이든지 파괴하기 시작하였고, 러시아를 19세기 초기와 같은 참혹한 상태로 되돌리려 분투함으로써—즉 교수대, 몽둥이, 박해, 사람들의 인성 마비 같은 활동은, 알렉산드르 3세의 광적인 찬사와 위인과 인간 존엄의 대표로 그에 대한 환호의 근거가 되었습니다.

이와 똑같은 일들이 새로운 통치 체제하에서도 계속되고 있습니다. 이전의 황제를 계승한 젊은 사람들은 인생에 대한 아무런 이

해도 없었기에, 권력을 쥔 사람들이 1억 명의 사람들을 통치하는 가장 좋은 방법은 그의 아버지가 행한 것처럼 하는 것—즉, 어느 누구에게서도 자문을 구하지 않고 그의 머리에 떠오르는 것 또는 그의 주변에 있는 아첨꾼이 조언하는 것을 행하는 것—이라는 확신을 가졌습니다.

무제한의 독재 정치가 신성한 삶—러시아 사람들의 원리—이라고 상상하면서 젊은 사람은 지배하기 시작합니다. 러시아 인민의 대표들에게 통치 과제(기병대에서 교육받은 그로서는 아무 것도 모르고 아무 것도 알 수 없는)에 대해 조언해달라고 하는 대신, 그는 그를 축하하기 위해 방문한 러시아 인민의 대표에게 무례하고 오만하게 소리치며, 그들이 필요로 하는 '어리석은 꿈'을 당국에 알려 달라는, 그들 중 일부에 의해 표현된 요구가 허용되도록 명령합니다.

그래서 어떤 행위가 뒤따랐습니까? 러시아 사회는 충격을 받았습니까? 계몽되고 정직한 사람들인 자유주의자들은 그들의 분노와 혐오를 표현하였습니까? 그들은 최소한 이런 국가에 대한 칭찬과 참여, 장려를 중단하였습니까? 전혀 아닙니다. 그때부터 그 아버지에 대해서 뿐만 아니라 그를 모방하는 아들에 대한 극도의 아첨 경쟁이 시작되었을 뿐입니다.

단 한 마디의 저항하는 목소리도 들리지 않았습니다. 예외로, 어떤 익명의 편지에서 젊은 황제의 행위에 대한 반대를 조심스럽게 표현하였습니다. 도처로부터 역겹고 아첨 섞인 성명뿐만 아니라 미개한 사람들이 우상을 숭배하도록 일조하는 우상이 황제에게 전달되었습니다. 금전의 광적인 지출이 행해지고, 그 황당함에서 놀라운 대관식이 준비되었고, 통치자들의 거만과 인민에 대한 그들의 경멸은 수천 명이 무서운 재앙으로 사라지게 만들었습니다.

그것은 축제의 조그만 오점으로 여겨졌고, 그런 이유로 끝나지는 않았습니다. 전람회가 조직되었지만, 그것은 조직한 사람들 외에는 아무도 원치 않은 것으로 수백만 루블을 소비하였습니다. 성 시노드[7]의 비서실에서는 전례 없는 아첨, 사람들을 홀리게 하는 새롭고 지극히 어리석은 방법들—즉, 어느 누구도 아무 것도 알지 못하는 어떤 성자의 부패하지 않는 몸을 안치하는 것—이 고안되었습니다. 검열의 엄중함도 증대되었습니다. 종교적 박해는 더욱더 심해졌습니다. '포위 상태'(즉, 무법의 합법화)는 계속되었고, 사태는 여전히 점점 악화되어 가고 있습니다.

만일 지금 합법성을 근거로 자유주의 활동, 지방 정부, 위원회, 검열로 통제되는 문학 등에 심취한 정직하고 계몽된 사람들이, 그들의 에너지를 국가를 우회하고—그 스스로 계획하였던 형식을 포기하지 않은 채—그것이 스스로를 해하고 상처를 입도록 행동하게 하는 방법을 찾는 임무에 바치지 않았다면, 그리고 국가에 대한 어떤 참여 또는 국가에 묶여 있는 어떤 사업에 참여하는 것을 중단하고서 단순히 사람으로서의 그들의 권리를 주장했더라면 이 모든 것은 발생하지 않았을 것입니다.

당신들은, 평화의 재판관 대신에, 나무 회초리를 지닌 젬스키 나찰리니크를 세우길 바랐습니다. 그것이 당신들의 사업이지만 우리는 당신들의 젬스키 나찰리니크 앞과 법정에 가지 않을 것이고, 그런 직책에 임명되는 것을 받아들이지 않을 것입니다. 당신들은 배심원에 의한 재판을 단지 형식으로 만들기를 원합니다. 그것이 당신들의 사업이지만 우리는 재판관으로, 또는 변호사로, 또는 배심원으로 서지 않을 것입니다.

당신들은 '포위 상태'라는 이름으로 전제주의를 확립하고자 하고 있습니다. 그것이 당신들의 사업이지만, 우리는 그것에 참여

---

7 Holy Synod는 러시아 정교회의 주교들로 구성되는 교회조직을 말한다.

하지 않을 것이고, '포위 상태'를 단순히 전제주의라고 부르고 재판 없이 가해지는 사형을 살인이라고 부를 것입니다. 당신들은 군사 훈련 및 정통 신앙을 배우는 학생 군사 훈련이나 전통적 고등학교를 조직하고자 합니다. 그것은 당신들의 과제이지만, 우리는 그런 학교에서 가르치지 않을 것이고, 우리의 아이들을 그곳에 보내지도 않을 것이고, 우리의 아이들을 우리가 옳다고 느껴지는 대로 교육시킬 것입니다. 당신들은 지방정부를 무력하게 전락시키기로 결정하지만 우리는 그것에 참여하지 않을 것입니다.

당신들은 당신들의 마음에 들지 않는 문학의 출판을 금지합니다. 당신들은 서적을 압수하고 출판업자를 처벌하지만 우리의 연설과 저술을 막을 수 없고, 우리는 계속 그렇게 할 것입니다. 당신들은 황제에 대한 충성의 맹세를 요구하지만, 우리는 그토록 어리석고 거짓되며 비천한 것에 동의하지 않습니다. 당신들은 우리에게 군대에 복무하라고 명령하지만 우리는 그렇게 하지 않을 것입니다. 왜냐하면 대량 학살은 개별적 살인만큼이나 우리의 양심에 배치되기 때문이고, 무엇보다도 지휘관이 우리에게 살해하라고 말하는 누구라도 살해하겠다고 약속하는 것은 사람이 저지를 수 있는 가장 비열한 행위이기 때문입니다.

당신들은 '이베리아의 신의 어머니'[8] 유물과 대관식을 함께 가지면서 천 년이나 시대에 뒤떨어진 종교를 믿습니다. 그것은 당신들의 문제이지만, 우리는 그것을 우상숭배와 미신이라고 부르며 인정하지 않고, 사람들을 그것으로부터 자유롭게 하고자 노력합니다.

그러면 국가는 그러한 활동에 맞서서 무엇을 할 수 있습니까? 국가는 폭탄을 마련하거나 심지어 노동자에게 선언문을 인쇄해주는 것에 대해 추방하거나 투옥할 수 있습니다. 국가는 당신들의 문

8 9세기 러시아정교회의 이콘 유물로 그리스 아토스 산에 있다.

학위원회를 이관시킬 수 있거나, 또는 의회를 닫을 수도 있습니다. 그러나 손을 높이 들고서 공개적으로 거짓말하기를 싫어하는, 또는 자신의 자녀를 그가 나쁘다고 여기는 단체에 보내지 않으려는, 또는 사람들을 죽이는 것을 배우기 싫어하는, 또는 대관식, 참형 및 연설에 참여하지 않으려는, 자신이 생각하고 느끼는 것을 말하고 써나가는 사람에게 무엇을 할 수 있습니까?

그러한 사람을 기소함으로써 국가는 그를 순교자로 만들어 그를 위해 일반적인 동정을 확보해 주며, 그것은 국가 자체가 세워지는 기초를 잠식합니다. 왜냐하면, 그렇게 행동하여 국가는 인간의 권리들을 보호하는 것이 아니라 침해하기 때문입니다. 지금은 혁명주의, 사회주의, 또는 자유주의적 (그들 자신들과 그들의 명분에 해로운) 활동에 허비되고 있는 그 모든 선량하고 계몽되고 도덕적인 사람들이 그렇게 행동하기 시작하고, 그들의 핵이 똑같은 사상과 감정으로 연합하는 형태를 그들 주위에 형성하는 것이 필요할 뿐입니다.

그리고 이 핵에는 끊임없이 흔들리는 보통 사람들의 무리가 당장 끌릴 것이고, 여론—국가를 잠재우는 유일한 힘—은 분명해져서 언론의 자유, 양심의 자유, 정의 및 인류애를 요구할 것입니다. 여론이 형성되면 문학위원회를 억압하는 것은 불가능할 뿐만 아니라, 혁명주의자들과 자유주의자들이 대항해서 싸우고 있는 그 비인간적인 기관인 '포위 상태', 검열, 비밀경찰(Schlusselsburg), 성시노드 등등이 저절로 사라질 것입니다.

그래서 국가를 반대하는 두 가지 방법이 시도되어 왔지만 모두 성공하지 못했고, 이제 아직 시도되지 않은 세 번째이자 마지막 방법, 제가 생각하기에 성공하지 않을 수 없는 것이 남아 있습니다. 그것은 간단히 말해서, 계몽되고 정직한 사람들은 가능한 한 선량해야 하고, 기초적인 덕목 중의 하나인 정직과 거짓말하지 않기를 준수하기 위해, 당신의 동기가 다정한 일곱 살 아이에게도 이해될 수 있도록 행동하고 말하는 것입니다. 즉, 당신의 아이가 "하지만 아빠, 왜 전에 그렇게 말한 것과 너무나 다르게 행동하고 말씀하셔요?"라고 묻지 않도록 행동해야 한다는 것입니다.

이 방법은 매우 약해 보이지만, 저는 인류가 시작된 이래 인간성을 움직여 온 것은 오로지 이 방법뿐이라고 확신합니다. 곧고 진실하고 용감한 사람들이 존재하였고, 그들이 자신의 인간으로서의 존엄성을 침해하는 어떤 양보도 하지 않았기 때문에 그 모든 유익한 혁명이 성취되어 왔으며, 인류는 지금 그에 대한 이익—고문 및 노예제도의 폐지로부터 언론 및 양심의 자유—을 누리고 있는 것입니다.

이것은 결코 다른 방향일 수 없습니다. 왜냐하면 양심이 요구하는 것(사람이 도달할 수 있는 진리에 관해 그가 소유하는 가장 높은 예지력)은 언제나 그리고 모든 면에서 주어진 시대에 인류를 위해 가장 효과적이고 가장 필요한 것이기 때문입니다. 오로지 자신의 양심에 따라 사는 사람만이 타인에게 영향력을 행사할 수 있고, 자신의 양심과 일치하는 활동만이 유익합니다.

그러나 저는 저의 의미를 아주 명료하게 만들어야 합니다. 혁명주의자와 자유주의자가 투쟁하는 목적을 성취하기 위한 가장 효과적인 수단이 그들의 양심과 일치하는 활동이라고 말하는 것은, 사람들이 그런 목적을 성취하기 위해 양심적으로 살기 시작했다는 것을 의미하지 않습니다. 외부적인 목적을 달성하기 위해 양심적으로 사는 것은 불가능합니다.

자신의 양심에 따라 사는 것은 오로지 견고하고 명료한 종교적 신념의 결과로서 가능합니다. 우리의 외부적 삶에 대한 이 유익한 결과는 필연적으로 따를 것입니다. 따라서 제가 당신에게 말하고 싶은 것의 정수는 다음과 같은 것입니다. 선량하고 진실한 사람들이 아직 명백하고 견고한 종교적 인식 즉, 삶의 의미와 목적에 대한 인식에 도달하지 않은 상태에서, 그들의 마음과 영혼의 힘을 작은 실용적 목적—가령, 많은 민족 및 당파들의 다양한 투쟁이나 자유주의적인 줄다리기에서—을 얻기 위해 소비한다는 것은 이롭지 못하다는 것입니다.

인류에게 봉사하고자 하는 선량한 사람들의 영혼과 마음의 모든 시기가 반드시 그러한 목적에 집중되어야만 합니다. 그것이 달성될 때 다른 모든 것도 달성될 것입니다.

이렇게 긴 편지를 보내는 것을 용서하시고, 아마도 이는 당신이 필요로 하는 것이 전혀 아니겠지만, 저는 이 문제에 관해 오랫동안 표명하고 싶었습니다. 저는 심지어 그것에 관해 긴 논문을 시작하였지만, 죽기 전까지 그것을 마칠 수 있는 시간이 거의 없을 것이고, 따라서 저는 적어도 그 일부라도 말하고 싶었습니다. 만일 제가 조금이라도 잘못이 있었다면 용서해 주시기 바랍니다.

1896년 8월 31일

레프 톨스토이

스트라호프에게 보낸 편지(1896년 10월 5일)

Nikolay Nikolayevich Strakhov(1828~1896)는 러시아의 보수주의 철학자로 톨스토이의 몇 안 되는 오랜 친구 중 한 사람으로 서로 수많은 편지를 교환했습니다. 1870년 『전쟁과 평화』가 세계적인 걸작이라는 것을 처음으로 인정한 사람 중의 한 사람이기도 하고, 『전체로서의 세계』 등을 썼으나 매우 보수적인 입장이었습니다.

사랑하는 스트라호프,

지금 우리는 드호보르교도의 박해에 깊은 관심을 가지고 있습니다. 당신은 틀림없이 이에 대한 이야기를 마샤[9]로부터 들었겠지요. 이는 끝에 가까워진 출산의 고통이 즐거운 일이듯이 너무나도 기쁜 일입니다.

당신이 그것을 믿지 못하는 것을 알고 있어요. 그러나 나는 그것이 그대로임을 믿고, 확실히 알고도 있습니다. 그래서 나는 사는 것도 죽는 것도 좋아합니다.

책[10]의 집필은 아주 복잡하여 진저리가 납니다. 아무 짝에도 쓸모없는 기생충 같은 인텔리겐차를 위해 글을 쓴다는 것은 괴로운 일이고, 무가치하며 무엇보다도 참기 어렵습니다. 그들로부터는 공소한 것 외에 아무 일도 생기지 않았고, 앞으로도 아무 일이 없을 것입니다.

마침 저의 몸 상태가 좋다고 생각하지 않았으므로 그 사이에 <

9 Maria Lvovna Tolstaya(1871-1906)는 톨스토이가 가장 사랑한 딸.

10 『부활』을 말한다.

철학 문제>의 최신호를 읽었습니다. 무엇이나 교훈적이고 총명하고 공소합니다.

1896년 10월 5일
레프 톨스토이

체르트코프에게 보낸 편지 (1897년 1월 12일)

체르트코프(Vladimir Grigoryevich Chertkov, 1854~1936)는 29세의 육군 장교로, 1883년 톨스토이를 만난 이래 톨스토이의 가장 유명한 제자이자 동료가 되었고, 검열로 국내 출판이 금지된 톨스토이 저작의 해외 출판과 보급을 책임졌습니다. 그는 부유하고 왕족과 친밀한 귀족의 아들로 가정교사의 교육을 받고 근위기병대에 들어가 장교가 되었습니다. 1870년대까지 당시의 젊은 귀족 계급이 겪는 정신적 위기를 겪고 1881년 기병대를 나와 어머니의 영지에 도서관과 학교를 세워 농민 생활 개선에 헌신하면서 단순한 생활을 했습니다. 1880년부터 톨스토이의 저작을 읽었고 1883년 톨스토이를 만나 모스크바와 페테르부르크를 함께 여행하고 1884년 톨스토이의 권유로 출판사 <중개인>을 차리고 검열에 걸린 톨스토이 저작을 영어로 번역하여 해외에서 출판했습니다. 1889년부터는 톨스토이의 삶에 더욱더 개입하여 그의 모든 저술을 관장한 탓에 톨스토이의 가족, 특히 그의 아내와 갈등을 빚었습니다. 그런 활동과 양심적 병역 거부로 인해 1897년 망명한 그는 가족과 함께 영국에 정착하여 그곳에서 11년을 살면서 출판 활동과 강연 활동을 계속했습니다. 1905년 러시아 혁명 이후 러시아와 영국에서 활동했고, 1908년 귀국한 뒤 1910년 톨스토이가 죽을 때까지 톨스토이 곁에서 그를 도왔습니다. 그는 톨스토이와 1천통 가까운 편지를 교환했으며 1936년 죽기 전까지 톨스토이전집 90권을 편집했습니다.

반드시 혼자 읽어주세요.[11]

---

11 이 편지는 26년 아래인 제자에게 쓴 편지이지만 경어투로 번역했다. 톨스토이가 아랫사람들에게도 윗사람에게와 마찬가지로 경어를 썼다고 생각하는 탓이다.

모스크바, 1897년 1월 12일

친구여, 왜 저에게 편지를 쓰지 않는가요? 당신은 괜찮은가요? 정말 좋은가요? 나는 당신이 그곳[12]에서 일하는 것을 좋아하지 않아요. 마음에 상처를 입을까 두렵습니다. 훌륭하고 가치 있는 직업은 그런 준비를 필요로 한다고 나는 믿지 않습니다. 그것들이 유혹일까 두렵습니다. 내게 편지를 보내주세요. 특히 당신 자신과 당신의 마음에 대해. 그것이 어떻고, 어떻게 살고 있고, 무엇이 고통스럽게 하는지 또는 즐겁게 하는지.

제가 오늘 특히 당신에게 편지를 보내는 이유는 제가 너무 비참하고 외롭기 때문입니다. 마음을 토로하고 호소하고 동정이나 연민을 구할 수 있는 마샤나 당신이나 포샤[13] 같은 이가 없어요. 나를 둘러싸고 있는 생활은 더욱더 어리석게 되어 가고 있습니다. 빈민과 압박받는 사람들 사이에 살면서 단지 먹고 입고 모든 종류의 유희, 공소함, 악행, 돈의 낭비 … 그 이상은 아무 것도 없습니다. 그것을 저지하고 적발하고 사람들에게 부끄럽게 만들기는 전적으로 불가능합니다. 미친 듯이 소리를 치는 자가 멈추기보다 먼저 청각 장애인이 들을 지경이지요. 그래서 나는 너무나, 너무나도 비참합니다. 제가 엄청난 인내심으로 참고 스스로 할 수 있는 것을 하는 것만으로 말하자면, 그것은 거짓말을 하는 것입니다. 의기소침하고,

---

12 체르트코프는 이때 드호보르교도의 이주 문제와 힐코프(Dmitri Alexandrovich Khilkov) 공작 자녀의 귀환 문제 등과 관련하여 페테르부르크를 공식 방문 중이었다. 힐코프는 1877~1878년의 로토전쟁에 기병연대 장교로 참전했을 때 주둔 지역에서 드호보르교도를 알고 평화주의자가 되어 톨스토이의 저술을 읽기 시작했다. 그 뒤 그는 자신의 영토를 농민에게 분배했는데 그들과 함께 가난하게 살았으나 당국에 의해 체포되어 캅카스 유형에 처해졌다. 1893년, 경찰은 힐코프의 아이들을 납치한 뒤 황제 칙령에 의해 양육권을 상실했다고 통보했다. 그 이야기를 들은 톨스토이는 체르트코프에게 사건의 진상을 파악해달라고 부탁하고 황제에게 재고를 요청하는 편지를 보냈다.

13 P. I. 비류코브(Biryukov)를 말한다.

분노에 젖어 있고, 아무런 희망도 없이 살고, 스스로 부끄럽기 짝이 없습니다. 이 모든 것이 사실입니다.

새로운 일은 아무것도 생기지 않았고, 모든 것은 구태의연할 뿐입니다. 그러나 이러한 생활의 무의미함은 더욱더 심해지는 것 같습니다. 한편 저의 반항은 더욱더 작아지고, 종말에 더 가까워지고 있습니다. 그래서 조용하고 가치 있는 인간적 생활에 대한 욕망은 더 커지고 있습니다. 과거에 저를 구해준 것은 이제 없습니다. 긴장되고 매혹적이고 마음을 뺏는 일은 없습니다.

지금 저는 예술에 대해 쓰고 있습니다.[14] 그러나 상당히 학문적인 것이어서, 특히 지금 쓰고 있는 부분이 그러한데, 전혀 흥미롭지 못합니다. 그래도 다른 일을 할 생각은 없습니다.

제발 나를 위로해주시길 기도합니다. 이에 대해서는 나에게 편지를 쓰지 마십시오. 그리고 제 편지를 포샤 외에 누구에게도 읽히지 마세요. 나는 단지 사랑 받는 사람, 스스로 사랑하는 사람에게만 나를 표현할 필요가 있을 뿐입니다. 그러면 훨씬 기분이 좋아집니다. 기분이 좋은 날에는 스스로 이렇게 말합니다. 나에게 생긴 것은 나에게 필요한 것이고, 그대로 죽을 때까지 이렇게 살 필요가 있다고. 그리고 다시 분노하고 욕망하고 비난합니다. 왜냐하면 오로지 죽음을 앞에 둔 나에게 겨우 한 해, 한 달, 나만의 생활을 보내는 것이, 내가 여기에 살고 있을 뿐 아니라, 그것에 가담하고 빠져 있는 허위 밖으로 나가 내 자신의 삶을 보내는 것이 허용되지 않기 때문입니다.

내가 당신에게 솔직하게 나 자신에 대해 썼듯이 당신 자신에 대해 편지를 보내주세요. 나에 대해서는 쓰지 마시고.

당신의 손을 잡습니다.[15] L. T.

---

14 『예술은 무엇인가?』

15 톨스토이에게는 이 편지를 보낼 용기가 없어서 상당 기간 보내지 않았다. 그 뒤 체르트코프가 집요하게 요구하여 그 편지를 보냈다.

하사관에게 보낸 편지(1898)

당신은 다음과 같은 사실에 놀라고 있습니다. 군인은 특정한 경우와 전쟁에서 사람들을 살해하는 것이 옳다고 배우고 있는 반면, 그렇게 가르치는 자들에 의해 성스럽다고 여겨지는 책 안에는 그러한 살인의 허용 같은 것은 없고, 도리어 반대로 모든 살인은 금지될 뿐만 아니라 다른 사람에 대한 모든 모욕도 금지되며, 우리에게 행하기를 바라지 않는 것을 다른 사람에게 행해서는 안 된다고 명령하고 있음에 당신은 놀라고 있습니다. 그래서 당신은 묻습니다. 전쟁에서 사람을 죽이라는 것에는 어떤 사기가 존재하는 것이 아닌가? 그리고 만일 그렇다면, 누구를 위해, 왜 그런 일이 지금도 자행되고 있는가?

그렇습니다. 거기에는 사기가 존재하고 있습니다. 이것은 다른 사람의 땀과 피를 먹고 사는 것에 익숙한 사람들을 위해 저질러지며, 따라서 그들은 그리스도의 가르침을 왜곡해 왔습니다. 그것은 이제, 그런 왜곡된 형태로 인간 불행의 주된 요인이 되고 있습니다.

상황은 이렇게 초래되었습니다.

국가, 그리고 타인의 노동으로 살아가는 국가 주위에 있는 상위 계급의 모든 사람들은 노동자를 지배할 수단이 필요하였고, 그 수단을 군대를 통제하는 것에서 찾아왔습니다. 외국의 적으로부터 나라를 방어한다는 것은 오로지 구실일 뿐입니다. 그래서 독일 국가는 러시아인과 프랑스인이 침략한다는 것을 이유로 삼아 그 인민에게 겁을 주고, 프랑스 국가는 그 인민에게 독일인이 침략한다는 것을 이유로 삼아 겁을 주며, 러시아 국가는 그 인민에게 프랑스인과 독일인이 침략한다는 것을 이유로 삼아 겁을 주고 있습니다.

그것이 모든 국가가 쓰는 수법입니다. 그러나 독일인도 러시아인도 프랑스인도 결코 그 이웃 나라나 다른 인민과 싸우기를 원하지 않습니다. 도리어 평화 속에 살면서, 그들은 세상에서 그 무엇보다도 전쟁을 두려워합니다. 국가와 상위 지배 계급은 노동자에 대한 지배를 변명하기 위해, 마치 집시가 모퉁이를 돌기 전에 말을 채찍질하고서 그것을 붙잡을 수 없는 것처럼 행동합니다.

그들은 자신의 인민과 일부 외국 국가를 자극하고, 이어 인민의 복지와 방어를 위해 그들이 반드시 전쟁을 선언해야 하는 것처럼 가장합니다. 그것은 오로지 장군, 장교, 관료, 상인, 그리고 더 일반적으로는 부자에게 이익을 가져다 줄 뿐입니다. 실제로 전쟁은 군대가 존재하므로 생기는 불가피한 결과에 불과한 것입니다. 그것은 범죄입니다. 그러나 그중에서도 최악은 국가가 인민을 지배하는 것에 대해 그럴듯한 근거를 가지기 위해서 사람들(기독교도)에게 알려진 가장 훌륭한 종교적 가르침이라는 것을 주장하고, 그들 백성을 그런 가르침으로 이끄는 것처럼 가장하고 있는 것입니다.

그러나 그런 가르침은 그 자체의 본질상 살인뿐만 아니라 모든 폭력에 반하는 것입니다. 따라서 국가는 사람들을 지배하고 기독교도라고 여기도록, 기독교를 왜곡해 사람들에게서 그 참된 의미를 숨겨야만 하는 것이고, 그래서 그리스도가 그들에게 주고자 하는 행복을 그들로부터 빼앗아야만 하는 것입니다. 이런 왜곡은 오래 전, 인류 역사상 지독한 악당이었던 콘스탄티누스 황제[16]의 시대에 완성

---

16 Constantinus 1세(272~337)는 중기 로마 황제(재위 306년 - 337년)로 313년 밀라노 칙령으로 기독교에 대한 관용을 선포하여 정식 종교로 공인했다. 기독교사에서는 콘스탄티누스 대제로 통칭하며, 동방 정교회는 모두 그를 성인으로 추대하여 성 콘스탄티누스로 호칭한다. 306년 7월 25일 브리타니아의 요크에서 병사들에 의해 군주로 추대되어 죽는 날까지 로마 제국을 통치했다. 콘스탄티누스 대제는 첫 번째 기독교인 로마 군주로 알려져 있다.

되었고, 그는 그것을 행했다는 이유로 성인의 반열에 올랐습니다.

그 후 모든 국가, 특히 러시아는 이러한 왜곡된 가르침을 보존하기 위해, 그리고 사람들이 기독교의 참된 의미를 깨닫는 것을 방해하기 위해 최선을 다해 왔습니다. 왜냐하면 사람들이 기독교의 참된 의미를 깨닫게 되면, 그들은 세금, 군대, 감옥, 교수대 및 거짓 성직자를 유지하는 국가가 그들이 믿는 기독교의 기둥일 뿐만 아니라, 실제로는 기독교의 가장 큰 적이라는 것을 알게 되기 때문입니다. 이런 왜곡의 결과로 당신을 놀라게 한 그러한 사기가 가능해왔고, 사람들이 겪는 그 모든 무서운 불행이 지금까지 발생하고 있습니다.

사람들은 억압당하고 빼앗기며, 가난하고 무지하며 배고파 죽어가고 있습니다. 왜 그렇습니까? 왜냐하면 토지가 부자의 손아귀 안에 있기 때문입니다. 그리고 사람들은 제분소와 공장에서 노예가 되며, 그들에게 세금이 부과되기 때문에 돈을 벌어야만 하고, 그들의 노동 가치는 줄어만 가지만 반대로 그들이 필요로 하는 물건의 값은 올라만 가기 때문입니다.

이러한 상태로부터 탈출하려면 어떻게 해야 할까요? 부자로부터 토지를 빼앗아야 할까요? 그러나 그런 일이 생기면 당장 군인이 출동할 것이고, 그들은 즉시 반란자를 살해하거나 감옥에 가둘 것입니다. 제분소와 공장을 강탈하면 탈출이 가능할까요? 아닙니다. 똑같은 일이 발생할 뿐입니다. 파업을 조직하고 계속하면 될까요? 아닙니다. 그것은 틀림없이 실패할 것입니다. 부자는 노동자보다 훨씬 오래 견딜 것이고, 군대는 언제나 자본가 편에 있을 것입니다. 사람들은 군대가 지배 계급의 수중에 있는 한 그들이 붙잡혀 있는 궁핍으로부터 결코 해방되지 못할 것입니다.

그런데 사람들을 이런 노예 상태로 붙들어 두는 군대는 과연 누구에 의해 편성되고 있습니까? 토지를 가지려 하는 농부에게, 또는 해산하지 않으려는 파업자에게, 또는 세금을 납부하지 않고 물품을 반입하려는 밀수꾼에게 총을 쏘는 이들 군인은 도대체 누구입니까? 세금을 납부하기를 거부하는 사람을 감옥에 가두고 그 감옥을 지키는 사람들은 바로 누구입니까? 군인은 토지를 빼앗긴 바로 이들 농부이고, 보다 나은 임금을 바라는 바로 이들 파업하는 사람이고, 세금에서 벗어나고자 하는 이들과 똑같은 납세자입니다.

그런데 왜 이들은 그들의 형제에게 총을 쏘는 것입니까? 왜냐하면 그들이 군대에 들어갈 때 반드시 행하게 되어 있는 맹세가 의무적인 것으로 되어 있고, 비록 일반적으로 사람을 살해하는 것이 나쁘기는 하지만, 그 상관의 명령에 따라 그렇게 행하는 것이 옳다고 그들에게 끊임없이 주입되어 왔기 때문입니다. 다시 말하자면, 당신에게 생각난 것과 똑같은 사기가 그들에게 끊임없이 행해져온 것입니다.

그러나 우리는 여기서 문제에 봉착합니다. 어떻게 분별 있는 사람이, 읽을 줄도 알고 심지어 교육받은 사람이 그러한 명백한 거짓을 믿는다는 말입니까? 사람이 아무리 적은 교육을 받았다고 할지라도, 그리스도가 살인을 인정한 것이 아니라, 친절, 유순함, 손해에 대한 관용, 그리고 원수를 사랑하라고 가르쳤다는 것을 알 수밖에 없고 따라서 그는 그리스도의 가르침 위에서는, 그가 살해하도록 명령 받는 모든 사람을 살해하기 위해 사전에 서약할 수 없다는 것을 깨닫지 않을 수가 없는 것입니다.

문제는, 어떻게 분별 있는 사람들이—현재 군대에 복무하고 있는 모든 사람이 믿었고 지금도 여전히 믿고 있듯이—그렇게 분명한 거짓을 믿을 수 있는가 하는 점입니다. 이에 대한 답은, 사람들을 잡아 두고 있는 것은 그 한 가지 사기만이 아니라, 그들은 어린 시절부터, 오로지 야만적 우상 숭배에 불과한 정통 신앙이라 불리는 전반적인 일련의 기만, 전반적인 체제적 사기에 의해 그들이 이성을 적절하게 사용하는 것을 박탈당해 왔다는 것입니다. 이런 신앙 안에서 사람들은 다음과 같이 교육받았습니다.

즉, 신은 삼위일체이고, 이 삼위일체 외에도 성모가 있고, 이 성모 외에도 몸이 부패하지 않는 다양한 성자가 존재하고, 그 성자 외에도 신과 성모의 우상이 있고, 그들을 향해 우리는 촛불을 바치고 손을 모으고 기도해야 한다고 교육을 받아왔습니다. 그리고 지구에서 가장 중요하고 성스러운 것은 성직자들이 주일날 칸막이 뒤에서 포도주와 하얀 빵으로 만드는 빵 조각이고, 성직자가 그 위에서 속삭인 뒤에, 그 포도주는 더 이상 포도주가 아니며, 하얀 빵은 더 이상 빵이 아니라, 그것들은 삼위일체인 신들 중 하나의 피와 살이라고 배워왔습니다. 이 모든 것은 너무나 멍청하고 분별없는 것이어서 이 모든 것이 무엇을 의미하는지를 이해하는 것이 도저히 불가능합니다.

이런 신앙을 가르치는 바로 그 사람들은 당신들이 그것을 이해하기를 요구하는 것이 아니라, 오로지 당신들이 그것을 믿으라고만 강요할 뿐입니다. 어린 시절부터 이런 것들을 믿도록 훈련 받은 사람들은 그들에게 말해 주는 어떤 종류의 헛소리도 믿을 수밖에 없는 것입니다.

사람들이 그토록 바보취급을 당해서 신이 구석에 매달려 있다거나, 성직자가 수저로 나누어 주는 빵 조각에 앉아 있다고 해도 믿고, 어떤 판자나 유물에 입맞춤하고 그것들 앞에 촛불을 놓아두는 것이 이승의 삶과 저승의 삶을 위해 유익하다고 믿을 때—그들은 그 다음으로 군대에 들어가도록 소집되며, 그곳에서 그들은 어느 정도까지 속임을 당하고 그들은 제일 먼저 복음서(그 책에는 맹세가 금지되어 있지만)를 놓고 오로지 복음서에서 금지된 것을 행하도록 맹세하게 되며, 그러면 명령하는 자들의 지시에 따라 사람을 살해하는 것은 죄가 아니며 명령하는 자에게 복종하지 않는 것이 죄라고 교육받습니다. 따라서 명령하는 자의 소원대로 군인이 죄를 짓지 않고서 사람을 살해할 수 있다는 것이 병사에게 주입되어 질 때, 그들에게 행해지는 사기는 단 하나의 사기가 아니라 전반적 체제적인 기만으로 묶여져서 그것 없이는 이런 하나의 사기가 그들을 기만할 수 없게 되는 것입니다.

오로지 정통 신앙이라고 불리는 거짓된 신앙에 의해 심하게 놀아나게 되고 그것이 참된 기독교 신앙이라고 속은 사람만이, 기독교인이 군대에 들어가는 것이 죄가 아니라는 것을 믿을 수 있고, 군복무 중 자신보다 계급이 높은 어느 누구에게라도, 그리고 타인의 의지에 따라 맹목적으로 복종할 것을 맹세하면서 살해하는 것을 배우고 모든 도덕적 법에 의해 금지되는 가장 무서운 범죄를 저지르게 되는 것입니다.

정통 신앙이라고 불리는 유사 기독교 신앙으로부터 자유로운 사람은 결코 그 정통 신앙이라는 것을 믿지 않을 것입니다.

그리고 그것이 바로 소위 분파들—정통 신앙의 가르침을 부인하였고, 그리스도의 가르침을 복음서에, 특히 산상 설교에 명시되어 있는 대로 인정하는 기독교인—이 이런 기만에 속아 넘어가지 않고서 군인이 되기를 빈번히 거부하였고, 아직도 거부하고 있고, 그러한 직업이 기독교와 양립할 수 없다고 여기며 수백 및 수천 명의 사람들—러시아의 많은 두호보르교도 및 몰로칸교도[17], 오스트리아의 나자렌교도[18], 그리고 스웨덴과 스위스, 독일의 일부 복음주의 종파 회원들—이 행하고 있듯이 차라리 박해를 받는 것을 택하고 있는 이유입니다.

국가는 이것을 잘 알고 있습니다. 따라서 일반적인 교회의 기

17 몰로칸(Molokans)은 155년대에 러사아정교에서 파생한 러시아 농노의 운동으로 왕권신수설을 부정하고 이콘을 거부했다.

18 나자렌(Nazarenes)은 1세기 유대교에서 유래한 기독교파이다.

만, 그것이 없다면 국가는 유지될 수 없으므로 반드시 유아 때부터 모든 아이에게 시작되어야만 하고, 아무도 그것으로부터 탈출할 수 없도록 하기 위한 방법으로 계속 유지되도록 지극히 염려하고 있습니다. 국가는 다른 것은 무엇이든지 용납합니다. 즉, 술주정과 비행(그리고 술주정과 비행을 관용할 뿐만 아니라 조직하기도 하는데 그것들은 사람들을 멍청하게 만드는 데 도움이 됩니다)입니다. 그러나 그들의 권력 안에서 모든 수단에 의해 그들의 함정으로부터 탈출한 사람들이 타인이 탈출하도록 돕는 것을 방해합니다.

러시아 국가는 이런 사기를 특별한 기술과 잔인함으로 자행해 왔습니다. 그들은 모든 인민에게 그들의 자녀를 유아 때에 정통 신앙이라고 불리는 거짓된 신앙에 입문하도록 세례를 받을 것을 명령하고, 그들이 복종하지 않는다면 처벌하겠다고 위협합니다. 그리고 아이들이 세례를 받을 때, 즉, 정통 신앙인으로 간주될 때—그 뒤 형사처벌의 위협 아래 그들은 본인의 의사와 관계없이 세례를 받아 입문하게 된 신앙을 논의해서는 안 되고, 그러한 신앙에 관한 토의 끝에 그것을 포기하고 다른 것으로 바꾸는 것은 당연히 처벌을 받습니다.

따라서 일반적으로 러시아인에 대해 그들이 정통 신앙을 믿는다고 말할 수 없습니다. 즉, 그들은 자신이 그것을 믿는지 아닌지도 모르고 있는 것입니다. 그들은 유아기에 그것으로 개종되었고, 폭력으로—다시 말하면 처벌의 두려움 때문에—그것에 머물러 있을 뿐입니다. 모든 러시아인은 교활한 사기로 정통 신앙에 걸려들었고 잔인한 폭력으로 그것에 붙잡혀 있을 뿐입니다.

국가는 그들이 행사하는 권력을 이용해 이런 사기를 자행하고 유지하고 그것을 이용해 권력을 지속해 왔습니다.

따라서 사람들을 그들의 많은 불행으로부터 자유롭게 하는 유일한 방법은 국가에 의해 그들에게 주입된 거짓 신앙으로부터 그들을 자유롭게 함에, 그리고 그들에게 거짓된 가르침이 가리고 있는 참된 그리스도의 가르침을 돌이키게 함에 있습니다. 참된 그리스도의 가르침은, 그리스도가 말한 것처럼, 모두에게 매우 단순하고 명백하고 분명합니다. 그러나 그것은 오로지 사람이 우리 모두가 교육받았고, 신의 진리라고 우리들에게 전해져 온 그런 거짓으로부터 자유로워질 때야 비로소 단순하고 현실성이 있는 것입니다.

이미 쓸모없는 것으로 가득 찬 그릇에 어떤 유익한 것도 부어 넣을 수 없습니다. 우리는 먼저 쓸모없는 것을 비워 버려야만 합니다. 참된 그리스도의 가르침을 얻는 것도 그러합니다. 우리는 먼저 다음을 깨달아야 합니다.

즉, 6천 년 전에 신이 어떻게 세상을 만들었는지 말해주는 모든 이야기들, 가령 아담이 죄를 지었고 인류가 타락하였다는 이야기, 신의 아들(처녀의 몸에서 태어난 신)이 지상에 와서 인간을 구원하였다는 이야기, 구약 성서와 복음서에 있는 모든 전설, 그리고 모든 성자의 삶과 그들의 기적 및 유물에 관한 이야기—이것들은 단지 모두 유대교의 미신과 성직자의 사기들로 만든 터무니없는 잡탕일 뿐임을 깨달아야 합니다.

오로지 이런 기만으로부터 아주 자유로운 사람만이 그리스도의 명백하고 단순하고 아무런 해석을 필요로 하지 않는 가르침에 접근할 수 있고 그것을 깨달을 수 있습니다. 그 가르침은 세상의 시작이나 끝에 대해, 신과 그의 목적에 대해, 일반적으로 우리가 알 수도 없고 알 필요도 없는 것에 대해 결코 아무 것도 이야기하지 않고, 오로지 사람이 자기 자신을 구하기 위해 무엇을 해야 하는가, 즉, 이 세상에서의 삶을 요람에서 무덤까지 어떻게 가장 유익하게 살 수 있는가를 우리에게 말하고 있습니다.

그런 목적을 위해 오로지 우리는 타인이 우리에게 행해주기를 바라듯이 타인을 향해 행하는 것이 필요합니다. 그리스도가 말했듯이, 바로 그것에 모든 율법과 예언이 있는 것입니다. 그리고 이런 방법으로 행동하기 위해 우리는 결코 우상, 유물, 교회의 예배, 성직자, 교리문답, 국가를 필요로 하지 않고, 반대로 우리는 그 모든 것으로부터 완전히 자유로울 필요가 있습니다. 왜냐하면 타인이 우리에게 해주기를 바라듯이 우리가 타인에게 행하는 것은, 성직자가 유일한 진리로 나누어 주는 전설로부터 자유로울 때, 그리고 타인이 명령하는 대로 행동하고자 하는 약속에 구속되지 않을 때 비로소 가능합니다. 오로지 그런 사람만이—자신의 뜻도 아니며 사람들의 것도 아닌—신의 뜻을 실행할 능력이 있는 것입니다.

신의 뜻은 우리가 약한 자들과 싸운다거나 그들을 억압하는 것이 아니라, 모든 사람을 우리의 형제로 인정하고 서로를 섬기는 것입니다.

이것들이 당신의 편지가 제 안에 일깨운 생각입니다. 저는 그것이 당신이 생각하고 있는 의문을 말끔히 씻어주는 데 도움이 된다면 매우 기쁠 것입니다.

1898년

레프 톨스토이

스브야토폴크-미르스키 왕자에게 보낸 편지(1901년 5월 6일)

스브야토폴크-미르스키 왕자(Prince Pyotr Diumitriyevich Svyatopolk-Mirskt, 1857~1914)는 이 편지를 받을 때 내무부차관이었고 1904년 장관이 되었습니다. 왕자는 1900년 초에 모스크바에서 톨스토이를 방문했습니다.

모스크바, 1901년 5월 6일

전하,

작년, 전하와 제가 이야기를 나누었을 때 전하께서 마음에 들어 하신 바로 그 작품을 쓴 작가 고리키(본명은 알렉세이 막시모비치 페시코프입니다)[19]가 너무나도 끔찍한 처지에 놓여있습니다. 그는 가족과 출산을 앞둔 아내로부터 떨어져 결핵 환자의 몸으로 재판도 받지 못하고 니제고르도의 비위생적인 환경의 감옥에 수감되어 있습니다.

그의 아내와 친구들은 제가 그를 인간으로서도, 작가로서도 사랑하고 있음을 알기 때문에 제가 가능한 한, 그와 그의 슬픔에 도움의 손길을 보내도록 저를 믿고 찾아왔습니다. 그래서 저는 전하께서 그와 그의 가족이 처한 끔찍한 상태에서 빠져나올 수 있도록 가능한 일을 해주실 것이라고 확고한 희망을 가지고 말씀을 드리는 바입니다.

저는 전하에게 순종하는 종임을 영광으로 생각하며 최고의 존

19 막심 고리키(1868~1936)는 러시아 제국-소련의 대문호로 사회주의 리얼리즘의 원조로 꼽히며 톨스토이-체호프 등이 활약했던 러시아 제국의 문학과 사회주의 리얼리즘이 장악한 소련 문학을 이어주는 가교 역할을 했다.

경과 헌신을 바친다는 저의 확신을 받아주시고 저의 기대를 실망시키지 않으시길 기도합니다.

레프 톨스토이

황제와 그의 보좌관들에게 보낸 편지(1901년 3월 15일)

이 편지는 톨스토이가 러시아의 마지막 황제인 니콜라이 2세(1868~1918)와 그 보좌관들에게 보낸 편지입니다. 니콜라이 2세는 1894년에 황제에 올라 1917년까지 재위했습니다. 보수적인 전제정치를 고집하다가 1905년 혁명을 낳았고 1917년의 2월혁명에 의해 제정의 붕괴를 초래했습니다. 그 이듬해 가족과 함께 처형되었습니다. 톨스토이의 이 편지는 1905년 혁명이 일어나기 4년 전에 쓴 것으로 그 혁명을 예언하는 것 같지만 황제와 그 보좌관들은 톨스토이의 경고를 무시하여 결국 실각했습니다.

다시금 살인이, 다시금 거리에 소요와 살육이 생겨나고 있습니다. 다시금 우리는 한편에 처형, 공포, 허위 고발, 위협 및 분노를, 그리고 증오, 복수에 대한 갈망, 자기희생을 맞고 있습니다. 다시금 모든 러시아인은 두 개의 적대적 진영으로 나뉘어져 가장 큰 범죄를 저지르고 있고, 앞으로도 저지를 준비를 하고 있습니다.

최근 발발한 소요가 진압될 가능성은 매우 높습니다만, 또한 국가가 그토록 의존하고 있는 군대와 경찰이 동족 살해라는 끔찍스런 범죄를 저지르기 위해 소집되었음을 깨닫고 복종하기를 거부할 수도 있습니다. 그러나 현재의 소요가 진압된다고 해도, 그것이 소멸되는 것이 아니라, 암암리에 더욱더 맹렬하게 불타올라 증대된 힘을 가지고 조만간 피할 수 없이 폭발해 버릴 것이고, 그 결과 훨씬 더 큰 고통과 범죄를 만들어 낼 것입니다.

왜 이러는 것입니까? 왜 이런 사건들이 계속 발생하는 것입니까? 그것들은 사실 너무나 쉽게 피할 수 있는 것이 아닙니까?

우리는 황제, 국가평의회 의원 및 각료로부터 황제의 인척인 숙부, 형제 및 측근까지, 그리고 설득으로 황제에게 영향을 미칠 수 있는 권력을 가진 당신들 모두에게 말합니다. 우리는 당신들에게 적으로서가 아니라, 원하든 원하지 않든 간에, 우리와 함께 떼 낼 수 없이 묶인 형제로서 진심으로 호소합니다. 우리가 겪고 있는 이 모든 고통은 당신들에게 되돌아 갈 것이고, 만일 당신들이 이런 고통을 제거할 수 있음에도 그렇게 하지 않았음을 느낀다면 더욱더 통렬하게 되돌아 갈 것입니다. 우리는 당신들이 그렇게 되지 않도록 행동해 현 상태가 중단되기를 간절히 호소합니다.

당신들, 아니 당신들 대부분에게는 그 모든 것이 정상적인 삶의 흐름 가운데서, 일부 귀찮은 불만분자들이 일어나 사람들을 혼란에 빠트리고 이런 정상적인 흐름을 교란시켰기 때문에 발생한 것이고, 악한 것은 모두 그들의 잘못이라고 느껴질 것입니다. 따라서 이런 귀찮은 불만분자들은 반드시 억눌러 진압해야 하고, 그러면 모든 것이 다시 제대로 돌아갈 것이며, 아무 것도 바뀔 필요가 없는 것처럼 보일 것입니다.

만일, 정말로 그것이 사악한 사람들 때문이라면 오직 그들을 붙잡아서 감옥에 가두고 처형하는 것만이 필요할 것이고, 그러면 모든 소요는 끝이 날 것입니다. 사실상 삼십 년 이상, 이러한 사람들이 수천 명이나 붙잡히고 투옥되고 처형되거나 사라졌습니다. 그들의 숫자는 끊임없이 증가하고 있고, 삶의 조건에 대한 불만은 커져갈 뿐만 아니라 확산되어서 이제 수백만 명의 노동계급, 즉 전체 인민의 절대 다수에 이르렀습니다. 명백히 이런 불만은 사악한 사람들에 의해 유발되는 것이 아니라, 다른 어떤 것에 의해서 생겨나고 있습니다.

국가의 사람들은 오로지 당신들의 관심을 잠시 동안 당신들이 지금 몰두해 있는 격렬한 투쟁으로부터 되돌려 최근 광고 전단에서 내무부장관이 발표한 선언, 즉, '모든 것이 안정되고 조용해지기 위해' 경찰이 신속하게 군중을 해산시킬 것과 해산하지 않는다면 그들에게 발포하라는 것을 순진하게 믿는 것을 중단할 필요가 있습니다. 그러면 당신들은 사람들 사이에서 불만을 야기하는 원인을 명백히 볼 것이고, 전에 없이 더욱더 크고 폭넓고 깊어가는 규모를 띠고 있는 소요의 성격을 찾을 수 있을 것입니다.

그러한 원인은 불행하게도, 농노를 해방시킨 앞의 황제가, 우연히 국가에 봉사한다고 잘못 생각한 조그만 집단에 의해 살해되었기 때문입니다. 그러나 더 큰 원인은 국가가 점차적으로 폭압적인(현재의 모든 삶의 조건과 충돌하는) 수단을 버리는 방향으로 나아가지 않기로 결정했을 뿐만 아니라, 반대로 안전은 그런 거칠고 쓸데없는 전제주의—현대적 삶의 일반적 발전과 증가하는 복잡성에 발맞추어 앞으로 나가는 대신—에 있다고 생각하면서 20년 동안 정체해 있었을 뿐만 아니라 후퇴하였고, 이러한 퇴보적 움직임에 의해 스스로를 사람들과 그들의 요구들로부터 점점 더 괴리시켰다는 것입니다.

따라서 그것은 일부 사악하고 문제를 일으키는 사람들만의 문제가 아닙니다. 당신 자신들, 통치자인 당신들은 오로지 일시적 순간을 위해 당신 자신의 평안만을 고려하고 있습니다. 필요한 것은 당신들을 해롭게 하고자 하는—아무도 당신들을 해롭게 하려하지 않습니다만—적들로부터 자신을 방어하는 것이 아니라, 사회적 불만을 인식하고서 당신들이 그것을 제거해야 한다는 것입니다.

사람들은 대체로 불화와 증오를 바랄 수 없고, 언제나 그들의 동료와 화합하고 친목하며 살기를 더 좋아합니다. 그리고 만일 그들이 지금 동요하고 있고 당신들이 괴롭기를 바라는 것처럼 보인다면, 그것은 오로지 당신들이 그들뿐만 아니라 그들의 수백만 형제들에게서, 인간의 가장 훌륭한 축복인 자유와 계몽을 빼앗아 가는 장애물처럼 보이기 때문입니다.

그들이 소요를 멈추고 당신들을 공격하지 않도록 하려면, 매우 작은 것이 요구됩니다. 그렇게 작은 것은 당신 자신들을 위해 그토록 필요하고, 당신들에게 그토록 분명히 평화를 줄 것이어서, 사실 당신들이 그것을 인정하지 않는다면 이상할 정도입니다.

지금 당상 시행되어야 할 필요가 있는 것은 아주 적습니다. 다음과 같은 것들입니다.

첫째, 농부에게 다른 모든 시민과 동등한 권리들을 인정하십시오. 따라서

(a) 어리석고 독단적인 기관인 젬스키 나찰니크 Zemsky nachalnik (농촌 행정관)를 폐지하십시오.

(b) 노동자와 그 고용인 사이의 관계를 통제하기 위해 만들어진 특별 규정을 폐기하십시오.

(c) 이동할 때 통행증을 요구하는 제약으로부터, 또한 관리에게 숙식과 말을, 그리고 경찰 업무를 위해 인력을 제공하도록 농부에게만 내려지는 강제 징발로부터 농부를 자유롭게 하십시오.

(d) 다른 농부의 채무에 연대책임을 지도록 하는 부당한 법률로부터, 그리고 이미 오래 전에 그들이 해방될 당시 그들이 받았던 토지의 가치를 초과하는 토지 보상 납부로부터 농부를 해방하십시오.

(e) 핵심적으로, 몰상식하고 그야말로 불필요하고 수치스런 체벌 제도를 폐지하십시오. 그것은 가장 근면하고 도덕적이고 숫자가 많은 계급의 인구에 대해서만 유지되고 있습니다.

(인민의 방대한 대다수를 구성하는) 농부의 권리와 다른 계급의 권리를 동등하게 하는 것은 특별히 중요합니다. 왜냐하면 다수가 동등한 권리를 향유하지 못하고 노예 상태에 있고, 예외적인 법률로 묶여 있는 어떤 사회 체제도 지속되지 못하거나 안정될 수 없기 때문입니다. 노동하는 다수가 다른 시민과 똑같은 권리를 가질 때, 그리고 수치스러운 무능력으로부터 해방될 때, 공고한 사회질

서가 가능한 것입니다.

둘째, 강화된 보호법은 모든 기존의 법률을 폐지해 인민들을 종종 부도덕하고 어리석고 잔인한 관료의 권력에 넘겨주는 것이므로 반드시 그 적용을 중단해야만 합니다. 그 무효화는 특별히 중요합니다. 왜냐하면 그것은 일반법의 효력을 중지시켜 비밀 기소와 첩보 제도의 관행을 발전시켜서, 고용인이나 지주와 다른 의견을 갖는 노동자에게 해롭게 사용될 수 있기 때문입니다. (이 법이 실행 중인 지역에서와 같은 그런 잔혹 행위는 어느 곳에서도 없습니다).

그러나 무엇보다 그 무효가 중요한 것은, 이런 무서운 법속에서, 그리고 그것에서만 우리가 사형제도—가장 확실하게 사람들을 타락시키며, 러시아인의 기독교적 정신에 반하며, 과거에 우리의 법에 알려진 적이 없었고, 그 자체로 가장 큰 범죄이고, 신과 양심에 의해 금지된 것—의 도입과 점점 더 빈번해지는 집행의 원인을 둘 수 있기 때문입니다.

셋째, 교육, 교수, 지식 전달의 모든 장벽은 반드시 소멸되어야 합니다. 그것이 필요한 이유는 다음과 같습니다.

(a) 일정 계급의 사람들을 교육에서 제외하는 어떤 차별도 두지 말고, 따라서 특별히 농부 계급을 겨냥한 모든 제한(어떤 이유로 보통 사람들에게 나쁘다고 여겨지는 일반 독서, 수업, 서적에 대한 금지)을 철폐하기 위해,

(b) 어떤 인종이나 종교(어떤 이유에서 현재 그런 권리를 박탈당하고 있는 유대인을 예외로 하지 않는)의 사람이든지, 학교에 다닐 수 있도록 허용하기 위해,

(c) 교사가 아동이 사용하는 언어를 학교에서 사용하지 못하도록 하는 것을 중지하기 위해,

(d) 그리고 무엇보다, 교육에 헌신하고자 희망하는 모든 사람들에 의한, 모든 종류의 (초등 및 고등) 사립학교의 설립과 유지를

허용하기 위해서입니다.

현재 그들에게 가해지고 있는 제한으로부터 교육 및 교수를 자유롭게 하는 것은 매우 중요합니다. 왜냐하면 그런 제한이, 현재 국가가 농부에게 가하는 제한에 대한 주된 구실로 작용하는 그런 무지 자체로부터, 노동자가 스스로 자유로워지는 것을 방해하기 때문입니다.

교육 문제에서 국가 간섭으로부터 노동계급을 해방하는 것은, 사람들에게 현재 강요되고 있는 지식 대신에, 그들이 필요한 모든 지식을 얻을 수 있도록 하는 가장 쉽고 빠른 길일 것입니다. 사적인 인민이 사립학교를 열고 유지할 자유는 그들이 속한 단체의 운영에 대해 불만을 가진 학생 사이에서 현재 끊임없이 일어나고 있는 소요를 끝내게 할 것입니다. 사립학교와 대학을 설립하는 것에 장애물이 없다면, 초등이든 고등이든, 국가 교육 기관의 운영에 만족하지 않는 젊은 사람들이 그들의 구미에 맞는 사립 시설에 들어갈 것입니다.

마지막으로 넷째, 가장 중요한 것은 종교의 자유에 대한 모든 제한의 철폐입니다. 이것이 필요한 이유는 다음과 같습니다.

(a) 제도권 교회로부터의 어떤 탈퇴라도 범죄로 처벌하는 모든 법률을 폐지하기 위해,

(b) 구교도, 침례교도, 몰로칸교도, 스툰다교도[20] 기타 사람들이 교회, 예배당, 기도원을 열수 있도록 허용하기 위해,

(c) 종교적 집회와 모든 신앙의 전도를 허용하기 위해,

(d) 다른 신앙을 지닌 사람이 그 자녀를 그 신앙으로 교육하는 것을 방해하지 않기 위해서입니다.

---

20 스툰다교도(Stundists)는 19세기 러시아 남부 우크라이나에서 생긴 기독교 교파이다.

이를 행할 필요가 있는 이유는, 역사와 과학이 보여주는 사실과 달리, 그리고 일반적으로 인정되는 바에 의하면, 종교적 박해는 그 목적을 달성하는데 실패하였고, 심지어 사람들이 파괴하고 싶어 하는 것을 강화시켜 역효과를 초래하였기 때문입니다. 신앙의 문제에서는 국가의 개입이 가장 해로우며, 따라서 가장 나쁜 악을, 그리스도가 강력하게 비난하였던 위선을 초래하는 것과는 별도로 그 모든 것을 말하자면, 신앙 문제에 대한 국가의 간섭은 개인 및 전체 인민이 타인과의 지극히 축복 받는 연합을 달성하는 것을 방해하는 것이기 때문입니다. 왜냐하면 연합은, 단 한 번 수용되는 무오류성이 부여된 종교적 가르침의 믿음이라는 족쇄 안에서 강압적이고 불가능한 지속이 아니라, 오로지 진리를 향한 전체 인류의 자유로운 전진에 의해 달성되기 때문입니다. 따라서 진리만이 사람들을 진정으로 연합할 수 있습니다.

이러한 것이, 대다수 러시아인의 가장 온건하고 쉽게 실현할 수 있는 바람이라고 우리는 믿습니다.

이런 방법의 채택은 의심할 바 없이 사람들을 평화롭게 만들며, 그들을 그처럼 무서운 고통과 (고통보다 더 악한) 범죄로부터 해방시켜 줄 것이지만, 만일 국가가 이런 소요의 진압에만 분주하고 그 원인을 손대지 않은 채 남겨 둔다면, 그것은 필연적으로 양자 사이에서 자행될 것입니다.

우리는 당신들 모두, 황제, 각료, 국가 평의회 위원, 자문기관, 그리고 황제를 둘러싸고 있는 사람들, 일반적으로 권력을 가진 모든 사람들에게 호소합니다. 나라에 평화를 가져다주는 일을 도와주고 나라를 고통과 범죄로부터 해방시켜 주십시오. 우리는 당신들에게, 적대 진영의 사람이 아니라, 필요에 의해 반드시 우리에게 동의해야 하는 사람들로, 동료 노동자와 형제로 호소합니다.

함께 묶여 있는 사람들의 사회 안에서 한 부류의 사람들은 편안하게 느끼는 반면, 다른 한편에게는 고통이어야 한다는 것은 있을 수 없습니다. 만일 고통 받는 사람들이 다수라면 더욱더 그렇습니다. 가장 강력하고 근면한 다수가 전체 사회를 지탱하는 다수를 위해 편안할 때 모두가 편안할 수 있습니다.

그렇다면, 그런 다수의 지위를 개선하기 위해 도와주십시오. 그리고 그 자유와 계몽이라는 측면에서 그것이 가장 중요하다는 점에서 도우십시오. 그때에야 비로소 당신들의 지위 또한 안전할 것이고 진실로 튼튼해질 수 있습니다.

1901년 3월 15일

레프 톨스토이

노동자에게 보낸 편지(1902년 9월)

"진리를 알지니 진리가 너희를 자유롭게 하리라."(요한복음 8:32)

저는 살 시간이 얼마 남지 않았습니다. 저는 죽기 전에 당신들 노동자에게, 당신들의 억압 받는 상황에 대해, 그리고 당신들이 그로부터 벗어날 수 있도록 도와줄 방법에 대해 제가 생각해 왔던 것을 말하고 싶습니다.

제가 생각해 왔던 것이 당신들에게 약간의 도움이라도 되기를 바랍니다.

저는 당연히 러시아 노동자에 대해 언급하고자 합니다. 그것은 제가 그들 가운데 살고 있고, 제가 다른 어떤 나라의 노동자보다 그들을 잘 알고 있기 때문인데, 저의 의견이 다른 나라의 노동자에게도 역시 쓸모없지 않기를 희망합니다.

1

눈과 가슴을 지닌 사람은, 당신들 노동자가 궁핍과 쓸모없는 힘든 노동으로 삶을 보내야만 하고, 반면에 노동하지 않는 타인들은 당신들이 이룩하는 모든 것을 즐기고 있는 것, 즉, 당신들은 그들의 노예들이고, 이런 일이 있어서는 안 된다는 것을 깨닫고 있습니다.

그러나 이런 일이 일어나지 않으려면 무엇이 행해져야 합니까?

옛날부터 사람들에게 제시되었던, 첫 번째이자 가장 간단하고 자연스러운 방법은 당신들의 노동으로 사는 사람들로부터 그들이 부당하게 누리는 것을 폭력으로 빼앗는 것입니다. 그래서 오랜 옛날부터 로마의 노예, 그리고 중세의 독일과 프랑스 농부들이 그렇게 행동하였습니다. 푸가초프와 스텐카라친 시대 이후, 러시아에서도 빈번히 그렇게 행동하였습니다. 심지어 지금도 러시아 노동자는 때때로 그렇게 행동합니다.

이런 수단은 무엇보다 먼저 피해를 당한 노동자에게 떠올랐으나, 이 방법은 결코 그 목적을 달성하지 못할 뿐만 아니라, 노동자의 상황을 개선하기보다는 언제나 더욱더 분명히 악화시켰습니다. 국가의 권력이 지금보다 아직 그렇게 강력하지 않았던 때, 그러한 폭동의 성공을 기대할 수 있었습니다. 그러나 이제, 일하지 않는 사람들을 언제나 보호하는 국가의 손아귀에는, 막대한 돈, 철도, 전신, 경찰, 헌병, 군대가 있어서, 최근에 폴타바와 카르코프[21]에서 폭동이 끝났듯이, 그런 모든 시도는 폭도의 고문과 처형으로 끝나며, 노동자에 대한 비노동자의 권력은 더욱더 공고해질 뿐입니다.

폭력에 대해 폭력으로 대항하고자 시도하면서, 당신들 노동자는 밧줄에 묶여 있는 사람이 행하려는 것을 행합니다. 만일 자유로워지려고 밧줄을 잡아당긴다면, 그는 그를 옥죄고 있는 매듭을 단단하게 할 뿐입니다. 당신에게 주지 않으려는 것을 폭력으로 빼앗으려는 당신의 시도도 마찬가지입니다.

2

폭동을 통한 방법은 그 목적을 달성하지 못하고, 노동자의 상태를 개선하는 것이 아니라, 오히려 악화시킨다는 것은 이제 명백해졌습니다. 그래서 최근, 노동자에게 유익하기를 바라는, 또는 적

21 Poltava와 Kharkov는 모두 러시아 남부 우크라이나에 있던 지방이다.

어도 그들이 바란다고 말하는 사람들이 노동자의 해방을 위한 새로운 방법을 발견하였습니다. 이 새로운 방법은 모든 노동자가, 그들이 이전에 소유하던 땅을 빼앗긴 뒤에, 그리고 고용노동자가 된 뒤에(이 가르침에 따르면 그것은 정해진 시간의 일몰처럼 피할 수 없이 발생하도록 되어있습니다), 노동조합, 단체, 시위를 준비하고, 의회에서 그들의 지지자들을 선택하고, 그래서 그들의 상태를 지속적으로 개선하고, 마침내 모든 작업장과 공장, 일반적으로 모든 노동 도구, 그중에서 토지에 스스로 적응하고, 그 후 절대적으로 자유로우며 번성하게 된다는 가르침에 기초하고 있습니다. 이 가르침은 이러한 방법을 제안하면서 애매하고 임의적인 명제와 모순과 명백한 부조리로 가득 차 있다는 사실에도 불구하고, 근래에 점점 더 폭넓게 보급되어왔습니다.

이 신조는 몇 세대에 걸쳐서 대부분의 인구가 농업 노동으로부터 떨어져 나온 여러 국가에서 뿐만 아니라, 대부분의 노동자가 아직 토지 포기를 생각해보지 않은 곳에서도 수용되고 있습니다.

무엇보다도 농업 노동자를 다양한 농업 노동의 전통적이고 건강하고 기쁨에 찬 상태로부터 단조롭고 멍청하게 만드는 작업의 건강하지 못하고 침울하고 해로운 상태로, 그리고 마을 노동자가 거의 모든 필요를 만족시키면서 느끼는 독립성으로부터, 그의 주인에 대한 공장 노동자의 완전히 노예와 같은 종속성으로 이전을 요구하는 신조는, 아직 노동자가 토지에 의존해 살고 농업 노동을 통해 자기 자신을 부양하는 나라에서는 전혀 성공하지 못했음이 분명한 것처럼 보일 것입니다.

그러나 사회주의라고 불리는 이러한 현대적 신조의 가르침은, 심지어 98%의 노동 인구가 농업 노동으로 살아가는 러시아와 같은 나라에서도, 농업 노동에서 떨어져 나온 그들 2%의 노동자에 의해 기꺼이 수용되고 있습니다. 그 원인은 그가 토지 노동을 포기할 때,

노동자는 도시와 공장의 생활과 관련된 그런 유혹에 본의 아니게 굴복하기 때문입니다. 이런 유혹에 대한 정당화를 그는 오로지 사회주의적인 신조에서 찾고 있고, 그 필연성의 증가는 사람의 개선의 증거라고 여기는 것입니다.

그러한 노동자는 스스로 사회주의 신조의 조각들로 가득차서, 동료 노동자에게 각별한 열정으로 그것을 설교하고, 이런 선전의 결과로, 그리고 그들이 발전시킨 그 필요성의 결과로 자신들이 투박한 농부나 마을일꾼보다 무한하게 높은 곳에 서있는 진보적 인간이라고 여기고 있습니다. 다행스럽게도, 러시아에서는 아직 그러한 노동자가 매우 적습니다. 러시아 노동자의 방대한 다수는 농민으로, 사회주의 신조에 대해 결코 들어본 적이 없고, 설사 들어 보았다 하더라도 그런 신조가 그들과는 완전히 이질적이고 그들의 진정한 필요와 무관한 것으로 받아들입니다.

그 모든 사회주의적 방법, 즉 노동조합, 시위, 의회의 지지자 선출, 이를 이용해 공장의 직공이 노예로서의 상태를 덜어 보려고 하는 것은, 자유로운 농업 노동자에게는 아무런 흥미를 주지 못합니다.

만일 농업 노동자가 무엇인가를 필요로 한다면, 그것은 임금 인상, 노동 시간의 감소, 일반 기금 등이 아니라 토지입니다. 토지는 그들의 가족을 부양하기에 어느 곳에서나 너무 적다는 것입니다. 그러나 시골의 노동자에게 필요한 이 한 가지에 대해 사회주의 신조에는 아무런 언급도 없습니다.

3

현명한 러시아의 노동자는 토지, 자유로운 토지가 그들의 상태 개선과 노예상태로부터의 해방을 위한 유일한 방법이라는 것을 깨닫고 있습니다.

다음은 스툰다교도인 한 러시아 농부가 그의 친구에게 토지에 관해 쓴 것입니다.

혁명이 시작된다고 해도 토지가 개인 소유로 남아 있다면, 당연히 그것을 시작할 가치가 없다. 그래서 가령, 해외에, 루마니아에 살고 있는 우리의 형제가 우리에게 이렇게 말한다.

"그들은 헌법과 의회를 가지고 있지만, 토지는 거의 모두 지주들의 손에 있다. 그러니 이런 의회가 대중에게 무슨 소용이 있는가? 의회에서는 정당들의 투쟁만이 일어날 뿐이고, 대중은 지주에게 철저히 노예화되어 예속 상태에 있을 뿐이다. 지주는 토지 위에 별장을 가지고 있다. 토지의 절반을 일반적으로 농부에게 임대해주며, 기간은 통상 1년뿐이다. 농부가 그 토지를 훌륭히 경작하면, 그다음해 지주가 그곳에 씨를 뿌리며 다른 조각의 땅을 농부에게 할당한다. 이들 가난하고 비참한 사람들이 지주의 토지에서 몇 년을 살아왔어도, 그들은 여전히 그의 빚쟁이다. 국가는 그들이 마지막으로 가진 것들을 세금으로 가져간다.

그들은 말, 소, 마차, 쟁기, 의복, 침대, 주방기구 모두를 헐값에 판다. 그리고 가난하고 불쌍한 사람들은 그의 굶주린 가족을 데리고, 좀 더 친절하게 보이는 다른 지주에게로 간다. 그 지주도 역시 농민에게 소, 쟁기, 씨앗 등을 준다. 그러나 그가 이곳에서 몇 년을 살다 보면, 똑같은 이야기가 반복된다. 그는 계속 다른 지주에게 가는 것이다. 그러면 자기 자신의 씨앗을 뿌리는 지주들은 추수할 때 노동자를 고용한다. 추수가 끝날 때 품삯을 주는 것이 그들의 관습이지만, 지주는 그들의 일꾼에게 거의 지불한 적이 없고, 절반의 삯도 내놓으려 하지 않는다. 정의가 실현될 아무런 방법이 없다. 그래서 당신들에게 헌법이 있다! 당신들에게는 의회가 있다!

토지는 대중이 반드시 추구해야 할 없어서는 안 될 첫 번째 조건이다. 공장과 작업장은 자연스럽게 노동자의 손으로 이양될 것으로 보인다. 농부들이 토지를 가질 때, 그들은 그곳에서 일할 것이고 그들의 노동으로 자유롭게 살 것이다. 그러면 많은 사람들이 공장과 작업장에서 일하기를 거부하고, 결국 노동자 사이에 경쟁이 적어질 것이다.

그들의 임금은 오를 것이고, 모임과 기금을 조직할 수 있을 것이고, 그들의 주인과 대적할 수 있을 것이다. 그러면 후자는 공장을 가지는 것이 이롭지 않다는 것을 알고 노동자와 협정을 맺을 것이다. 토지는 투쟁의 핵심적인 목표이다. 이것이 노동자에게 반드시 설명되어야 한다. 비록 그들이 임금 인상을 달성하더라도 이는 오로지 그들의 마음을 달래기 위한 일시적인 것일 뿐이다. 그러면 다시 삶의 상태는 변할 것이고, 불만을 가진 한 사람 대신 10명의 타인이 그의 자리를 차지하려 기다릴 것이다. 그렇다면 그들은 어떻게 임금 인상을 요구할 수 있겠는가?"

루마니아의 현 상태에 관한 편지에서 주어진 정보가 그렇게 정확하지 않더라도, 다른 나라에서는 이런 억압이 존재하지 않더라도, 문제의 본질 즉, 노동자의 상태 개선에 관한 첫 번째 조건은 자유로운 토지에서 발견되어야 하는 것으로, 이 편지에서 매우 명료하게 표현되어 있습니다.

4

"토지는 투쟁의 핵심적인 목표이다!"라고 이 무식한 농부는 쓰고 있습니다. 그러나 유식한 사회주의자는 투쟁의 핵심 목표가 작업장과 공장이고 그 마지막이 토지라고 말합니다. 사회주의자의 신조에 따르면, 노동자가 토지를 얻기 위해서는 무엇보다 생산 시설과 공장의 소유를 위해 자본가와 투쟁해야 하고, 그들이 생산 시설과 공장을 소유한 뒤에야 토지를 소유하게 된다는 것입니다.

사람들은 토지를 필요로 하고 그 소유를 위해 먼저 그것을 포기해야 합니다. 그러면 사회주의자들이 예견하는 것처럼, 복잡한 과정에 의해 불필요한 작업장 및 공장과 함께, 그것을 다시 얻는다고 하는 것을 듣게 됩니다. 토지를 소유하기 위해, 작업장과 공장을 소유해야 한다는 이런 요구는 농민에게는 아무런 소용이 없는 것으로, 일부 고리 대급업자가 사용하는 방법을 떠오르게 합니다. 당신은 현금만 필요하기 때문에 고리 대급업자에게 천 루블을 현금으로 요청하지만 그는 당신에게 이렇게 말하는 것입니다.

"나는 당신에게 천 루블만 줄 수 없다. 오천 루블을 가져가라. 그 중 사천 루블은 비누 몇 톤, 비단 몇 다발 등 당신이 필요로 하지 않은 것들일 것이다. 그러면 나는 당신이 필요로 하는 그 천 루블을 현금으로 줄 수 있을 것이다."

그럼에도 사회주의자는, 토지는 단지 생산 시설이나 공장과 같은 노동의 실현이라고 매우 비정상적인 결정을 내린 다음, 토지의 부족으로 고통 받는 노동자에게 다음과 같이 제안합니다. 즉, 토지로부터 떠나 대포, 총기, 비누, 거울, 리본, 기타 모든 종류의 사치품을 생산하는 공장을 차지하는 데 분주하라. 그리고 노동자는 거울과 리본을 생산하는 것을 재빨리 신속하게 배운 뒤, 토지를 경작하기에 적합하지 않게 된 다음에야 토지를 소유하라는 것입니다.

5

이 얼마나 이상한 일인가요? 들판, 목초, 숲에서 누리던 자유 속의 시골의 삶을 포기해 버리고 10년 뒤에, 심지어 몇 세대 뒤에 때때로, 오이 한 다스와 해바라기 두 포기를 경작할 수 있는 20피트[22] 크기의 정원이 딸린, 오염된 공기 속에 있는 조그만 집 한 채를 그의 주

22 6미터 정도.

인으로부터 받고 즐거워하는 노동자를 보다니. 그 기쁨은 뻔한 것이 아닌가요.

토지 위에 사는 것, 자신의 음식을 자신의 노동으로 토지에서 얻을 가능성은 언제나 행복하고 독립적인 사람의 삶의 핵심적 조건 중의 하나였고 앞으로도 그러할 것입니다. 이것을 사람들은 언제나 알아 왔고, 적어도 그러한 삶을 닮기 위해 마치 물고기가 물을 향하듯이, 계속 멈추지 않고 노력할 것입니다.

그러나 사회주의적 신조는 다음과 같습니다. 인간의 행복을 위해 그들은 식물과 동물 속에 있는, 그들의 거의 모든 일상의 욕구를 그들 자신의 농업 노동에 의해 만족시킬 수 있는 가능성을 지닌 삶을 필요로 하는 것이 아니라, 오염된 공기와 끊임없이 증가하는 욕구를 지닌, 산업 중심지의 삶을 필요로 하고, 그것에 대한 만족은 오로지 공장에서의 무의미한 노동에 의해 가능하다는 것입니다.

공장의 삶에 유혹 당한 노동자는 이를 믿고 여러 시간의 노동 및 추가적인 금전을 위해 그 모든 노력을 자본가에 대한 불행한 투쟁에 사용하는데, 그들은 자기가 매우 중요한 일을 하고 있다고 상상합니다. 하지만 유일하게 중요한 일은 그 때문에 토지에서 떨어져 나온 노동자가 그 모든 힘을 사용해야 하는 것이, 자연 가운데의 삶과 농업 노동으로 돌아가는 방법을 발견하는 것에 있는 것입니다.

"그러나"하고 사회주의자들은 말합니다. "비록 자연 속의 삶이 공장의 삶보다 낫다는 것이 사실이지만, 이제는 너무나 많은 공장 노동자가 존재하고, 그들은 오래 전에 농업적 삶을 포기해 토지 위의 삶으로 돌아가는 것은 불가능하다. 왜냐하면 그러한 이전은 국가의 부를 형성하는 제조 산업의 생산을 쓸모없이 감소시키기 때문이다. 게다가, 비록 이것이 그렇지 않다고 하더라도, 모든 공장 노동자의 정착과 생계를 위한 자유로운 토지가 충분하지 않다."

노동자가 토지에 재정착하는 것이 국가의 부를 감소시킬 것이라는 것은 옳지 않습니다. 왜냐하면 토지의 삶은 가정이나 공장 안의 제조 노동에 노동자가 참여할 가능성을 배제하지 않기 때문입니다. 그러나 이러한 재정착의 결과, 현재 대규모 제조 시설에서 엄청난 속도로 생산되고 있는 쓸모없고 해로운 물품의 제조가 감소하고 생필품에 대한 통상적인 과잉 생산은 끝날 것이지만, 반면 곡류, 채소, 과일, 가축의 양은 증가할 것입니다. 이것은 결코 부를 감소시키는 것이 아니라 도리어 부를 증가시킬 것입니다.

공장에서 일하는 모든 노동자의 정착과 생계를 위한 충분한 토지가 없을 것이라는 주장은 사실이 아닙니다. 왜냐하면 만일 이런 토지의 경작이 현재의 기계 기술 완성도나 중국에서 수천 년 전에 도달한 정도의 완성도에 이르는 그런 단계로 이끌어 진다면 대다수 국가에서(대규모로 땅을 소유한 지주에 의해 유지되는 토지가 충분한 러시아는 말할 것도 없고 전체 유럽의 모든 공장 노동자를 위해서도 충분할 것입니다), 영국과 벨기에 같은 국가에서도, 대규모 땅을 소유한 지주에 속한 토지가 모든 노동자의 생계를 위해 충분할 것입니다.

이 문제에 관심이 있다면 크로폿킨[23]의 『빵의 정복』과 『들판, 공장, 작업장』그리고 포스레드닉(Posrednik)이 발행한 매우 훌륭한 책인 포포브(Popov)의 『옥수수 정원』(Corn Garden)을 읽어보십시오. 그러면 농업 생산성이 집약적 경작으로 아직도 얼마나 많이 향

---

23 Pjotr Aljeksjejevich Kropotkin(1842~1921)은 러시아 출신의 지리학자이자 아나키스트 운동가이자 철학자. 롤랑은 레프 톨스토이가 주창했던 삶을 산 것은 그뿐이라고 말했으며, 오스카 와일드는 크로폿킨이 자기가 이제까지 알고 있는 진심으로 행복한 두 사람 가운데 한 사람이라고 말했다. 바쿠닌과 함께 19세기 후반 러시아 아나키즘의 대표로 20세기 초반 동아시아의 아나키스트와 독립운동가들에게도 지대한 영향을 미쳤다. 특히 신채호는 크로폿킨의 영향을 받아 민족주의 독립 노선에서 아나키스트 독립 노선으로 바뀌었다. 1919년 이전의 마오쩌둥도 크로폿킨의 영향을 받은 아나키스트였고 인민공사 정책도 크로폿킨의 영향을 많이 받아 탄생했다. 일본에서도 고토쿠 슈스이가 크로폿킨의 영향을 받았다.

상될 수 있는지, 그리고 똑같은 넓이의 땅으로부터 현재의 사람 수보다 얼마나 많이 먹고 살 수 있는지 알게 될 것입니다.

만일 그들이 현재의 상황처럼 토지를 임대해주며, 아무런 관리도 하지 않으면서 거대한 수입을 올리는 토지 생산성을 증대할 필요가 없는 대지주에게 그들의 모든 수입을 바치도록 강요되지 않는다면, 개선된 재배 방법은 틀림없이 소지주에 의해 도입될 것입니다. 그들은 모든 노동자를 위한 자유로운 토지가 충분하지 않고, 따라서 지주가 그들에게 내어 놓지 않는 토지에 대해 염려할 가치가 없다고 말합니다.

이러한 생각은 마치 어떤 집의 소유자가 폭풍과 추위 속에서 비어 있는 어떤 집 앞에 서있으면서 그 안으로 피신할 수 있도록 허락해 달라고 부탁하는 군중에게 다음과 같이 말하는 것과 같습니다. "이 사람들이 들어오도록 허용해서는 안 된다. 왜냐하면 그들 모두를 이 안에 수용할 수 없기 때문이다." 들여 보내달라고 하는 사람들을 들여보내면 우리는 그들이 자리 잡는 방법에 따라, 모두 또는 일부만이 수용될 수 있는지 알 수 있을 것입니다.

토지도 마찬가지입니다. 움켜쥐고 있는 토지를 그것을 요구하는 노동자에게 나누어 주면 우리는 이 토지가 충분한지 아닌지 알 것입니다.

게다가 현재 공장에서 일하는 노동자를 위해 토지가 부족한가에 대한 논의는 본질적으로 틀린 것입니다. 만일 공장 사람들이 현재 빵을 구입하여 먹고 산다면, 타인이 생산하는 곡식을 구입하는 대신, 곡식이 생산되는 토지를, 그곳이 인도, 아르헨티나, 오스트레일리아, 시베리아 또는 그 어디에 있든지, 그들 스스로 경작해서 먹고 사는 것이 안 될 이유가 없는 것입니다.

그래서 공장 노동자가 토지로 돌아 갈 수 없다는 논리는 아무런 근거가 없는 것입니다. 반대로 그러한 변화는 공동의 행복을 감소시키지 않을 뿐만 아니라, 오히려 증대시키고 다른 무엇보다 현재의 토지 분배의 불규칙성을 명백히 보여주는 인도, 러시아 및 다른 지역의 고질적인 기근을 분명히 없앨 것입니다.

영국, 벨기에 및 아메리카의 몇몇 국가처럼, 제조 산업이 특별히 발전한 곳에는 노동자의 삶이 너무나 타락해서 토지로 귀환하는 것은 매우 어려워 보이는 것이 사실입니다. 그러나 노동자가 그러한 농업의 삶으로 돌아가는 것의 어려움이 결코 그러한 변화를 실현할 가능성을 배제하는 것은 아닙니다. 그것을 가능하게 하기 위해서는 무엇보다 노동자가 그 변화는 그들의 선을 위해 필수적이고, 그들의 공장 노예제도를 완화될 수는 있으나 결코 파괴될 수 없는, 그들의 영속적이고 불변의 상황으로 인정하는 대신(사회주의적 신조가 현재 그들을 가르치듯이) 변화를 실현하기 위한 수단을 찾아야만 한다는 것을 깨달아야 합니다.

그래서 토지를 떠나 공장 노동으로 살고 있는 노동자에게는 노동조합, 단체, 파업, 5월 1일 노동절의 깃발과 함께 하는 유치한 행진 등이 필요한 것이 아니라 그들의 공장 노예제도로부터 자유로워지고 토지에 정착하기 위한 수단을 찾는 것이 필요합니다. 이것이 어려운 주된 이유는 토지를 경작하지 않는 소유자에 의한 토지 강탈에서 찾을 수 있습니다. 바로 이것을 그들이 그들의 통치자로부터 요청하고 요구해야 하는 것입니다.

이를 요구하면서 그들은 그들에게 속하지 않는 어떤 것을 요구하는 것이 아니라, 토지 위에 살며 그 생계수단을 얻기 위해, 어느 누구에게 그렇게 하고자 하는 허가를 받지 않더라도, 모든 동물에 고유하고 그들의 가장 당연하고 분리할 수 없는 권리의 회복을 요구하는 것입니다.

노동자 대표가 의회에서 투쟁해야 하는 것은 바로 이를 위해서입니다. 이는 노동자 편에 서있는 언론에 의해 반드시 호소되어야 합니다. 이를 위해 공장에서 노동자는 반드시 대비해야 합니다.

그래서 그것은 토지를 떠난 노동자의 몫에 달려 있습니다. 그러나 대다수 러시아 노동자처럼 노동자의 98%는 아직도 토지 위에 살고 있고, 문제는 그들이 어떻게 그들의 토지를 포기하거나 공장 생활의 유혹에 굴복하지 않고 그들의 상태를 개선할 수 있는가에 달려있습니다.

이를 위해 현재 대지주에게 잡혀있는 토지를 노동자에게 되돌려주어야 합니다.

러시아에서 당신이 만나는 마을 농부에게 말해보세요. 왜 그가 잘 살지 못하는지 물어보세요. 그러면 그는 변함없이 단 하나의 동일한 답을 할 것입니다. "나에게는 내 손으로 농사지을 땅이 없습니다."

여기 러시아에서는 전체 인민이 토지 부족 때문에 끊임없는 비명을 지르고 있습니다. 대중에 봉사한다고 생각하는 사람들은, 그들에게 빼앗은 토지를 그들에게 돌려주기 위한 방법에 대해서가 아니라, 공장에서 자본가와 투쟁하는 방법에 대해 역설하고 있습니다. 그러나 현대인의 부자연스런 삶에 적응된 나머지 이것이 오히려 이상하고 불가능한 것처럼 보이는 사람들은 이렇게 말할 것입니다. "모든 사람들이 시골에 살면서 농사로 바빠야 하는가?" 그러나 왜 모든 사람들이 시골에 살면 안 되고 농사로 바쁘면 안 되는가요?

만일 사람들이 시골 생활보다 공장 노예제도를 좋아하는 것 같은 이상한 취미를 가지고 있다면, 아무것도 그들이 그렇게 하는 것을 막지 않을 것입니다. 유일한 요점은 모든 사람이 인간적인 방식으로 살 기회를 가져야 한다는 것입니다. 우리가 모든 사람은 가족을 가지는 것이 바람직하다고 말할 때, 모든 사람이 반드시 결혼해서 자녀를 가져야 한다는 것이 아니라, 사람이 그렇게 할 기회를 가질 수 없는 사회 구조를 인정하지 않는다고 말하는 것입니다.

6

심지어 농노의 시대에도 농부들은 그들의 주인들에게 다음과 같이 말하곤 했습니다. “우리는 당신의 것입니다. 그러나 토지는 우리 것입니다.” 즉, 어떤 사람이 다른 사람을 소유하는 것이 아무리 부당하고 잔인하다고 해도, 토지를 경작하지 않으면서 그것을 소유하는 사람의 권리는 더 부당하고 잔인하다는 것을 그들은 인정하였던 것입니다. 사실, 최근 러시아 농부 몇 명이 그들의 지주를 흉내 내어 토지를 구입하고 토지 장사를 시작하면서 토지 소유를 합법적이라고 여기고 그것을 빼앗기는 것을 더 이상 두려워하지 않았습니다.

그러나 탐욕에 눈이 먼 몇 명의 천박한 농부가 그렇게 행동하였을 뿐입니다. 대다수의 진정한 러시아 농민은 토지가 경작하지 않는 사람들의 재산이 될 수 없고 되어서도 안 된다는 것을, 그리고 비록 현재 토지를 경작하지 않는 사람들이 일꾼으로부터 빼앗고 있지만 현재 그것을 소유하고 있는 사람이 빼앗는 때가 올 것이고, 당연히 공동의 소유가 될 것임을 굳게 믿고 있습니다.

러시아 농부는 이것이 그렇다는 것과 그렇게 되어야 함을 믿는다는 점에서 매우 올바릅니다. 토지를 경작하지 않는 사람이 토지를 소유하는 것의 부당함, 비합리성 및 잔인함이 50년 전 농노를 소유하는 것의 부당함, 비합리성 및 잔인함이 명백한 것만큼이나 명백해지는 시대가 왔습니다.

억압을 위한 다른 방법이 파괴되거나 사람들의 수가 증가하였기 때문에, 또는 사람들이 좀 더 계몽되었기 때문에, 모두(토지를 소유한 사람들뿐만 아니라 그것을 박탈당한 사람들까지)가 이전에 깨닫지 못한 것 즉, 만일 평생을 일한 농부가 씨앗을 뿌릴 땅을 전혀 갖지 못해서 충분한 양식을 갖지 못한다면, 그가 목초지를 갖지 못해 아이들과 노인들을 위한 우유를 가질 수 없다면, 그의 썩은 오두막집을 수리해 따뜻하게 할 나무가 없다면, 반면에 이웃 지주는 일을 하지 않으면서도 그의 강아지들에게 우유를 먹이고, 판유리로 정자와 마구간을 짓고, 수십만 데상티나[24]로 양들을 기르고 숲과 공원을 설치하고 굶주린 이웃 마을을 온전히 일 년 동안 살릴 수 있는 음식을 1주일 만에 소비하면서 거대한 저택에 살고 있음을 깨닫는 구조의 삶이 존재해서는 안 된다는 것을 분명히 깨달을 것입니다.

그러한 상태의 문제가 부당하고, 비합리적이고 잔인하다는 것은 이제, 바로 이전에 사람들이 농노제도의 부당함, 비합리성 및 잔인함에 놀랐던 것처럼 모든 사람들을 놀라게 합니다. 그리고 어떤 구조적인 부당함, 비합리성, 잔인함이 사람들에게 명백해지자마자 이런 구조는 여러모로 끝이 납니다. 그래서 농노제도가 끝난 것처럼 아주 가까운 장래에 토지 재산도 끝날 것입니다.

7

토지소유제는 반드시 없어져야 합니다. 왜냐하면 이런 제도의 부당함, 비합리성 및 잔인함은 너무나 분명해졌기 때문입니다. 유일한 문제는 그것을 어떻게 폐지할 것인가 하는 것입니다. 농노제도와 노예제도는 러시아뿐만 아니라, 다른 모든 나라에서도 국가의 명령으로 폐지되었습니다. 토지 소유는 유사한 명령으로 폐지될 수 있는 것으로 보입니다. 그러나 그러한 명령이 국가에 의해 공표될 가능성은 없습니다.

모든 국가는 타인의 노동으로 사는 사람들로 구성되어 있고, 무엇보다도 그런 삶을 영위할 수 있게 하는 것은 바로 토지의 소유입니다. 소유지의 폐지를 허용하지 않는 것은 통치자나 대지주만이 아니라, 국가 또는 토지의 소유와 아무런 관련이 없는 사람들, 부자를 돕는 관리나 예술가나 학자나 상인들로서, 그들은 그들의 유리한 위치가 토지 소유와 관련되어 있다고 본능적으로 느끼면서, 언

24 desyatina는 1만제곱미터, 즉 가로 세로가 100미터인 넓이.

제나 토지의 소유를 지지하거나, 덜 중요한 모든 것을 공격하면서 토지 소유의 문제를 결코 건드리지 않습니다.

부유한 계급 사람들 편의 문제를 둘러싼 관계에 관한 놀라운 예는, 유명한 허버트 스펜서[25]의 토지 소유에 대한 관점의 변화에서 찾을 수 있을 것입니다. 허버트 스펜서는 초기에 부자나 통치자와 아무 관계가 없었으므로, 선입견을 갖지 않은 모든 사람이 토지 소유 문제를 대하듯이 바라보았습니다. 그는 가장 급진적인 태도로 그것을 거부하였고 그 부당함을 증명하였습니다. 그러나 수십 년이 지나, 허버트 스펜서가 무명의 젊은이에서 유명한 저술가가 되자 통치자와 대지주들과 관계를 확립하였고, 토지 소유에 대한 그의 시각을 급격히 수정해 그가 그토록 강력하게 소유의 불법성에 대한 정확한 사상을 표현하였던 출판물을 모두 파괴하려 시도하였습니다.

그래서 대다수의 부자는 의식적으로는 아니더라도 본능적으로 그들의 유리한 위치는 토지의 소유에 의존한다고 느낍니다. 그 이유는 대중의 이익을 위한 그들의 가식적인 관심에서 의회는 대중의 상태를 개선하도록 하는 다양한 대책을 제안하고 토의하고 채택하지만, 진실로 대중의 상태를 개선하고 그들에게 없어서는 안 되는 것, 즉 토지 소유의 폐지만은 예외로 두기 때문입니다.

따라서 토지 소유 문제를 해결하려면, 무엇보다 이 문제와 관련하여 형성된 침묵을 의식적으로 깨트릴 필요가 있습니다. 그래서 권력의 일부가 의회에 있는 국가에서 그렇게 할 수 있는 것입니다. 그러나 러시아에는 모든 권력이 짜르의 손아귀 안에 있어서 토지 소유 폐지를 위한 법률은 여전히 가능하지 않습니다. 러시아에서 권력은 명목상 짜르의 손아귀에 달려 있으나, 실제로는 수백 명의

25 Herbert Spencer(1820~1903)는 영국의 사회학자로 사회진화론을 주장했다. 빅토리아 시대에 활약한 그는 주 활동 분야인 사회학과 정치철학뿐만 아니라 인류학, 심지어는 당시 형태를 갖춰 나가던 진화론을 비롯한 생물학에도 큰 족적을 남겼다.

운 좋은 사람들, 짜르의 인척들 및 가까운 친구들의 손아귀에 있고, 그들은 그로 하여금 그들을 만족시켜주는 것을 하도록 강요합니다.

지금 이 모든 사람들이 광대한 지역의 토지를 소유하고 있고, 따라서 그들은 짜르가, 설령 그가 그렇게 행하기를 희망해도, 지주들의 권력으로부터 토지를 자유롭게 하도록 허용하지 않을 것입니다. 농부를 해방시킨 짜르가 그의 신하들에게 농노의 권리를 포기하라고 강제하는 것이 아무리 힘들었어도, 그는 그렇게 할 수 있었습니다. 왜냐하면 신하들은 토지를 포기하지 않았기 때문입니다. 그러나 토지를 포기하면 신하들과 짜르의 인척들은 그들이 살아가는 방식에 적응해온 그들의 마지막 삶이 기회를 잃는다는 것을 알고 있었습니다. 따라서 일반적으로 국가로부터, 러시아에서는 짜르에게 토지 해방을 기대하는 것은 절대적으로 불가능합니다.

지주의 토지를 폭력으로 빼앗는 것은 불가능합니다. 왜냐하면 힘은 언제나 미래에도 이미 권력을 차지한 사람들의 편에 있을 것이기 때문입니다. 사회주의자가 제안하는 방식으로 토지가 해방되기를 기다리는 것, 즉, 점차적으로 다가오는 달콤한 것을 기대하면서 최악을 위해 훌륭한 삶의 상태를 포기할 준비가 되어 있으라는 것은 너무나 무의미한 일입니다.

모든 합리적인 사람은 이런 방법으로는 해방할 수 없을 뿐만 아니라, 노동자를 점점 더 그들 주인의 노예로 만들며, 새로운 질서를 책임질 관리자에 대한 미래의 관계에서도 그들을 노예가 되도록 준비하는 것임을 깨닫고 있습니다. 대의정부나 짜르로부터 토지 소유의 폐지를 기다리는 것은, 마치 러시아의 농부들이 과거 2회의 통치기간 동안이나 그것을 기다려 왔던 것처럼 더욱더 무의미합니다. 왜냐하면, 짜르의 모든 신하들과 짜르 자신은 광대한 지역의 토지를 소유하고 있고, 비록 그들이 농부의 복지에 관심을 가지고 있는 척하더라도 결코 그들에게 그들이 원하는 것, 즉, 토지를 주지 않을 것이기 때문입니다. 토지를 소유하지 않는다면 대중의 노동을 향유하는 게으른 사람으로서의 유리한 지위를 박탈당할 것을 그들도 알고 있습니다.

그렇다면, 그들이 처해 있는 억압으로부터 자유로워지려면 노동자는 무엇을 해야 합니까?

8

처음에는 노동자들이 너무나 속박되어 있어서 아무런 할 일이 없고 자유로워질 수 있는 가능성이 전혀 없는 것처럼 보입니다. 그러나 그것은 그렇게 보일 뿐입니다. 폭동과 사회주의 외에, 국가에 대한, 그리고 러시아에서 짜르에 대한 헛된 희망 외에 그들이 스스로를 자유롭게 할 방법이 있습니다. 그 방법은 언제나 있었고 어느 누구도 간섭할 수 없으며 지금도 그들의 손아귀에 있는 것임을 깨닫기 위해, 노동자는 그들이 예속된 원인을 생각해 볼 필요가 있습니다.

사실, 노동자의 비참한 상태에 대해서는 한 가지 원인이 존재합니다. 그것은 바로 노동자가 필요로 하는 토지를 지주가 소유하고 있다는 것입니다. 그러나 지주가 이 토지를 소유할 수 있는 가능성을 부여하는 것은 도대체 무엇입니까?

먼저 노동자가 이 토지를 사용하려 시도할 경우, 그들은 군대를 보내 토지를 차지한 노동자를 해산하고 구타하고 살해하고는 그것을 지주들에게 돌려 줄 것입니다. 현재 이 군대는 당신들 노동자로 구성되어 있습니다. 따라서 당신들 노동자가 군인이 되어 군대의 권력에 복종함으로써, 당신에게 속해야 하는 토지를 지주가 소유하는 게 가능하도록 합니다. (기독교인은 군인이 될 수 없다는 것, 즉, 그는 자기와 같은 사람을 살해하는 것에 서약할 수 없고, 무기 사용을 반드시 거부해야 한다는 점에 대해 저는 여러 번 썼습니다. 특히 다른 팸플릿 「병사들에게 주는 경고」에서 복음서로부터 왜 모든 기독교인은 그렇게 행해야 하는지를 증명하였습니다.)

당신들 노동자는 그렇게 하지 않을 필요가 있습니다. 그렇게 한다면 토지 소유는 지주들에게 쓸모없어질 뿐만 아니라 불가능해질 것이고, 그들의 토지는 공동의 재산이 될 것입니다. 토지를 소유한 지주들이 아무리 노동자 대신에 기계로 대체하려고 하여도, 그리고 농사 대신에 목축 및 임업을 도입하려고 시도하여도, 그들은 노동자 없이는 농사를 지속할 수가 없고 하나둘씩 자의 반 타의 반으로 토지를 포기할 것입니다.

따라서 당신들 노동자를 노예상태에서 자유롭게 하기 위한 방법은 오로지 이것뿐입니다. 즉, 토지 소유는 범죄임을 깨닫고, 노동자로부터 토지를 빼앗아 가는 군인으로, 지주의 토지에서 일하는 노동자로, 또는 토지를 이용하는 임차인으로 참여하지 않아야 한다는 것입니다.

9

"군대뿐만 아니라 지주의 토지 노동에 대한 불참이라는 방법은, 또한 토지 임차와 같이 효과적이려면, 세상의 모든 노동자가 파업하거나 범죄에 참여하는 것과 지주의 토지에서 일하는 것, 그리고 토지를 임차하는 것을 거부하는 경우라야 되는데, 이는 그런 경우가 아니며 결코 그런 경우가 될 수 없다"라고 하는 주장을 듣게 될 것입니다.

비록 노동자 일부가 군대나 지주의 토지에서 노동하는 것을 중단함에 동의한다고 하더라도, 다른 노동자, 흔히 다른 국적을 가진 노동자는 그러한 억제가 필요하다고 생각하지 않을 것이고, 그러면 지주들의 토지 소유는 타격을 받지 않을 것입니다. 따라서 토지 소유에 참여하기를 거부하는 노동자는 헛되이 그들의 이익만 박탈당할 것이고 다른 사람의 상태를 완화시키지도 못할 것입니다.

만일 그것이 파업의 문제라면 이런 반박은 상당히 정당한 것입니다. 그러나 제가 제안하는 것은 파업이 아닙니다. 저는 파업을 제안하는 것이 아니라 노동자가, 그들의 형제에게 폭력을 행사하는 군대에 참여하고 지주의 토지에서 노동하고 토지를 임차하는 것에 참여하기를 거부하라고 제안하는 것입니다. 왜냐하면 이것이 노동자에게 이익이 되지 않거나 그들의 예속을 초래하기 때문이 아니라, 이러한 참여는 어떤 선량한 사람이라도 반드시 금지해야 하는 것이기 때문입니다.

만일 노동자가 그 전체 의미를 깊이 생각해 본다면, 비노동자의 토지 소유에 대한 그들의 참여의 전체 의미를 깊이 생각해 본다면, 토지 소유의 불법적 참여 및 그 지지가 바람직하지 않다는 데에는 의심의 여지가 없을 것입니다. 지주의 토지 소유를 지지한다는 것은 수천 명의 사람들, 노인들과 아이들의 궁핍과 고통의 원인을 의미하며, 그래서 그들은 충분히 먹지 못할 뿐만 아니라 그들의 힘을 벗어난 노동을 하게 되고, 그들의 수명을 다 하지 못하고 죽게 되는데, 이는 지주에 의해 점령된 토지를 그들이 갖지 못하기 때문입니다.

만일 지주의 토지 소유 결과가 그러하다면, 지주의 토지 소유 및 그 유지에 참여하는 것은 모든 사람들이 반드시 중단해야 할 나쁜 것임이 명백합니다. 파업을 하지 않는 수억의 사람들이 고리대금업, 방탕함, 약자에 대한 폭력의 사용, 절도, 살인 및 기타 많은 것을 악하다고 여기며 이런 행위들을 중단합니다. 노동자는 토지의 소유에 관해서도 반드시 똑같이 행동해야 합니다. 그들 자신은 그러한 소유의 전체적 불법성을 깨닫고 있고, 그것을 악하고 잔인한 행위라고 여깁니다. 그런데 왜 그들은 그것에 참여할 뿐만 아니라 그것을 지지하기까지 하는 것입니까?

10

따라서 저는 파업을 제안하는 것이 아니라, 토지 소유 참여의 범죄성과 죄악성에 대한 분명한 의식을, 그리고 그 의식의 결과로 그것에 대한 참여를 중단할 것을 제안하는 것입니다. 사실 그런 중단은 파업처럼 당장 관심을 가진 모든 사람들을 하나의 결정으로 결속해주지 않고, 따라서 만일 성공적이라면, 파업에 의해 얻어질 것으로 사전에 정의된 그런 결과를 줄 수는 없습니다. 그러나 다른 한편으로, 그런 중단은 파업에 의해 만들어지는 것보다 훨씬 더 오래가며 계속적인 연합을 만들어 냅니다. 파업에서 발생하는 인위적 연합은 파업의 목적이 달성되자마자 끝나버리지만, 일치된 행동이나 동일한 의식의 결과로 생긴 중단은 결코 끝나지 않을 뿐만 아니라, 끝없이 강해져 가며, 참여하는 사람들은 끊임없이 증가할 것입니다.

따라서 노동자의 토지 소유 참여를 중단하는 것은 파업의 결과로서가 아니라, 그 참여의 죄악성에 대한 인식의 결과여야 하는 것입니다. 노동자가 지주 토지의 소유에 참여하는 것의 불법성을 깨달을 때, 일부가 지주의 토지들에서 노동하는 것을 중단할 가능성도 매우 높습니다. 그러나 그들은 지역적이고 일시적인 의미를 지닐 수밖에 없는 합의의 결과로서가 아니라, 언제나 그리고 모든 사람에게 동등하게 의무적인 옳고 그름에 대한 의식으로부터 중단하기 때문에, 말과 행위로 토지 소유의 불법성 및 그 불법성으로부터 초래되는 결과를 보게 되는 노동자의 숫자가 끊임없이 증가하게 될 것은 당연한 일일 것입니다.

토지를 소유하는 것이 나쁘다는 노동자의 인식에 의해 실제로 사회구조에 어떤 변화가 생겨날 지 예측하는 것은 절대로 불가능하지만, 이런 변화는 생길 것이고, 그것이 중요하면 할수록, 이런 의식은 더욱더 확산될 것임에 틀림없습니다. 이런 변화는 바로 다음과 같은 점에 있을 것입니다. 즉, 적어도 노동자의 일부는 지주를 위해 노동하는 것과 그로부터 토지를 임차하는 것을 거부할 것이고, 토지 소유자는 토지 소유가 더 이상 이익이 될 수 없다는 것을 알고 노동자에게 유리한 협상에 들어가거나, 또는 토지 소유를 전적으로 포기할 것입니다. 또한 가능한 일은, 군대에 입대한 노동자가 토지 소유의 불법성을 깨닫게 되어 그들의 형제를 향한 폭력 행위에 참여하는 것을 점점 더 빈번히 거부할 것이고 나아가 국가는 지주의 토지 소유의 보호를 포기할 수밖에 없을 것이며, 결국 지주의 토지는 자유로워질 것입니다.

마지막으로, 국가가 토지 해방의 불가피성을 깨닫고 국가 자체의 법령의 측면을 그것에 부여함으로써 노동자의 승리를 앞지를 필요가 있음을 알아차리고, 토지 소유권을 법령으로서 폐지하게 될 가능성이 있습니다.

토지 소유권에 참여하는 것에 대한 불법성을 노동자가 인식함으로 인한 결과로 토지 소유권에서 일어날 수 있고 반드시 일어나야 하는 변화는 다양하고 그것이 어떤 성격을 지닐 것인지는 정확히 예측하기 어렵지만, 다음 한 가지는 의문의 여지가 없습니다. 즉, 이 문제에서 충실한 태도로 또는 자신의 양심에 따라 행동하는 사람의 성실한 노력은 헛되지 않을 것이라는 점입니다.

다수에 의해 지지받지 못하는 행위에 직면할 때 사람들은 흔히 “나 혼자서 모든 사람들에 대항해 무엇을 할 수 있는가?”라고 말합니다. 그들에게는 어떤 일의 성공을 위해 같이 할 사람이 많이 있어야 하는 것처럼 보이지만 선한 일은 한 사람이라도 있다면 족합니다. 왜냐하면 신은 언제나 선한 일을 행하는 사람과 함께하기 때문입니다. 그리고 신이 함께하는 사람에게는 조만간 모든 사람들이 함께 할 것입니다.

어떤 경우에든 노동자의 상태에 대한 개선은 사람들이 이전에 행동했던 것보다 더욱더 신의 뜻과 그들의 양심에 따라, 즉, 더욱더 도덕적으로 행동하기 때문에 일어날 것입니다.

11

노동자는 폭력과 폭동을 수단으로 하여 자유로워지려고 노력해 왔지만 아직도 그들은 목적을 달성하지 못했습니다. 그들은 노동조합, 파업, 시위, 의회 선거를 통한 사회주의적인 방법으로 자유로워지려고 노력하였으나, 이 모든 것은 기껏 잠시 동안 노예의 죄수와 같은 노동을 완화시켜 주었을 뿐이고, 그들을 자유롭게 해주지 않았을 뿐만 아니라 노예 상태를 더 확고히 할 뿐입니다.

노동자는 각자 별도로, 그들 자신이 비난하는 토지 소유의 불법성을 지지함으로써 자유로워지려고 노력하였습니다. 만일 노동자 중 일부가, 그 역시 항구적이 아니라 짧은 기간 동안 악한 일에 참여하여 개선되어도, 모든 사람들의 노동은 그로부터 악화되어 가는 것입니다.

사람들(한 사람이 아니라, 여러 사람들의 사회)의 상태를 영구적으로 개선하는 것은, 타인이 우리에게 행해주기를 원하는 대로 우리가 타인에게 행해 주어야만 가능하다는 원리와 일치하는 행위라는 사실에서 기인하는 것입니다. 그러나 지금까지 노동자에 의해 채택된 세 가지 방법은 타인이 우리에게 행하기를 바라는 것처럼 타인에게 행함에 관한 원리와 일치하지 않아왔던 것입니다.

그들이 유산이나 저축을 통해 구입한 토지를 재산으로 여기는 사람들에 대항해, 폭동의 방법, 즉, 폭력을 사용하는 방법은 타인이 우리에게 행해주기를 우리가 바라는 것처럼 타인에게 행해주는 것에 대한 원리와 일치하지 않습니다. 왜냐하면 폭동에 가담하는 단 한 사람도 자기 자신의 것이라고 여기는 것을 자신에게서 빼앗아 가기를 원하지 않을 것이고, 그러한 강탈이 일반적으로 잔인한 폭력 행위를 동반하기 때문입니다.

우리가 타인이 우리에게 해주기를 바라듯이 타인에게 해주는 것에 대한 원리와 더욱더 일치하지 않는 것은 전반적인 사회주의적 활동입니다. 그것은 이 원리와 일치하지 않습니다. 왜냐하면 첫째, 그 기조에 계급투쟁을 두어 노동자 안에서 고용인 및 비노동자 전부에 대한 적대적인 감정을 불러일으켜, 고용인에 관한 부분에서 노동자를 위해 결코 바람직하지 않기 때문입니다. 그것이 이 원리와 일치하지 않는 것은 또한 이런 이유, 즉, 파업에서 노동자가 매우 빈번하게 그들의 과제의 성공을 위해 그들 자신의 인민이든 외국인들이든 그들의 자리를 차지하고자 하는 노동자를 향해서 폭력을 사용할 필요성에 이르게 된다는 것입니다.

마찬가지로 타인이 우리에게 해주기를 바라듯이 우리가 타인에게 해주는 것에 대한 원리와 일치하지 않고, 심지어 노골적으로 부도덕한 것은 노동자에게 공장과 작업장의 모든 노동 도구를 완전히 그들의 소유로 이전하겠다고 약속하는 신조입니다. 모든 공장은, 공장을 건설하고 그 건설을 위해 재료를 준비한 현 시대의 노동자, 그리고 건설 이후의 사람들뿐만 아니라 광대하게 많은 과거 세대의 정신적 및 육체적 노동자들의 노동이 없었다면 존재할 수 없었던 노동의 산물입니다.

공장 건설에서 모든 사람의 역할을 산출하는 것은 절대적으로 불가능합니다. 그래서 사회주의자의 신조에 따르면, 토지와 마찬가지로 모든 공장은 전체 사람들의 공동 소유이고, 단 한 가지 차이는 토지 소유가 모든 노동 도구의 사회화를 기다리지 않고 당장이라도 폐지될 수 있다는 것입니다. 그러나 공장은 사회주의자의 실현 불가능한 공상이—말 그대로 모든 노동 도구의 사회화—달성될 때, 그리고 노동하는 사회주의자들 다수에 의해 제안되는 것과 달리, 그들이 고용인의 공장을 강탈하고 그것을 자신의 것으로 만들었을 때 합법적인 소유가 될 수 있습니다. 실현이 불가능한 노동의 도구에 대한 사회화가 완성된 사실이 아닌 한 고용인이 공장을 소유할 권리가 전혀 없지만, 마찬가지로 노동자에게도 공장에 대한 권리가 전혀 없습니다.

이런 이유에서 저는 노동자에게 그들이 일하는 공장을 강탈하는 것을 약속하는 신조는, 모든 노동 도구를 사회화하기 이전에, 일반적으로 제안되듯이 타인이 우리에게 행하기를 우리가 바라는 것처럼 타인에게 행해야 한다는 황금률에 배치되는 신조일 뿐만 아니라, 철저히 비도덕적이라고 말합니다.

타인이 우리에게 행하기를 우리가 바라는 것처럼 타인에게 행해야 한다는 원리와 똑같이 불일치하는 것은 토지 소유에 대한 노동자의 지지로서, 그것이 군인의 형태로 폭력적 수단에 의하든 또는 토지를 이용하는 노동자나 임차인의 형태를 취하든 마찬가지입니다. 토지 소유에 대한 그런 지지는 부합되지 않습니다. 왜냐하면 만일 그런 행위가 잠시 그것을 수행하는 사람들의 상태를 개선한다 할지라도, 그것은 분명히 다른 노동자의 상태를 악화시키기 때문입니다.

따라서 노동자에 의해 그 해방을 목적으로 지금까지 사용되어 온 모든 방법은, 직접적 폭력이나 사회주의적 활동과 마찬가지로, 자신의 이익을 위해 토지 소유의 불법성을 지탱해 왔던 별도의 개인의 행위 역시 그 목적을 달성하지 못했습니다. 왜냐하면 그것은 모두 타인이 우리에게 행하기를 우리가 바라는 것처럼 타인에게 행해야 한다는 도덕적 원리와 부합되지 않았기 때문입니다.

사람들을 그들이 처해있는 노예 상태로부터 자유롭게 하는 것은 단순히 죄를 중단하는 것입니다. 왜냐하면 그러한 중단은 정의롭고 도덕적인, 신의 뜻에 일치하는 것이기 때문입니다.

12

"그렇지만 궁핍만은!"이라고 말하는 것을 저는 듣습니다. 어떤 사람이 아무리 토지 소유의 불법성에 대해 납득하고 있더라도, 그가 군대에 가는 것과 지주들을 위해 일하는 것이 그의 굶어 죽는 아이들을 위해 우유를 준다면 그는 그것을 중단하기 힘들 것입니다. 만일 농부가 한 사람당 반 데사티나밖에 가지고 있지 않고 자신이 소유하는 땅으로 그의 가족들을 부양할 수 없다는 것을 알고 있다면, 어떻게 지주 토지의 임차를 중지할 수가 있겠습니까? 사실 이것은 매우 힘들 것입니다.

그러나 똑같은 어려움은 어떤 악한 일을 거부할 때도 겪게 되는 것입니다. 반면 사람들은 대체로 어떤 악한 것도 멀리합니다. 여기서 중단하는 것은 대다수의 나쁜 행위보다 덜 어려운 것이지만, 땅을 강탈하는 나쁜 행위로부터 나오는 해로움은, 사람들이 멀리하는 다른 많은 악한 행위들보다 명백하게 해롭습니다. 저는 농부들을 향해 군대에 가지 말라고 하는 것이 아닙니다. 사실 그러한 거부를 하게 되면 평범함 이상의 용기와 자신을 희생할 준비가 되어 있어야 하기 때문에 모든 사람이 그렇게 행할 수 있는 것은 아니고, 다른 한편으로 이런 거부가 적용되는 경우들도 거의 만날 수 없습니다.

그러나 지주의 토지에서 노동하지 않는 것과 토지를 빌리지 않는 것에는 훨씬 적은 노력과 희생이 따릅니다. 만일 모든 노동자가 지주를 위해 일하는 것과 그들의 토지를 임차하는 것이 나쁘다는 것을 완전히 이해한다면, 지주의 토지에서 노동하는 것과 그것을 임차하려고 마음먹는 사람들이 점점 적어질 것입니다. 수백만 명의 사람들이 지주의 땅을 전혀 필요로 하지 않으며 살고 있고, 그들은 집에서 어떤 장사를 하면서 바쁘거나 집 밖에서 여러 종류의 산업에 종사하고 있습니다.

수십만 아니 수억의 농부들은 지주의 토지에 대해 아무런 필요를 느끼지 않고, 이런 문제에 관한 전체적 어려움에도 불구하고 그들은 이전에 살던 곳을 떠나서 새로운 곳으로 갑니다. 그들은 그곳에서 원하는 모든 토지를 얻고, 대체로 고통 받는 것이 아니라 풍부하게 재배하며, 곧 그들을 추방한 빈곤을 잊어버립니다.

심지어 그런 농부와 훌륭한 농민은 지주를 위해 일하거나 그들의 토지를 빌리지 않고 살며, 그들은 경작할 토지가 조금밖에 없지만 검소하게 살고 그들의 토지를 훌륭하게 가꾸며, 따라서 지주를 위해 노동하거나 그들의 토지를 빌릴 필요가 없습니다. 다른 수천 명은 지주의 토지에서 일하거나 그것을 빌릴 필요 없이 살고 있습니다. 그들은 기독교도로서의 삶을, 즉, 각자가 자신을 위해서가 아니라 서로를 돕는 삶을 살고 있습니다. 그들은 러시아에서 많은 기독교 공동체들로 생활하는데, 그들 중 두호보르 공동체를 저는 특별히 잘 알고 있습니다.

궁핍은 서로 투쟁하는 동물의 법칙에 따라 사는 사람들의 사회에만 존재할 수 있습니다. 그러나 기독교도의 사회에서는 어떤 궁핍도 있을 수 없습니다. 자기가 가진 것을 다른 사람들과 나누면, 모든 사람은 언제나 그가 필요한 것을 가지게 되고 그러고 나서도 여전히 많은 양이 남게 됩니다. 그리스도의 설교를 듣던 사람들이 배가 고파 실신할 지경이 되었을 때, 그리스도는 그들 중 일부가 식량을 가지고 있음을 알고, 모든 사람에게 둘러앉으라고 하고서 식량을 가진 사람들에게 옆에 있는 이웃에게 나누어줘야 한다고 했습니다. 그 이웃 사람은 그들의 배고픔을 달래고 나서, 더 멀리 있는 사람들에게 나누어 줄 수 있도록 하였습니다. 한 바퀴 전체를 돌았을 때, 모든 사람은 허기를 채울 수 있었고 그래도 여전히 많은 양이 남아 있었습니다.

그와 유사하게 행동하는 사람들의 사회에는 궁핍이 있을 수 없고, 그런 사람들은 지주를 위해 일하거나 그들의 토지를 빌릴 필요가 없습니다. 따라서 궁핍은 다른 형제에게 해로운 일을 행함에 대한 충분한 이유가 될 수 없습니다.

만일 노동자가 이제 지주에게 가서 그들을 위해 노동하고 그들의 토지를 빌린다면, 그것은 오로지 그들 행위의 죄악성이나 그것에 의해 그들 형제에게 자신에게 행하는 전체 악을 그들 모두가 깨닫게 되지 않기 때문입니다. 그런 사람들이 많으면 많을수록 토지 소유에 대한 참여의 의미를 더 명백하게 깨달을 것이고, 점점 더 많이 노동자에 대한 비노동자의 권력이 자연스럽게 스스로 파괴될 것입니다.

13

노동자의 상태를 개선할 유일하게 확실하고 의혹이 없는 동시에 신의 뜻과 일치하는 방법은, 지주의 토지 강탈로부터 토지를 해방하는 것입니다. 이러한 토지 해방은 군대가 노동자를 겨냥할 때 노동자가 군대 참여를 거부할 뿐만 아니라, 지주의 토지에서 일하거나 그것을 빌리지 않는 것에 의해 성취됩니다. 그러나 당신들 노동자가, 당신들의 이익을 위해 지주의 점유로부터 토지를 해방할 필요가 있고 그 해방이 당신의 형제를 향한 폭력 행위를 자행하는 것, 그리고 지주의 토지에서 노동하고 그것을 빌리는 것을 중단함에 의해 성취된다는 것을 안다는 것만으로는 충분하지 않습니다.

당신들은 지주의 탈취로부터 토지가 해방될 때 그것을 관리하고 노동자 사이에 분배하는 방법을 사전에 알고 있어야 합니다. 당신들 대다수는 일반적으로 비노동자로부터 토지를 빼앗으면 모든 것이 좋아지리라고 생각합니다. 그러나 그렇지 않습니다.

"토지를 비노동자로부터 빼앗아 그것을 경작하는 사람에게 주라"고 말하기는 쉬울 것입니다. 그러나 정의를 침해하지 않고 부자에게 다시금 방대한 양의 토지를 축적하도록 하고 노동자 위에 군림할 기회를 주지 않으면서 어떻게 이를 행할 것입니까? 당신들 중 일부가 생각하듯이, 어느 곳이든지 모든 개인 노동자나 단체에 그것을 일임하는 것은, 과거에 행해졌고 심지어 지금도 카자크인들 사이에서 행해지고 있듯이, 사람들에게 토지가 있고 그 토지가 모두 같은 품질일 때 가능합니다. 그러나 토지가 수용할 수 있는 범위 이상의 사람들이 있고, 토지가 다양한 토질을 지닐 때 토지의 활용을 위해 다른 방법을 찾을 필요가 있습니다.

그것은 토지를 사람 숫자대로 나누는 것일까요? 그러나 만일 토지를 사람 숫자대로 나눈다면, 그것은 또한 그것을 경작하는 법을 모르는 사람들의 손에 들어갈 것이고, 이들 비노동자는 그것을 부유한 매입자에게 빌려주거나 팔 것이고, 그곳에는 다시 거대한 영역의 토지를 소유하고 그것을 경작하지 않는 사람들이 나타날 것입니다.

다른 방법은 비노동자가 토지를 팔거나 임대하는 것을 금지하는 것일까요? 그러나 그때도 그 땅을 경작하는 것을 원하지 않거나 경작할 수 없는 사람에게 속하는 토지는 사용되지 않은 채로 있을 것입니다. 게다가 토지를 사람 숫자대로 나눌 때 어떻게 토지의 품질에 따라 평가할 수 있겠습니까? 비옥한 토지인 흑토가 있고, 모래땅이나 습지이거나 황폐한 토지가 있습니다. 도시 안에 있는 토지는 모든 데사티나의 면적당 수천 루블 이상의 수입을 가져다주며, 오지에 있는 토지는 아무런 수입도 낼 수 없습니다.

그렇다면 어떻게 토지를 경작하지 않는 사람들이 토지를 소유하지 않고, 잘못 처리되지 않도록 해서 아무런 논쟁, 다툼, 내전이 없도록 하는 방법으로 토지를 분배할 수 있습니까? 사람들은 오랜 세월, 이런 문제를 논의하고 해결하기 위해 분주하였습니다. 노동자 사이에서 토지의 정확한 분배를 위한 많은 구상이 제시되어 왔습니다.

토지가 공동 소유로 여겨지며 모든 사람들에 의해 공동으로 경작되고 있는, 사회 건설에 대한 소위 공산주의적 구상은 말할 것도 없습니다. 저는 또한 18세기 영국인 윌리엄 오길비[26]의 계획을 알고 있습니다. 그는 모든 사람이 이 세상에 태어남으로 인해, 그곳에 존재하고 그것이 산출하는 것으로 살 완전한 권리를 가지고, 이 권리는 타인이 거대한 영역의 토지를 그들의 재산으로 여김으로 인해 제한받을 수 없다고 말했습니다.

따라서 모든 사람은 그의 몫에 해당하는 구획된 토지를 소유할 자유로운 권리를 갖지만, 만일 어떤 사람이, 권리를 가지는 다른 사람이 아무런 권리를 주장하지 않는 그런 구획을 이용하여 그의 몫보다도 더 큰 구획의 토지를 소유한다면 소유자는 이런 소유에 대해서 국가에 세금을 납부해야만 한다고 했습니다.

다른 영국인인 토마스 스펜서는 몇 년 뒤 토지를 마음대로 처분할 수 있도록 교구의 재산으로 인정함으로써 토지 문제를 해결하였습니다. 이런 방법으로 개인에 의한 사적인 소유는 완전히 폐지되었습니다.

토지의 소유에 관한 스펜서의 관점을 보여주는 훌륭한 예로서, 1788년 헤이든 브리지[27]에서 그에게 발생한 다음의 이야기가 도움이 될 것입니다. 그는 그것을 '숲 속의 농담'이라고 부릅니다.

"제가 숲속에 혼자서 밤을 줍고 있을 때, 산지기가 덤불 속에서 나를 향해 불쑥 나타나서는, 거기서 무엇을 하고 있는지 물어 저는 "밤을 줍고 있어요."라고 대답했습니다.

"밤을 줍고 있다고요!"라고 그가 말했습니다. "어떻게 그렇게 말할 수 있어요?"

저는 말했습니다. "왜 안 된다는 것이지요? 당신은 원숭이나

26 William Ogilvie(1736~1819)는 스코틀랜드의 토지개혁가로 1781년 익명으로 『토지소유권론』(An Essay on the Right of Property in Land)을 썼고 이는 1838년에 『토지의 천부인권』(Birthright in Land)로 개정되었다.

27 Haydon Bridge는 영국의 Northumberland에 있는 다리이다.

다람쥐에게도 그런 일로 질문을 하시나요? 그리고 제가 이런 짐승들보다 못하게 대접 받아야 하는 것인가요, 아니면 나에게 그럴 권리도 없단 말인가요? 그런데 당신은 누구지요? 나에게 이렇게 간섭하는 일을 하고 있다니 말이에요?"

그가 말했습니다. "당신에게 알려 주지요, 이곳을 침범하였으니 당신을 결박한 뒤에."

"정말" 제가 대답했습니다. "아니 아직 아무도 심거나 재배하지 않은 이곳을 제가 어찌 침범할 수 있다는 것이지요? 이런 밤송이들은 자연에 의한 야생의 선물로서, 그것들을 줍고자 하는 사람이나 짐승의 먹이로 정해진 것이고, 따라서 그것은 공동의 것이란 말입니다."

그가 말했습니다. "이 숲은 공동의 것이 아니요. 이것은 포틀랜드 공작의 것이요."

제가 답했지요. "오! 포틀랜드 공작에게 내 안부를 전해 주세요. 자연은 그보다 나를 먼저 알고 있어요. 따라서 자연 저장소의 규칙은 '먼저 온 자가 먼저 먹는다'는 것이지요. 그러니 포틀랜드 공작은 밤 한 톨이라도 가지고 싶으면 반드시 동작이 빨라야 할 것이오."

스펜서는 결론으로, 만일 그가 밤 하나도 딸 수 없는 나라를 지키라는 명을 받는다면, 자신의 소총을 던져 버릴 것이라고 선언하면서 다음과 같이 말했습니다. "나라를 부르짖는 포틀랜드 공작 같은 사람에게 나가서 싸우라고 하시오!"

그 질문은 『이성의 시대』와 『인권』을 지은 유명한 작가인 토마스 페인[28]에 의해 유사하게 해결되었습니다. 이런 해법의 독창성은

---

28 Thomas Paine(1737~1809)은 영국 태생의 미국의 사상가로 『상식』(Common Sense)으로 미국 독립전쟁에 중요한 영향을 끼쳤고, 이어 프랑스 혁명과 공화주의 원칙을 옹호한 『인권』(Rights of Man)과 이성적 종교를 주장한 『이성의 시대』(The Age of

토지가 공동의 소유임을 인정하면서, 각 개인에 의한 토지 소유의 권리를 폐지하도록, 토지 소유는 상속으로 넘겨질 수 없고 사적인 소유였던 토지는 소유자가 죽은 다음에는 국가의 소유가 된다고 제안하는 점에 있습니다.

19세기에 와서는, 토마스 페인 다음으로 패트릭 에드워드 도브[29]가 이 주제에 대해 썼습니다. 도브의 이론은 이러합니다. 토지의 가치는 두 가지 원인—토지 자체의 속성과 그것에 투입되는 노동—에 기인하고, 투입되는 노동에 기인하는 토지의 가치는 사적인 개인의 소유가 될 수도 있지만, 그 자체의 속성에 의한 토지의 가치는 전체 인민의 소유이고 따라서 현재 인정되고 있는 것처럼 결코 각 개인에게 소속될 수 없고 반드시 전체 인민의 공동 소유이어야만 한다는 것입니다.

마찬가지로 '일본 토지 회수 협회'가 구상한 바의 핵심도 다음과 같습니다. 모든 사람은 자신에게 할당된 만큼의 토지를 소유할 수 있는 권리를 가지는데, 다만 그것에 대해 규정된 세금을 납부해야 하고, 따라서 각자에게 할당된 몫보다 많이 가진 사람에 의해 토지에 대한 자신의 몫을 할당할 수 있는 권리를 가진다는 것입니다.

그러나 가장 좋고 정당하고 실용적인 계획은 헨리 조지[30]가 주

Reason)를 썼다. 톨스토이는 후자를 애독했다.

29 Patrick Edward Dove(1815~1873)는 1850년 토지 공유제를 주장한 『인간진보론』(The Theory of Human Progression)을 썼다.

30 헨리 조지(Henry George, 1839~1897)는 미국의 저술가, 정치가, 정치경제학자로 단일세(Single tax)라고도 하는 토지가치세를 주장하여, 지공주의라고도 번역되는 조지주의(Georgism, Geoism, Geonomics)라고 불리는 경제학파의 형성에 영향을 끼쳤다. 그는 19세기 후반 마르크스와의 논쟁에서 자본과 토지를 구분하지 않는 마르크스주의를 비판했다. 그에 의하면 개인은 자신의 노동생산물을 사적으로 소유할 권리가 있는 반면, 사람이 창조하지 아니한 것, 즉, 자연에 의해 주어지는 것(대표적으로 토지, 넓게 볼 경우 환경 포함)은 모든 사람에게 공평하게 귀속된다는 것이다. 불평등에 대한 논문이라고도 할 수 있는 그의 대표적 저서 『진보와 빈곤』(Progress and Poverty, 1879)은 산업화된 경제에서 나타나는 경기변동의 본질과 빈부격차의 원인, 그리고 그에 대한 처방으로서

장한 '단일세'라고 저는 생각합니다.

14

저는 개인적으로 헨리 조지의 구상이, 제가 알고 있는 모든 구상 중에서도 가장 정당하고 유익하며 무엇보다 가장 쉽게 적용될 수 있다고 생각합니다. 이 구상은 다음과 같이 소규모로 상상해 볼 수 있습니다. 전체 토지가 두 명의 지주에게 속하는 어떤 지방에서 한 사람은 매우 부유하고 외국에 사는데, 다른 한 사람은 그렇게 부자가 아니고 국내에 살며 농사를 짓고 있고, 수백 명의 농부에게는 조그만 땅이 있다고 상상해 봅시다. 게다가 이 지방에는 수십 명의 토지 없는 사람들—장인, 상인, 관리—이 봉사하고 세 들어 살고 있습니다. 이 지방의 모든 거주자가 전체 토지는 공동의 소유라는 결론에 도달하고 토지를 경영하기 위해 이런 신념에 따르기로 결정했다고 가정해봅시다.

그들은 어떻게 할 것인가요?

토지 소유자로부터 토지를 빼앗아 누구에게든 그가 좋아하는 방식으로 사용하도록 허락하는 것은 불가능합니다. 왜냐하면 똑같은 땅을 사용하려는 여러 명의 후보자가 있을 것이고, 그러면 끝없는 분쟁이 있을 수 있기 때문입니다.

반면 모든 사람이 하나의 협동적 사회로 연합해 공동으로 일구고 베고 추수하고 분배하는 것은 매우 불편합니다. 왜냐하면 일부는 쟁기, 말, 수레를 가지고 있으나 일부는 그것들이 없고, 게다가 일부 거주자는 토지를 어떻게 경작할지도 모르며 그렇게 할 힘도 없기 때문입니다.

역시 마찬가지로, 토지를 사람 숫자에 따라 분배하면서 토질

토지가치세를 제시했다.

이 동등하도록 하는 것도 매우 어렵습니다. 만일 이를 위해 전체 토지가 다양한 토질을 가진 소구획으로 나누어진다면, 그래서 각자가 구획 중에서 최상의 토지, 평범한 토지, 나쁜 토지, 들판이나 풀밭이나 삼림 속에 있는 토지를 얻게 된다면, 그러한 미세한 구획들이 너무나 많아질 것입니다.

게다가 그러한 분할은 위험합니다. 왜냐하면 일하고 싶지 않거나 돈이 매우 다급한 사람들은 현금을 위해 그들의 토지를 부자에게 넘길 것이고, 대규모의 지주가 다시 존재하게 될 것이기 때문입니다. 그래서 그 지방의 주민은 토지를 현재 그것을 소유하고 있는 사람들의 수중에 남겨두기로 결정하지만, (토지의 가치나 그것에 투입한 노동에 따라서가 아니라, 토지의 품질과 위치에 따라) 소유자들이 그들이 사용 중인 토지로부터 얻는 수입을 반영하는 양만큼의 금액을 모든 소유자가 공동 금고로 납부하도록 하고, 그들은 이 돈을 동등한 몫으로 나누기로 결정합니다. 그러나 토지에 대한 모든 소유자로부터 그렇게 돈을 거두어들여서 거주자 사이에 동등한 분배를 하는 것은 까다롭기 때문에, 게다가 모든 거주자가 공동의 필요—학교, 교회, 소방서, 목동, 도로 수리 등—를 위해 돈을 납부해도 공익의 목적을 위한 그러한 자금은 언제나 불충분하기 때문에, 그 지방의 거주자들은 토지로부터 수입을 거두어들여 그것을 모두에게 분배하고 다시 그 일부를 세금으로 거두어들이는 대신, 토지로부터의 전체 수입을 공동의 필요성에 의해 징수하고 사용하기로 합니다.

이런 방식을 형성한 다음, 지방의 거주자들은 지주와 조그만 땅을 소유하고 있는 농부에게 그들이 소유하고 있는 토지에 대해 일정한 금액의 납부를 요구합니다. 그러나 토지를 소유하지 않는 수십 명에게는 아무것도 요구하지 않고, 그들은 토지에서 나오는 수입을 통해 유지되는 모든 것을 공짜로 사용하도록 합니다.

이러한 방책은, 그 나라에 살지 않고 그의 토지에서 조금밖에 생산하지 않는 지주에게는, 토지세 하에서 그 토지를 계속 유지하는 것이 이익이 되지 않도록 만드는 효과를 가지고 있어서, 그는 그것을 포기합니다. 그러나 훌륭한 농부인 다른 지주는 그 토지의 일부만을 포기하고, 자신이 경작하는 토지에 대해 그에게 요구되는 것 이상을 생산하려고 합니다.

그러나 조그만 땅을 소유한 농부들, 많은 노동자를 데리고 있지만 적은 토지를 소유한 농부들은, 아무런 토지도 가지고 있지 않지만 토지의 노동을 이용해 자신을 부양하고자 하는 일부 사람들과 마찬가지로 지주가 포기하는 토지를 차지합니다. 그렇게 해결함으로써 이 지방의 모든 주민은 토지로 살아가고 그것으로 자신을 부양하는 것이 가능함을 알게 되며, 전체 토지는 그것을 경작하고자 하고 그곳에서 많이 생산할 수 있는 사람들의 수중으로 넘어가거나 남아 있게 됩니다.

그러나 그 지방 주민의 공익 시설은 이전보다 공공의 수요를 위해 더 많은 자금이 확보되고, 다른 무엇보다도 이 모든 토지 재산의 이전이 아무런 논란, 분쟁, 간섭, 폭력 없이, 그러면서도 이익을 내며 경작할 수 있는 방법을 모르는 사람들에 의해 토지의 자발적인 포기로 이루어집니다.

헨리 조지의 구상은 개별 국가나 모든 인류에게 그것을 적용함에 있어서도 동일합니다. 이 구상은 정당하고 이로우며 무엇보다, 어느 곳에서나 어떤 단체에서든 그곳에 어떤 농업 정책이 실시되어도 쉽게 적용되는 것입니다.

이런 이유 때문에, 저는 개인적으로 이 구상이 가장 훌륭하다고 생각합니다. 그러나 이것은 잘못일 수도 있습니다. 즉, 당신들 노동자는 토지를 관리할 때가 온다면 이러한 것들과 다른 모든 구상들을 논의할 것이고, 가장 훌륭하다고 보는 것을 선택하거나 자신이 더욱더 정당하거나 현실적이라고 생각하는 것을 발견할 것입니다.

이런 구상들을 제가 자세히 설명한 이유는, 당신들 노동자가 한편으로 토지 소유의 전체적인 부당함을, 다른 한편으로 토지의 정당한 분배의 전체적 어려움과 복잡성을 깨닫고서 토지의 경솔한 분배와 같은 오류에 빠져들지 말고, 그로 인해 당신들의 상태를 모든 개인들의 토지 소유를 위한 투쟁과 새로운 질서에서 토지 쟁탈의 결과로, 현재 처해있는 것보다 더 악하게 만들지 않기를 바라기 때문입니다.

15

저는 당신들에게 제가 말하고자 하는 것의 핵심을 간단히 반복하고자 합니다. 당신들 노동자에게 권고하고 싶은 것은, 첫째, 필요한 것이 무엇인지 명백히 깨닫고, 필요하지 않은 것은 얻으려 애쓰지 말라는 것입니다. 당신들은 살아가면서 오로지 자신들을 부양할 수 있는 자유로운 토지가 필요할 뿐입니다.

둘째, 필요한 토지를 어떤 방법으로 획득할 수 있는지 명백히 깨달으라고 권고하고 싶습니다. 당신들은 폭동을 통하지 않고 신이 그것으로부터 당신들을 구해줄 것이고, 시위, 파업, 의회의 사회주의 대변자를 통해서가 아니라, 오로지 당신 자신들이 악하다고 여기는 것에 대한 불참을 통해, 즉, 군대에 의해 행사되는 폭력적 방법 또는 지주의 토지에서 노동하거나 그것을 빌려 토지 소유의 불법성을 지원하지 않음으로써 토지를 얻을 수 있습니다.

셋째, 해방된 토지를 어떻게 분배할 것인지를 사전에 생각해 두라고 당신들에게 권고합니다. 이를 정확하게 생각할 수 있으려면 지주에 의해 포기되는 토지가 당신들의 재산이 될 것이라고 생각해서는 안 되고, 토지 사용이 모든 사람 사이에서 규칙에 따라 편중되지 않고 할당되기 위해 토지를 소유할 권리는, 비록 그것이 단 몇

평이라고 하더라도 어느 누구에게도 인정되어서는 안 된다는 것을 깨달아야만 합니다. 토지를 태양이나 공기처럼 단지 공동의 소유물로만 인정함으로써 편견 없이 정당하게 기존의 구상에 따르거나 당신들에 의해 공동으로 작성되거나 선택된 일부 새로운 구상에 따라 모든 사람 사이에서 토지의 소유를 확립할 수 있을 것입니다.

넷째, 그리고 이것은 제가 당신들에게 권고하는 제일 중요한 것인데, 당신들이 필요한 모든 것을 얻기 위한 목적으로 당신의 힘을, 반란, 혁명, 또는 사회주의적 선전으로 지배 계급과의 투쟁을 향하지 않고 오로지 당신들이 얼마나 잘 살 수 있는가에 집중해야 한다는 것입니다.

사람들은 그들이 악하게 살기 때문에 잘 살지 못하는 것입니다. 그리고 그들 상태가 비참한 원인이 자신들에 있는 것이 아니라 외적인 상태에 있다는 것보다 해로운 생각은 없습니다. 사람 또는 사람들의 사회는 그들에게 경험되는 악이 외적 상태에서 기인하고, 이러한 외적인 상태의 변화에 그들의 관심과 노력을 집중한다면 악은 증가한다는 것을 생각해 볼 필요가 있습니다. 그러나 사람 또는 사람의 사회는 그들의 관심을 자기 자신에게 진지하게 향해 자신들과 그들의 삶 안에서 그들이 겪는 악의 원인을 찾아 볼 필요가 있습니다. 그 원인을 당장 발견하여 파괴할 수 있기 위해서입니다.

"너희들은 신의 나라와 그의 의를 구하라, 그러면 이 모든 것들은 너희에게 더해질 것이니라."는 인간 생활의 근본 법칙입니다. 만일 신의 법에 반해 악하게 산다면 어떤 노력도 당신들이 찾는 행복을 마련해주지 않을 것입니다. 만일 여러분들이 신의 뜻에 따라 도덕적으로 올바르게 산다면 이런 행복을 성취하기 위해 아무런 노력을 하지 않더라도, 생각지 못한 방법으로 자연스럽게 당신들 사이에 자리 잡을 것입니다.

우리가 필요로 하는 것 뒤에 있는 문과 반대로 미는 것은 너무나 자연스럽고 단순하고, 우리를 문과 반대로 밀어 넣고 있는 군중이 우리 뒤에 서 있기 때문에 더욱더 자연스럽습니다. 그러나 우리가 선하다고 여기는 것이 뒤에 있는 문과 반대로 완강하게 밀면 밀수록 그것을 뚫고 나갈 희망은 더 적어집니다. 그 문은 우리 쪽을 향해 열립니다.

따라서 유익한 것을 얻기 위해, 사람은 반드시 외적인 상태에 대해서가 아니라 자신을 변화시키는 것에 대해 걱정해야 합니다. 만일 그가 악한 일을 행하고 있다면 그것을 즉각 멈추어야 하고, 선한 일을 하지 않고 있다면 그것을 당장 시작해야 합니다. 사람들을 참된 선으로 이끄는 모든 문은 바깥으로 열립니다.

우리는 말합니다. "노동자는 국가에 의해, 그리고 부자에 의해 노예처럼 되었는데, 그러한 국가와 부유한 계급을 구성하는 이들은 누구인가? 그들은 영웅이고, 그들 각자는 수천 명의 노동자를 궤멸시킬 수 있는가? 또는 그 숫자가 매우 많은 반면에 노동자는 적은 것인가? 또는 이들 통치자와 부자는, 필요한 모든 것을 만드는 방법 그리고 사람들이 의존해 살아야 할 모든 것을 생산하는 방법을 알고 있는 유일한 사람들인가? 이들도, 저들도, 아니 제 삼자도 아니다.

이들은 영웅들이 아니라 반대로 나약하고 무기력한 사람들이다. 숫자가 많지 않을 뿐만 아니라, 노동자보다 수백 배나 적다. 그리고 사람들이 의존해 살아가는 모든 것은 그들에 의해서가 아니라 노동자에 의해 생산되며, 반면에 그들은 무엇인가를 행할 능력도 없고 하고 싶어 하지도 않으면서 노동자가 생산하는 것을 게걸스레 먹어 치운다. 그렇다면 왜, 연약하고 게으르며 아무것도 할 수 없고 하지도 않으려 하는 사람들의 이 작은 무리가 노동하는 수백만 명 위에 군림하는가? 여기에는 한 가지 대답이 있을 뿐이다. 즉, 그것은 노동자가 그들의 삶에서 그들을 억압하는 자들이 따르고 있는 것과 똑같은 규칙과 법을 따르고 있다는 사실에 기인한다.

만일 노동자가 가난한 사람들과 연약한 사람들의 노동을 비노동 지배자와 부자가 하는 정도로 착취하지 않는다면, 이는 그들이 이것을 나쁘다고 여겨서가 아니라 나머지 사람들보다 민첩하고 교활한 통치자와 부자만큼 그것을 능숙하게 행할 수 없기 때문이다. 통치자와 부자가 노동자를 통치하는 것은 노동자가 그들 자신의 동료인 노동자를 정확하게 똑같이 지배하기를 원하기 때문이다.

이와 똑같은 이유—삶에 대한 동일한 이해—로, 노동자는 그들의 압제자들에 성공적으로 대항할 수 없다. 노동자가 통치자와 부자에게 아무리 고되게 억압 받는다고 하더라도, 그는 자신의 마음속에서 자신도 자신의 형제들에게 비슷하게 행동할 것임을, 아니 규모는 작지만 그들에게 그렇게 행동하고 있음을 알고 있다. 노동자는 서로를 노예화하고자 하는 그들의 욕망으로 스스로 족쇄를 찬 것이고, 그래서 그들의 권력 안에 이미 그들을 두고 있는 교활한 사람들이 그들을 노예화하는 것은 쉽다.

만일 노동자가 정확하게 통치자와 부자 같이 그들 자신의 복지를 구축하기 위해 이웃의 궁핍을 이용하는 것에 관심을 가지고 있는, 노예로 만드는 사람들로 구성되어 있는 것이 아니라 서로를 생각하고 도움을 제공하면서 형제애의 방법으로 살았다면, 어느 누구도 그들을 노예화시킬 수 없었을 것이다. 따라서 통치자와 부자에 의해 그들이 잡혀있는 억압으로부터 자유로워지려면, 노동자에게는 오직 한 가지 방법밖에 없다. 그들의 삶에서 그들이 따르고 있는 그런 원리로부터 스스로 자유로워지는 것, 배금주의 숭배를 포기하고 신을 섬기기 시작하는 것이다."

당신들 중의 몇몇은 자신들에게 다음과 같이 말합니다. 현재의 질서는 반드시 바뀌어야 하고, 우리가 반드시 노동과 토지의 도구를 소유해야 하며, 현재의 국가를 전복해서 새로운 것을 세워야 한다고 말입니다. 그리고 당신들은 이것을 믿고 이러한 목적의 성취를 위해 고대하고 일합니다.

그러나 당신들이 원하는 것을 성취한다고 가정해 봅시다. 당신들은 현재의 국가를 무너뜨리고 새로운 국가를 세우며, 모든 공장, 작업장, 토지를 소유할 것입니다. 그런데 왜 새로운 국가를 구성하는 사람들이 현재의 사람들이 따르고 있는 것과 다른 새로운 원리를 따를 것이라고 가정합니까? 그리고 만일 그들이 똑같은 원리를 따른다고 한다면, 그들은 현재의 사람들과 마찬가지로 그들의 권력을 유지할 뿐만 아니라 강화시킬 것이고 그들의 이익을 위해 그들의 권력으로부터 가능한 많을 것을 뽑아내려고 할 것입니다.

왜 당신들은 공장과 토지를 책임지는 사람들이(모든 사람이 모든 기관을 운영할 수는 없습니다) 현재의 사람들과 동일한 시각을 지닌 사람들이고, 현재의 상황과 마찬가지로 겸손하고 온순한 사람들에게는 필요한 것만 남겨 두면서 가장 좋은 몫을 찾지 않을 것이라고 가정합니까? 저는 다음과 같은 말을 듣습니다. "너무나 잘 정돈되어서 그렇게 하는 것은 불가능하다." 그러나 보십시오. 신 자신이나 자연에 의해 모든 것이 즉, 지상에 태어나고 사는 모든 사람들에게 주어진 지구의 소유권이 얼마나 잘 정돈되어 있는지를. 그러나 사람들은 이러한 신성한 안배를 침범할 만큼 교활해졌습니다.

따라서 인간의 질서를 왜곡하기 위한 수천 가지 방법이 언제나 그들의 삶에 있어서 그들의 개인적 행복을 위한 관심에 따라가는 그런 사람들에 의해 발견될 것입니다. 외부적 질서에 대한 어떠한 수정도 결코 사람들의 상태를 개선할 수 없습니다. 따라서 당신들 노동자에 대한 나의 네 번째이자 가장 중요한 권고는 바로 이런 것입니다. 당신들은 타인, 당신의 압제자를 비난하지 말고 관심을 자신들에게로 돌려야 하고, 자신들의 내적인 삶을 변화시켜야 한다는 것입니다.

만일 당신들이, 당신들에게서 빼앗아 갔고 폭력으로 유지되는 것을 강압적으로 빼앗아 자신들에게 유용하게 하는 것이 합법적이고 유익하다고 생각한다면, 또는 죄를 짓는 사람들의 가르침을 따르면서 계급투쟁에 참여하고 타인에 의해 창조된 노동 도구를 획득하기 위해 투쟁하는 것이 합법적이고 유익하다고 생각한다면, 만일 군인으로 복무하면서 형제에게 폭력을 행사하고 살해하지 말라고 명령하는 신에게 순종하지 못하게 강제하는 권력에 복종할 의무를 진다면, 또는 만일 지주의 토지 위에서 당신의 노동을 빌려주고 토지 소유권의 불법성을 지지하고 있음에도 당신들이 아무런 잘못을 범하지 않고 있다고 생각한다면, 당신들의 상태는 점점 악화될 것이고 결국 영원히 노예들로 남아 있을 것입니다.

그러나 만일 당신들의 진정한 유익을 위해, 당신들이 바라기에 당신들에게 행해지기를 원하는 것을 타인에게 행하면서 신의 법에 따른 형제애를 지닌 삶을 살 필요가 있다는 것을 깨닫게 되면, 당신들은 그것을 실행할 것이고 희망하던 그런 유익이 실현된다면 노예 상태는 파괴될 것입니다. "진리를 알지니 진리가 너희를 자유롭게 하리라."

1902년 9월, 야스나야 폴랴나

비류코프에게 보낸 편지(1908년 5월 24일)

Pavel Ivanovich Biryukov(1860~1931)는 1884년 말 체르트코프의 소개로 톨스토이를 알았고, 톨스토이와 가장 가깝게 활동한 톨스토이주의자로는 체르트코프 다음이라고 평가됩니다. 체르트코프처럼 그는 톨스토이의 개인적 친구이자 동료였고 서로 엄청난 양의 편지를 교환했으며 방대한 톨스토이 평전을 비롯하여 톨스토이에 대한 많은 글을 썼습니다. 그는 먼저 귀족주의적인 Corps de Pages에서 교육을 받았고, 이어 페테스부르크의 해군아카데미를 1884년 졸업했습니다. 그 뒤 전 세계를 항해했고, 팔레스타인 여행 때에는 대장군(Grand Duke)을 수행했습니다. 그러나 아카데미에 들어가기 전에도 전쟁을 비도적적인 것으로 보았고 자연스럽게 종교에 깊이 빠져 톨스토이와 만나기 전부터 톨스토이와 유사한 생각을 했습니다. 그는 <중개인>(The Intermediary)을 창설했고, 공동 창설자인 체르트코프와 함께 1888년까지 공동으로 경영했습니다. 1888년 그는 코스트로마 지역의 가족 농장에 돌아가 농사를 지으며 소박한 생활을 했습니다. 1891년 톨스토이를 위해 적극적으로 활동했고 주네브에서 톨스토이의 『4복음 번역 및 조화』를 출판하기 위해 외유를 했습니다. 1892년 러시아로 돌아와 1893년까지 톨스토이의 빈민 구제 사업을 도왔고, 1897년 두호보르교도에 대한 글의 출판으로 망명할 때까지 <중개인>를 위해 일했습니다. 1898년에는 러시아를 떠나 해외 출판 사업을 시작했습니다. 에섹스에서 체르트코프와 일했고, 이어 스위스에서 잡지 <자유 사상>(Free Thought)을 출판했습니다. 1900년대 초부터 그는 그의 가장 유명한 책인 『톨스토이의 생애』(1906~1920) 4권의 저술을 시작했습니다. 이 책은 그 뒤 모든 톨스토이 전기의 기초가 되었습니다. 1907년에 다시 러시아에 돌아왔으나 해외여행도 계속했고, 1927년 두호보르교도와 함께 살기 위해 캐나다로 갔다가 1931년 스위스에서 죽었습니다.

사랑하는 파벨 이바노비치 비류코프에게,

당신이 책에서 언급한 나의 모 병사 변호 사건에 대해 제가 거듭 느낀 점을 당신의 희망대로 상세하게 전하게 되어 기쁩니다.

그것은 제 평생의 다른 어떤 중요한 사건—가령 재산의 상실이나 회복, 문학상의 실패나 성공, 그리고 가족의 사망—보다 저에게 더 큰 영향을 주었습니다.

먼저 그 사건의 전말을 이야기하고 당시 그것이 저에게 불러일으킨 사상과 감정을 전하겠습니다.

당시 제가 무엇에 몰두하고 마음이 이끌렸는지에 대한 기억은 희미합니다. 아마 당신이 저보다 더 잘 알겠지요. 제가 아는 것은 저 스스로에게 만족하는 이기적이고 안정된 생활을 했다는 것뿐입니다.

1866년 여름, 처가인 베르스 씨 댁에 가있을 때, 제 아내와 잘 아는 그리샤 콜리콜리조프가 우리를 찾아왔습니다. 그는 근처의 근위연대에 복무 중이었지요. 착하고 명랑하고 자기의 카자크 말을 타고 재주 부리기를 좋아했어요.

콜리콜리조프를 통해 우리는 그가 속한 연대의 연대장인 U대령을 알게 되었어요. 또 정치적 사건으로 병사로 강등되었거나 아니면 복직된(어느 쪽인지 기억이 희미합니다) 스타시레비치라는 사람과도 사귀었어요. 그는 어느 잡지 편집인의 아우로 같은 연대에 근무 중이었지요.

스타시레비치는 나이가 지긋했는데 그 직전에 연대 기수로 승진되어 이제 자기 상관이 된 U 씨의 연대에 배속되었어요.

U대령도, 스타시레비치도 종종 우리를 찾아왔어요.

U대령은 얼굴이 불그레하고 뚱뚱한 호인형 독신이었어요. 연대장이라는 조건부 지위에 오르고 그 지위의 보존이 자기 삶의 최고 목적이어서 인간적인 면은 거의 없는 종류의 사람이었지요. 그

러니 인간적으로 판단하여 착한 인간이라거나 이성적 인간이라고 규정할 수 없기 마련이었어요. 물론 대령이니 교수니 장관이니 판사니 기자니 하는 자리에서 물러나 한 사람의 인간이 될 때 그가 과연 어떤 인간인지 예측할 수 없는 경우에 한해 하는 말입니다.

U대령도 마찬가지입니다. 그는 유능한 연대장이고 예의 있는 방문객이었어요. 그러나 어떤 인간인지는 알 수 없었어요. 그러나 U씨 자신도 몰랐을 것이고 거기에 흥미를 느낀 적도 없었으리라고 저는 생각합니다.

여러 면에서 볼 때 스타시레비치는, 그가 겪은 불행한 사건과 강등 처분 등으로 손상을 입기는 했지만, 그래도 명예와 자애를 가지고 있었고 생기도 있었습니다. 적어도 제게는 그렇게 생각되었지요. 그러나 그의 정신 상태를 더 깊이 파고들 정도로 그를 충분히 알지는 못했어요. 다만 그와의 교제가 유쾌했고, 동정과 존경이 섞인 감정을 불러일으켰다는 것만은 지금도 기억합니다.

그런데 얼마 뒤부터 스타시레비치는 우리 앞에 나타나지 않았어요. 그 뒤 그들의 연대가 다른 지방으로 옮겨가자 그는 자기와 관련된 원인이 없이 자살했다는 소문을 들었어요. 게다가 자살 방법이 괴상했어요. 아침 일찍 솜을 누빈 무거운 무명 외투를 걸치고 강물에 뛰어들어 죽었다는 것이었어요.

여하튼 콜리콜리조프와 스타시레비치 중 누구였는지 기억에 없지만, 어느 여름날 우리를 찾아와 연대에서 생긴 일, 군인들에게는 가장 무섭고 중한 일에 대해 말했어요. 어느 사병이 사관학교 출신의 대위인 중대장의 얼굴을 때렸다는 거예요. 그리고 지금 사형을 기다리고 있는 그 사병의 운명에 대해 말하면서 저에게 그의 변호인이 되어 줄 수 없는지 물었어요.

누군가가 타인에게 죽음을 선고하고 또 다른 자에게 그 행위의 수행을 명한다는 것, 즉, 사형이란 항상 저의 마음을 자극했을 뿐 아니라, 이 세상에서는 도저히 있을 수 없는 일인 것 같아서 그것이 인간에 의해 수행되어 왔음을 알면서도 믿을 수 없는 행위의 하나로 생각했어요. 사형이란 전에도 그랬지만 지금도 나에게는 집행할 수 없는, 도저히 불가능한, 불합리한 행위의 하나였어요.

초조, 증오, 복수, 인간적 자각의 상실 등, 순간순간의 영향으로 인간은 옳은 것을 비호하여 자신을 죽일 수도 있고, 또 애국적이고 집단적인 감격으로 죽음의 위험까지 무릅쓰고 전장에서 공동 살인에 가담할 수 있음을 알았지요. 그러나 인간이 그 본성을 완전히 지배하면서도 자기와 같은 인간을 죽일 수 있다고 태연하게 판단하여 그런 행위를 한다는 것을 도저히 이해할 수 없었어요. 1866년 이전, 제가 이기적으로 살았을 때에도 역시 이해할 수 없었어요. 그래서 확실한 성공을 기대하면서 그 사건에 관여했는데, 이상하게 들릴지도 모르겠군요.

저는 피고가 감금된 오제르키 마을에 도착하여 작은 벽돌집에 갔는데 거기서 매우 단순하고 기이한 얼굴의 사내를 만났어요. 병사로 보기에는 지나치게 몸집이 작지만 말랐다기보다는 살이 찌고 광대뼈가 불거진 사내로 기억합니다. 누군가와 같이 갔는데 아마도 콜리콜리조프 같아요.

우리가 들어가자 그는 군인답게 일어섰어요. 저는 그에게 변호인이 되고 싶다고 하고 사건의 전말을 이야기해 달라고 했어요. 그는 스스로 말을 하지는 못하고 내 질문에 마지못해 답하는 어투로 예, 아니오만 되풀이했어요. 그의 말을 종합해보면 그는 군대 생활에 지쳤고 중대장이 그에게 특히 가혹했다는 것이었어요. 너무 심해서 말로 다할 수 없다고 했어요.

모든 것이 당신 책에 있는 그대로입니다. 단 그가 중대장을 구타하기 직전에 용기를 돋우려고 술을 먹었다는 내용은 신빙성이 없는 것 같군요.

저는 그 원인을 생각해보았어요. 겉으로는 항상 온화한 중대장이 나지막한 목소리로 언제나 절대 복종을 요구하고, 중대 서기인 그가 옳게 했다고 생각한 일을 몇 번이나 다시 하게 해 몇 달 사이에 극도의 초조에 젖게 한 것이지요.

당시 제가 이해한 사건의 핵심은, 직무상의 원인 외에도 두 사람 사이에 서로를 극도로 미워하는 추악한 인간관계가 있었다는 것이었어요.

이는 흔한 일이지만, 중대장은 자신이 폴란드인이어서 피고에게 미움을 받는다고 오해해서 더욱더 격한 감정을 품었고, 그 때문에 피고를 미워한 것이었어요. 그리고 중대장이라는 지위를 이용하여 서기가 무엇을 하든 항상 불만을 보였고, 완벽하게 한 일까지 몇 번이나 고쳐하게 하는 데 쾌감을 느꼈어요.

서기 역시 중대장을 미워했어요. 중대장이 폴란드인이고 그가 서기로서의 자기 능력을 인정해주지 않고 모욕하며, 그러면서도 겉으로는 항상 온화한 체하는데, 그 지위가 자기로서는 도저히 접근할 수 없다는 이유로 미워했어요. 그 증오는 배출구를 발견하지 못한 채 새로운 비난, 모욕, 힐책이 거듭될 때마다 더욱더 심해지기만 했어요. 결국 그 증오가 절정에 이르자 그는 자기도 모르는 식으로 폭발한 것이지요.

당신의 책에 의하면 중대장이 그를 태형에 처한다고 해서 폭발한 것이라고 하지만 이는 사실과 달라요. 중대장은 서류를 돌려주며 수정하고 정리해서 다시 가져오라고 명령했을 뿐입니다.

여하튼 재판이 바로 열렸어요. U대령이 재판장이고 콜리콜리조프와 스타시레비치가 법무관이었어요. 피고가 끌려 나오자 형식적 절차가 있고 난 뒤에 제가 변론을 했던 것 같은데 기억이 희미하군요.

지금 생각하면 참 부끄러운 변론이었지요. 여러 책에 실린 여러 논문에서 인용했다는 주석을 달아가며 따분하고 지루한 소리를 길게 늘어놓았을 뿐이지요. 재판관들은 오로지 위엄을 지켜야 한다는 필요 때문에 따분한 변론을 끝까지 들었고요. 변론 뒤에 그들은 심의를 위해 별실로 갔어요. 뒤에 들은 바에 의하면 제 변론을 지지한 사람은 스타시레비치 뿐이었어요. 그는 무죄를 주장했어요. 착한 콜리콜리조프는 저를 지지하고 싶었지만 결국 U대령의 말에 따랐지요. 그래서 결국 사형, 즉 총살형이 선고되었어요.

재판 후 저는 곧 아주머니뻘인 알렉산드라 톨스타야에게 편지를 써서 황제에게(당시에는 알렉산드르 2세였어요) 그 사병의 사면을 간청해 달라고 했어요. 그 아주머니는 궁중에 자주 드나드는 분이었어요.

저는 아주머니에게 편지를 보냈지만 저의 부주의 탓으로 사건이 터진 연대 이름을 빠트렸어요. 아주머니는 육군장관 미추린에게 간청했지만, 장관은 연대를 모르고서는 사면을 간청할 수 없다고 했어요. 그래서 아주머니는 연대 이름을 묻는 편지를 나에게 보냈어요. 저는 곧 답을 보냈지만 그동안 상당한 시일이 지나서 결국 황제에게 간청하기 전에 그 사병은 처형당했어요.

당신 책에 나오는 그 밖의 상세한 이야기와 수형자에 대해 각계 인사들이 베푼 '기독교적 호의'는 사실입니다.

당신 책에 실린 저의 그 따분한 변론을 지금 다시 읽기란 너무나 고통스럽습니다. 신과 인간의 모든 계율을 범하면서 누군가가 형제에게 가하려는 분명한 범행을 반박할 때, 누군가가 쓴 법률이라는 어리석은 말을 인용하는 것만으로 변론했을 뿐 그밖에 적절한 말을 한 마디도 찾지 못했어요.

그래요. 지금 그 빈약하고 어리석은 변론을 다시 읽는 건 창피한 일이지요. 제복을 입고 재판관석에 앉은 그들에게 제가 할 수 있었던 말, 마땅히 해야 할 말은 한 마디뿐이었어요. 그들에게 당신들은 대체 누구이고, 무엇을 하려는 지를 상기시키는 것으로 충분했어요. 그럼에도 저는 법률이라는 허황한 말에 기초한 계교로 인간을 죽이지 않아도 된다는 것을 입증하려고 했어요.

모든 인간의 생명은 신성하고 하나의 인간이 다른 인간의 생명을 뺏을 수 있는 권리가 없다는 것을 어떻게 그런 어리석은 말로 입증할 수 있었겠어요?

그러나 재판관에게 그런 야만적이고 비인도적인 뜻을 갖게 한 그 정신착란으로부터 해방되도록 노력한다는 것은 가능할 뿐 아니라 한 인간이 마땅히 해야 할 일입니다. 하나의 인간이 다른 인간의 생명을 뺏는 것이 인간의 천성에 어긋나는 부자연스러운 행위임을 증명하려는 것은, 겨울에 벌거벗고 다니는 것이 부자연스러운 일임을 증명하려는 것과 마찬가지이지요. 그런 일이 비인도적이고 부자연스러운 일인 것은 옛날 사람들이 죄 많은 여인에게 돌을 던진 이야기 속에 이미 명시되었던 것입니다. 당시에도 죄인에게 최초의 돌을 주저 없이 던질 수 있을 정도로 올바른 사람, 가령 U대령이나 콜리콜리조프 같은 사람이 이 세상에 많았을까요?

당시만 해도 저는 그것을 깨닫지 못했어요. 알렉산드라 아주머니를 통해 황제에게 탄원했을 때도 이해하지 못했어요. 저는 시부닌이라는 그 사병에게 가해진 모든 행위가 완전히 옳다는 견해에 자신도 어느 정도 빠져들었다는 사실에 지금 새삼 놀라지 않을 수 없습니다. 당시 저는 있을 수 없는 일, 있어서는 안 될 불행한 일이 벌어졌다는 걸 어렴풋이 느꼈을 뿐이지요.

그리고 당시 저는 의식적으로 결정되고 집행되는 살인행위인 사형이 우리가 신봉하는 기독교의 계율에 반하고 합리적 생활의 가능성이나 도덕의 가능성을 파괴하는 점임을 막연히 느꼈습니다. 만약 어떤 인간이나 집단이 다른 인간이나 집단을 반드시 죽여야 한다는 것을 결정할 수 있다면, 다른 인간이나 집단도 또 다른 인간을 죽여야 할 필요성을 발견하지 못할 이유가 없기 때문입니다. 그러니 서로 멋대로 결정하여 상대를 죽일 수 있는 인간들 사이에 합리적인 생활이나 도덕이 있을 수 없는 것은 정한 이치인 것이지요.

저는 당시 이미 교회와 학문이 살인을 시인하는 것은, 다시 말해서 자기의 본래 목적 달성에 반하는 폭력 행위를 시인하는 것은 교회와 학문의 허위를 보여주는 것뿐이라는 것을 어렴풋이 느끼고 있었어요. 그것을 처음 느낀 것은 제가 프랑스 파리에서 사형집행 현장을 구경했을 때였어요. 그리고 이 사건에 관계하면서 더욱더 분명하게 그걸 느꼈어요. 그러나 저로서는 전 세계의 판단이나 의견과 맞서기가 두려웠어요. 그보다 훨씬 뒤에야 저는 자기 신념의 필연성을 인정하고 현대인을 지배하며 인류의 모든 고통거리를 만드는 교회와 학문의 기만을 부정하게 된 것이지요.

그 뒤 교회와 학문이 결합하여 국가의 존재를 긍정하고 지지하는 논거를 세밀히 탐구하게 되면서 저는 국가가 행하는 죄악을 교묘하게 숨기는 교화와 학문의 모든 기만을 발견했어요. 저는 무한히 퍼져있는 교회 교리문답서와 학문 서적에서 어떤 인간의 의지에 따라 타인을 죽이는 일의 필연성과 합리성을 설교하는 허무맹랑한 추론을 발견했어요.

두 가지 종류의 학문 서적—소위 형법이라는 것을 포함한 법학서와 순수 학문적 서적에는 더욱더 용감한 단정에 입각해 살인의 필요성과 합리성이 논증되고 있어요. 그것은 처음부터 끝까지 인간에 대한 인간의 모든 폭력—살인조차 용인하려는 의도를 품은 매우 명백한 궤변의 연속에 불과합니다. 순수한 학문적 저술과 인류 진화의 기초에 생존 경쟁의 법칙을 내세운 다윈을 비롯하여 그와 비슷한 추론뿐입니다. 이런 학자들의 제자 중에, 가령 유명한 예나대학교의 에른스트 헤켈[31] 교수 같은 자들은 자기의 유명한 책인

31 Ernst Haeckel(1834~1919)는 독일의 생물학자이자 박물학자 겸 철학자, 의사, 교수,

『우주 창조의 박물학』(Die Welträtsel)에서 다음과 같이 쓰고 있습니다.

"인위적인 인류의 도태는 인류의 문화생활 면에 정말 유익한 영향을 주어왔다. 문명의 복잡한 과정에, 가령 학교의 훌륭한 교육과 교화의 영향이 얼마나 큰 것인지를 보면 이를 알 수 있다. 인위적 도태와 마찬가지로 사형도 비슷한 영향을 준다. 비록 현대에 와서 '자유의 척도'로 많은 사람이 사형 폐지를 열렬히 주장하고 사이비 인도주의라는 이름 아래 부질없는 언론이 속출하고 있다. 하지만 실제로는 도저히 교도할 수 없는 죄인과 흉한을 위해 마련된 사형은 그들에게 당연한 응보일 뿐 아니라, 아름답게 꾸며진 정원을 손질하기 위해 유해한 잡초를 제거할 필요가 있는 것처럼 인류의 더 훌륭한 발전을 위해 큰 이익이 된다. 그러므로 잡초 제거가 유용한 식물에게 빛과 공기와 흙 이상의 것을 주는 것과 마찬가지로 유해한 범죄자를 가차 없이 섬멸함은 인류의 '생존경쟁'을 완화할 뿐 아니라, 인류에게 유익한 인위적 도태를 가능하게 한다. 왜냐하면 그렇게 하여 범죄자들의 흉악한 성질을 인류에게 유전시킬 가능성이 제거될 것이기 때문이다."

사람들은 이를 학문이라고 부르며 읽고 있습니다. 그러나 악인을 죽이는 것이 유익하다면, 누가 악인인지를 결정하는 자가 과

화가였다. 1천여 종에 학명을 붙였으며 계통학, 분류학, 생태학, 원생생물 연구에 많은 업적을 남겼다. 생태학이란 단어는 1866년『생물체의 일반 형태』(Generelle Morphologie der Organismen)에서 처음으로 사용했다. 그는 찰스 다윈의 진화론을 독일에 확산시키는 데 기여하였고, 훗날 많은 논란을 불러일으킨 발생반복설, 즉, 개체발생이 그 종 또는 종족의 발달사인 계통발생의 여러 단계를 반복한다고 주장했으나 잘못된 것으로 판명되었다. 헤켈의 저서와 강연록은 나중에 인종차별, 국민주의, 사회다윈주의 등의 과학적 근거로 사용되었다.

연 누구인가에 대해 의문을 제기하는 사람은 아무도 없어요. 가령 제가 헤켈 씨보다 더 악하고 유해한 인간은 없다고 생각한다고 해 봅시다. 그러면 제가 헤켈 씨 같은 자를 교수형에 처해야 한다는 확신을 품을 수 있을까요? 도리어 반대로 저는 헤켈 씨가 오류를 한시바삐 깨닫기만을 바랍니다. 그리고 어떤 경우에도 헤켈 씨에게 그 가능성을 뺏고 싶지 않아요.

여하튼 교회나 학문의 허위야말로 오늘 우리 사회를 이 지경으로 만든 가장 중요한 원인입니다. 사형과 살인이 없는 날이라고는 하루도 없는 그런 시대가 된 것입니다. 그리고 어떤 자들은 혁명가에 의한 살인보다 정부에 의한 사형이 더 많은 점에 만족합니다. 또 어떤 자들은 장군이나 경찰이 많이 살해되는 것을 기뻐합니다. 게다가 하수인에 대한 보수가 10~25루블이라는 소문까지 있어요. 한편 혁명가는 살인자나 약탈자를 떠받들고 위대한 투사라고 찬양합니다.

그래요. 육체를 죽이는 것은 그다지 두려운 일이 아닙니다. 오로지 육체와 영혼을 함께 죽이는 행위만은 도저히 용납할 수 없어요.

제가 이를 완전히 깨달은 것은 훨씬 뒤입니다. 그러나 그처럼 어리석게 그 사병을 변호했을 때도 막연하게나마 느꼈었지요.

사실 그 사건은 너무나 유익한 영향을 주었어요. 그 사건으로 처음 느낀 것은 첫째, 폭력은 그 수행을 위해 살인을 예견하는 것이므로 모든 폭력은 반드시 살인과 결부된다는 점입니다. 둘째, 국가 조직은 살인 없이 도저히 존속할 수 없으므로 기독교에 반한다는 점입니다. 나아가 셋째, 지금 우리가 학문이라고 하는 것은 일찍이 교회의 교리가 그러했듯이 현존하는 악을 용인하는 것에 불과하다는 점입니다.

이제 그것은 제게 너무나 분명하게 되었어요. 그러나 당시만 해도 제 생활이 그 사이를 지나던 모든 허위에 대한 막연한 자각에 불과했습니다.

레프 톨스토이

체르트코프에게 보낸 편지(1909년 8월 31일)

저는 어제 몸이 좋지 못했습니다. 페르나가 나를 본 것은 그런 상태였어요. 오늘은 다시 언제나처럼 좋습니다. 그 5일 동안 아무 것에도 열중하지 못했어요. 계획은 많고 말하고 싶은 것도 많지만 몸이 따라주지 않네요. 침묵하는 편이 좋겠어요. 사샤가 정리를 해주는 등 저를 도와줍니다.

일정한 때, 황야로 떠난 노인들—특히 불교 쪽—을 얼마나 부러워했는지 몰라요.

이틀 전, 라브린스코에 마을의 도피모티카에게 가서 서민주택을 짓고 있는 그의 작업장을 찾았습니다. 그가 하는 일 전부로부터, 특히 그로부터 너무나 좋은 인상을 받았어요. 그들은 건강하고 즐겁고 온화하고 청결하고 단순합니다. 특히 내 생활과의 차이가 너무나도 많이 느껴졌어요. 아이스크림과 샴페인과 손님이 밀어닥친 28일[32] 다음 날인 29일에 특히 그렇게 느꼈어요.

브랑제가 거기 있었어요. 너무나 기뻤지요. 그는 공자에 대한 책을 쓰고 있어요. 저는 무함마드의 금언과 노자의 금언을 모은 팸플릿들을 짧은 서문을 붙여 출판했어요. 우리는 이반 이바노비치[33]와 함께 종교의 모든 현인들의 1카페이카[34] 책을 모아 출판하고 싶어요.[35] 이는 꼭 필요하다고 생각해요. 레프 톨스토이

---

32 8월 28일은 톨스토이의 생일.

33 Ivan Ivanovich, 선량하지만 게으른 전형적인 러시아인

34 러시아의 화폐 단위

35 이는 에픽테투스, 디오게네스, 마르쿠스 아우렐리우스, 붓다에 관한 시리즈로 실현되었다.

체르트코바[36]에게 보낸 편지(1910년 10월 23일)

야스나야 폴랴나, 1910년 10월 23일

사랑하는 갈리아, 구셉[37]의 편지를 보내주어 고맙습니다. 방금 읽고 매우 기뻤습니다. 그는 얼마나 총명하고 지적이며 열정적인 사람인지요! 그의 모든 편지에서 저는 언제나 그의 마음을 느낍니다. 기묘한 일치도 있습니다. 모든 것을 잊어버린 저는 역시 잊어버렸던 도스토옙스키의 『학대받은 사람들』도 생각하고 싶고, 이제 막 『카라마조프의 형제들』을 읽기 시작했습니다. 저는 그것이 너무나 훌륭하다고 들었지만, 그 비예술성, 경솔함, 겉치레, 중요한 문제에 대한 부당한 태도를 혐오하지 않을 수 없습니다. 그런데 구셉이 저에게 그 모든 것을 설명하는 것을 썼군요.

제가 잊어버렸듯이 모두 잊어버리는 것이 정신에 얼마나 좋은 것인지 당신은 상상하기 어려울 것입니다. 신은 당신에게 망각의 행복을 배우라는 은혜를 주었습니다. 과거에 한 일을 유익하게 하면서 그것을 기억하지 않고 삶의 모든 힘을 현재로 옮긴다는 것은 얼마나 기쁜 일인가요.

---

36 체르트코프의 아내

37 구셉(Gusev)은 톨스토이의 비서로 톨스토이주의를 농민에게 선전하고 금서를 배포했다는 이유로 구속되었다가 2개월도 안 되어 석방되었으나 1909년 4월, 같은 죄로 유형을 당했다. 구셉은 체르트코바에게 보낸 편지에서 도스토옙스키의 『작가일기』를 비판하고 로토전쟁을 신성하다는 이유에서 지지했다고 썼다. 나아가 그는 도스토옙스키가 『안나 카레니나』를 비평한 점을 비판하고 그가 농민의 종교적 믿음을 왜곡했다고 비판했다.

당신과 디마가 새해를 맞는 것을 축하합니다. 두 사람이 늙는 기쁨을 알기 바랍니다. 나에게 너무나 필요한 나에 대한 두 사람의 사랑과 관대함에 감사합니다.

레프 톨스토이

Ⅲ. 서양인에게 보낸 편지

로맹 롤랑에게 보낸 편지(1887년 10월 4일)

로맹 롤랑(Romain Rollend, 1866~1944)은 프랑스의 소설가이자 사상가(1866~1944)로 휴머니즘과 평화에 대한 신념으로 당대의 사회, 정치, 정신세계와 관련된 문학 활동과 평화운동을 했습니다. 대표작으로 소설 『장 크리스토프』가 있으며, 베토벤, 미켈란젤로, 톨스토이, 간디, 밀레 등의 전기를 집필하였습니다. 1915년에 노벨 문학상을 수상하였습니다. 롤랑은 에콜 노르말 재학 중인 21세(Christian21은 17세라고 하지만 이는 잘못된 것이다.) 때 톨스토이에게 첫 편지를 보냈으나 답을 받지 못했습니다. 그래서 1887년 4월 16일, 다시 편지를 보냈습니다. 이에 대한 답으로 톨스토이가 1887년 10월 4일에 쓴 편지를 여기에 번역했습니다. 롤랑은 1911년에 쓴 『톨스토이의 삶』(Vie de Tolstoi)에서 그가 톨스토이를 처음 접했을 때의 감격에 대해 썼습니다. 그리고 1928년 그 책의 재판을 내면서 톨스토이의 그 편지를 싣고서 자신의 생각을 밝혔습니다. 톨스토이의 생각에 동감하면서도 베토벤이나 바그너를 오해하는 점이나 프랑스 예술을 데카당이라고 비난하는 것에도 유감을 표했습니다.

사랑하는 형제!

당신이 처음 보내주신 편지를 받고 깊이 감동했습니다. 눈물을 머금고 편지를 읽었습니다. 금방 답장을 드리려고 했는데 너무 바쁘고, 게다가 프랑스말로 써야한다는 것이 더 큰 문제였습니다. 또 대부분 오해에서 비롯된 당신의 물음에 답하려면 상당히 길게 답해야 한다고 생각하다보니 이렇게 늦어졌습니다.

당신은 이렇게 물었습니다.

"육체노동을 참된 행복의 근본적 조건의 하나로 우리에게 부과되었다고 주장하는 이유는 무엇입니까? 당신이 육체노동과 양립할 수 없다고 생각하는 학문과 예술 같은 정신활동은 꼭 버려야 옳습니까?”

이 질문에 대해 저는 『그러면 우리는 무엇을 할 것인가』에서 상세하게 답했습니다. 그 책은 프랑스어로 번역되었습니다. 저는 육체노동을 하나의 절대적 원칙으로 간주하지는 않습니다. 가장 간단하고 자연스러운 도덕 원칙의 적용을 그렇게 생각한 것으로, 이는 진지하게 생각하는 사람이라면 누구나 경험하는 일입니다.

우리의 타락한 사회, 소위 문명인을 자처하는 사람들의 사회에서 육체노동이 필요한 까닭은 단 하나입니다. 우리 사회의 과거와 현재의 중요한 결함은 육체노동을 피하고 옛날 노예와 다름없는 무지하고 불행한 계급의 노동을 무상으로 이용하는 것입니다.

이 사회에서 기독교나 철학적 인도주의적인 원칙을 설명하는 진지한 사람들은 무엇보다도 먼저 그 모순에서 벗어나려고 노력해야 합니다. 그중 가장 간단하면서 언제나 실행할 수 있는 방법이 자신에게 시중을 드는 육체노동입니다. 저는 하녀에게 요강을 비우게 하는 자가 떠벌이는 기독교적 철학적 인도주의적인 주장을 참된 것이라고 생각하지 않습니다.

가장 간단하고 분명한 도덕적 공식은 되도록 남에게 봉사 받지 않고 되도록 남에게 봉사하는 일입니다. 남에게 되도록 적게 요구하고 남에게 되도록 많이 주는 것입니다.

우리의 삶에 합리적 의의와 그 결과로 생기는 행복을 주는 이 공식은 당신이 회의하는 ‘정신생활—학문과 예술의 한도’라는 모든 복잡한 문제를 해결해줍니다.

이 원칙에 따라 어떤 행위를 하여 제가 남에게 도움이 되고 있다는 확신이 들 때, 저는 비로소 행복을 느끼고 만족합니다. 제가 도움을 주고 있는 남들의 만족은 내 계산에는 들어있지 않은 예외적이고 덤인 행복이고, 따라서 내 행위의 동기와는 전혀 무관한 것입니다. 이렇게 해서 제가 하는 일이 무익하거나 나쁜 것이 아니고 남을 위해 행복이 된다는 확신은 행복의 중요한 조건이 됩니다.

도덕적이고 진지한 사람에게 학문과 예술보다 육체노동을 스스로 선택하도록 권하는 이유가 바로 여기에 있습니다. 제가 작품을 쓰려면 인쇄소 일이 필요합니다. 교향곡을 작곡하려면 연주자가 필요합니다. 실험을 하려면 연구소를 위해 실험 기구를 만드는 사람이 필요합니다. 그림을 그리려면 화구와 캔버스 제조자가 필요합니다.

이처럼 학문과 예술은 유익할 수도 있지만 전혀 무익하거나 유해할 수도 있고, 대체로 후자인 경우가 많습니다. 게다가 유익한지 아닌지 의심스러운 경우나, 심지어 남의 손을 필요로 하는 일을 하는 가운데 남에게 확실히 유익하면서도 나 자신 외에 누구의 힘도 필요로 하지 않는 일도 주변에는 얼마든지 있습니다. 피곤한 사람의 짐을 나른다든가, 병든 농부를 대신해 밭을 간다든가, 상처를 치료한다든가 하는 것입니다.

그밖에도 우리 주변에는 다른 사람의 힘을 빌리지 않고 상대에게 직접 만족을 주는 일이 많습니다. 나무를 심고 송아지를 기르는 일, 우물을 치는 일 등입니다. 그것들은 확실히 남을 유익하게 하는 일이고 우리 사회의 가장 고귀한 천직이라고 하는 의심스러운 일을 하는 것보다 진지한 사람이 스스로 해야 할 일입니다.

예언자의 천직이란 고귀합니다. 그러나 예언자가 가져다주는 이익 때문에, 또는 자신이 예언자로 알려져 있기 때문에 스스로 예언자라고 자처하는 사제가 어떤 인간인지는 굳이 말할 필요가 없습니다.

예언자란 그 교육을 받은 자를 말하지 않고, 현재의 자신이나 그렇게 되어야 할 자신 또는 그렇게 되어야 하는 자신에 대해 깊은 확신을 가진 자를 말합니다. 그 확신은 그리 흔한 것이 아니고 남이 자기의 천직에 대해 희생하여 비로소 얻는 것입니다.

참된 학문과 예술의 경우도 마찬가지입니다. 위험을 무릅쓰고 부엌일을 떠나 바이올린을 켠 륄리[1]와 같은 자는 자기희생에 의해 이미 자신의 천직을 증명한 것입니다. 그러나 배우는 것만을 유일한 의무로 아는 듯한 국립음악원의 학생은 자기의 천직을 증명하지 못합니다. 오로지 자기에게 이익이 된다고 생각하는 위치를 이용하는 것에 불과합니다.

육체노동은 만인의 의무인 동시에 행복이지만, 정신활동은 그 천직을 가진 사람에게만 의무와 행복이 되는 특별한 노동입니다. 천직은 오로지 학자와 예술가가 자기의 평안과 행복까지 희생하여 자기 일에 몰두할 때에만 인정받고 증명됩니다.

자기 임무를 다하려고 항상 노력하는 사람, 즉, 육체노동으로 생활하면서 휴식과 수면 시간까지 줄여 정신세계에서 생각하고 창작하는 의무를 다하는 사람은 자기 천직을 충분히 증명합니다. 도덕적 의무에서 벗어나 학문과 예술을 사랑한다는 구실 아래 기생충 같은 생활에 만족하는 자들은 거짓 학문이나 거짓 예술밖에 만들어 내지 못합니다.

참된 학문과 예술은 자기희생이 만들어내는 것이지 물질적 이익에 의해 만들어지는 것이 아닙니다.

그러면 학문과 예술은 어떤 것입니까? 이는 제가 지금까지 여러 번 받은 질문입니다. 그렇게 묻는 사람들 대부분은 학문과 예술을 진지하게 생각하거나 분명한 의견을 가지고 있지 않습니다. 그들이 생각하는 것은 인류의 이익에 국한된 듯하고, 게다가 그 이익이란 학문과 예술의 발달에 의해 실제로 얻을 수 있는 것이 과연 무엇인지에 대한 것입니다.

---

1 Jean Baptiste Lully(1632~1687)는 17세기 프랑스의 작곡가로 프랑스 그랜드 오페라의 창시자이다. 본래는 이탈리아 사람이지만, 프랑스로 가서 어려서부터 귀족 집에서 부엌일을 하다가 루이 14에게 발탁되어 궁정교향악단의 지휘자가 되었다.

그러나 세상에 학문과 예술의 공리성을 논의하는 자들이 있다는 것은 매우 이상합니다. 세상에는 육체노동자나 농업노동자가 있지만 그 누구도 그들의 공리성을 논의한 적이 없습니다. 노동자가 자기 노동의 공리성을 스스로 증명하려고 하지는 않을 것이 당연합니다. 노동자는 남을 위해 필요하고 유익한 것을 만들어냅니다. 그것을 이용하는 남들은 공리성을 문제 삼지 않고 누구도 그 공리성을 증명하려 하지 않습니다.

학문과 예술의 노동자도 마찬가지입니다. 그런데 세상에는 노동자의 공리성을 증명하려고 애쓰는 자가 있다니 이상합니다. 왜냐하면 참된 학문과 예술의 노동자는 권리 따위를 주장하지 않기 때문입니다. 그들은 단지 자기 노동으로 만든 것을 줄 뿐이고 그것이 유일한 것일지라도 권리나 권리의 증명 따위를 바라지 않습니다.

그러나 학자나 예술가를 자처하는 자들은 그들이 만든 것이 자신들이 소비하는 것에 비해 무가치함을 알기 때문에, 마치 고금의 사제들처럼 자기의 활동이 인류의 행복에 필요한 것임을 증명하려고 야단법석을 떨고 있습니다.

모든 인간 활동과 같이 참된 학문과 예술은 과거에도 있었고 미래에도 영원히 있을 겁니다. 또 그것을 논의하고 증명하려는 것은 불가능하고 무익합니다.

지금 학문과 예술이 사회에서 거짓 역할을 하는 이유는 자칭 문명인이 저 사제와 같이 학자와 예술가를 앞세운 특권 계급을 형성하기 때문입니다. 게다가 그 계급은 모든 계급의 결함, 즉, 자기 조직의 기초인 원칙을 타락시키고 비하하게 만드는 결점을 가지고 있습니다. 그들은 참된 종교가 아니라 거짓 종교를 가지고 있습니다. 참된 학문이 아니라 거짓 학문을 가지고 있습니다.

예술도 마찬가지입니다. 인민에게 압박을 가할 뿐 아니라 인민 사이에 보급해야 하는 것을 뺏는다는 결점도 가지고 있습니다. 그보다 더 큰 결점은 스스로 설명하는 원칙과 자기 행위와의 모순을 태연하게 받아들인다는 점입니다.

문명의 편인 자들은 학문을 위한 학문, 예술을 위한 예술이라는 무의미한 주의를 지지하는 자들을 제외하고는, 누구나 학문과 예술이 인류에게 커다란 선임을 인정하지 않을 수 없습니다. 그러면 그 선이란 대체 무엇인가요? 선악을 구별하는 것은 무엇인가요? 학문과 예술에 편드는 자들은 그 물음에 답하기를 회피하고 선이나 미는 정의할 수 없다고 말합니다. "일반적으로 선이라고 하는 것, 즉, 선이나 미는 정의할 수 없다."고 합니다.

그러나 이는 거짓말입니다. 어느 시대에나 인류의 진보는 선과 미를 정의하는 일에 불과하기 때문입니다. 그러나 그 정의는 그들을 불리하게 합니다. 그것이 그들이 말하는 학문과 예술의 선과 미에 반하는 위험물은 아닐지라도 적어도 그것이 무의미함을 폭로하기 때문입니다.

몇 세기 전부터 선과 미에 대한 정의가 내려졌습니다. 브라만교도나 불교 현자, 중국과 히브리와 이집트의 현자, 그리스의 스토아학자도 정의했고, 복음서는 더욱더 완전하게 다음과 같이 정의했습니다.

"무릇 사람과 사람을 묶는 것은 모두 선이고 미이며, 사람과 사람을 떨어지게 하는 것은 모두 악이고 추이다."

이는 누구나 알고 있고 우리 마음속에 깊이 새겨진 것입니다.

인류에게 선과 미는 인간을 묶는 것입니다. 그러니 학문과 예술의 편이 된 자들이 참으로 인류의 행복을 일의 동기로 삼았더라면 인류의 선을 망각했을 리 없고, 만일 망각하지 않았다면 그 목적에 도달할 학문과 예술을 발달시켰을 것입니다. 남의 나라 인민을 희생시키면서 자국민을 행복하게 하는 것을 목적으로 하는 법학, 군사학, 경제학, 재정학은 없었을 겁니다. 만일 선이 정말 학문과 예술의 규준이라면 인류의 참된 행복과는 전혀 무관한 실증 학문의 연구가 지금처럼 중시될 리 없습니다. 게다가 한가한 자들의 소일거리에 불과한 예술 작품도 없을 것입니다.

인간의 지혜란 사물에 대한 지식이 아닙니다. 알아야 하는 사물은 무한하고 그것을 남보다 좀 더 많이 알아도 결코 지혜가 되지 않기 때문입니다. 참된 인간의 지혜란 알아야 할 가치가 있는 사물의 질서를 분별하는 능력이고, 그 사물의 지식을 중요성에 따라 정리하는 능력입니다.

인간이 알아야 할 학문 가운데 가장 중요한 것은 가능한 한 악을 줄이고 선을 많이 행하며 사는 것입니다. 예술 중에서도 가장 중요한 것은 되도록 악을 쉽게 피하고 선을 행할 수 있게 하는 것입니다. 그러나 지금 인류의 행복에 봉사한다는 학문과 예술 중에서 그 각각에 가장 중요한 것이 없고, 심지어 아예 그 목록에서 제외되어 있습니다.

지금 우리 사회에서 학문과 예술이라고 하는 것은 거대한 사기꾼의 사업이고, 우리가 보통 교회라고 하는 것도 예전의 미신을 넘어선 또 하나의 거대한 미신입니다.

우리가 가야할 길을 분명히 보려면 처음부터 새로 시작해야 합니다. 우리를 따뜻하게 감싸주지만 눈까지 가린 털수건을 벗어야 합니다. 우리를 둘러싼 유혹은 참으로 거대합니다.

우리는 나면서부터 계단 위에 있습니다. 노력에 의해가 아니라 지능의 기교에 의해 계단 위에 밀려올라 왔습니다. 우리는 특권 계급이나 문명의 사제, 독일인이 말하는 문화의 사제 속에 있습니다. 우리에게 이 유리한 지위를 보증해주는 원칙을 회의하기 위해서는 바라문이나 가톨릭의 사제처럼 높은 진지성과 참과 선에 대한 깊은 사랑이 있어야 합니다.

그러나 당신처럼 삶의 문제를 스스로 짊어지는 참된 사람에게는 의혹이 없습니다. 사물을 분명히 보려면 지금 자신이 빠져 있는 미신이 아무리 유리한 것이라도 그것으로부터 벗어나야 합니다. 그것이 불가결한 조건입니다. 그 어떤 사소한 것에 대해서도 틀에 박힌 자와 논의하는 것은 너무나도 무의미합니다.

추리의 출발점이 어딘가에 매여 있으면 논의나 추리는 무의미하고 진리를 향해 조금도 나아갈 수 없습니다. 그 고정된 하나가 추리를 완전히 막고 왜곡하기 때문입니다. 신앙에는 종교적 신앙과 문명적 신앙이 있고 둘은 아주 유사합니다.

가톨릭교도는 이렇게 생각합니다.

"나는 추리할 수 있다. 그러나 절대적 진리를 갖는 우리의 성서와 전통이 가르치는 것을 초월할 수 없다."

문명의 신도는 이렇게 말합니다.

"나의 추리는 학문과 예술이라는 문명의 여건을 넘어설 수 없다. 학문은 인간의 참된 지식의 전부다. 지금은 학문이 진리의 전부를 갖지 못한다고 해도 조만간 갖게 된다. 고전의 전통을 포함한 우리의 예술은 유일하게 참된 예술이다."

가톨릭교도는 이렇게 말합니다.

"인간 외부에는 독일인이 말하는 소위 '물 자체'[2]가 있다. 그것이 바로 교회다."

우리 사회의 인간들은 다음과 같이 말합니다.

"인간 외부에 '물 자체'가 있다. 바로 문명이다."

종교적 미신의 추리가 그릇된 점을 발견하기란 우리에게 매우 쉽습니다. 우리는 그 오류를 범하지 않았기 때문입니다. 그러나 종교적 신자는 대부분 가톨릭 신도가 말하듯 이 세상에는 오로지 하

---

2 물자체(物自體, Ding an Sich)는 인간의 의식 밖에 인간의 인식과 독립해서 존재하며, 지각과 사유를 통해 인식에 주어지는 방식과는 구별되는 그 자체로서의 사물 또는 객관적 실재를 가리킨다.

나의 종교, 즉, 자기네 종교뿐이라고 굳게 믿습니다. 게다가 자기 종교의 진실이 추리에 의해 증명된다고도 생각합니다.

문명의 신자인 우리도 마찬가지입니다. 우리는 이 세상에 단 하나의 참된 문명 즉, 우리의 문명만이 있다고 생각합니다. 참된 학문과 예술로 구성된 참된 문명을 가진 자는 시대와 민족을 통틀어 현대 유럽 반도에 살고 있는 수백만 명의 인간들뿐이라고 굳게 믿고 있습니다. 그래서 모든 추리의 비논리성을 우리는 거의 깨닫지 못하고 있습니다.

이 간단한 삶의 진리를 알기 위해 철학이나 심오한 과학 같은 긍정적인 것은 불필요하고 오로지 미신을 갖지 않는다는 부정적 능력만 있으면 됩니다.

오직 아이처럼, 데카르트[3]처럼 하면 됩니다. 아무것도 모르고, 아무것도 믿지 않고 오로지 삶의 진리를 아는 것과 제가 살아야 한다는 것 외에는 아무것도 바라지 않는다고 하면 그것으로 훌륭한 것입니다.

이러한 답은 몇 세기 전부터 나왔고, 지극히 간단하고 분명한 것입니다.

우리의 심오한 감정은, 선이 곧 나의 행복이고 나만의 행복이 필요함을 알려줍니다. 이성은 모든 인간과 생물이 같은 것을 찾고 있음을 알려줍니다. 따라서 저와 마찬가지로 개인적 행복을 구하는 생물은 모두 저를 제압하려고 합니다. 이는 확실한 사실입니다. 저는 제가 바라는 행복을 얻을 수 없습니다. 그러나 행복 추구는 저의 삶입니다. 행복을 얻지 못한다고 그것을 추구하지 않는 것은 살아

---

3 데카르트(René Descartes, 1596~1650)는 근대철학의 아버지라고 불리는 프랑스의 수학자이자 철학자로 수학에서와 마찬가지로 철학에서도 연역적 방법에 의하여 모든 것을 하나의 근본 개념으로부터 도출하고자 했으며 그 출발점이 확고한 기초 위에 있는지를 따져보기 위해 모든 것을 의심해보아야 한다고 주장했다. 그의 사색은 이른바 방법적 회의에서 출발했다.

있는 것이 아닙니다.

추리는 저에게 말합니다. 모든 생물이 각자 행복을 구하는 것과 마찬가지로 이 세상에서 같은 것을 구하는 자들 중 한 사람인 저도 그 행복을 구하지 못하리라고. 제가 살지 못하리라고 말합니다. 그러나 그러한 명백한 추리가 이루어지고 있음에도 불구하고 우리는 여전히 살아가며 행복을 추구합니다.

누구나 은근히 '남이 자기보다 나를 더 사랑할 때 나는 행복하다'고 생각합니다. 그러나 그런 일은 불가능합니다. 그래도 우리는 모두 살아 있습니다. 그리고 우리가 여러 활동을 하고, 부와 명예와 권력을 갖고자 하는 것은 모두 남에게 그 자신보다 자기를 더 사랑하고 위하도록 하기 때문입니다. 부와 명예와 권력은 마치 모든 사물이 그렇게 되어버린 듯한 착각을 일으킵니다. 우리는 그것으로 거의 만족하고 그것이 오로지 형식일 뿐 현실이 아님을 쉽게 잊어버립니다.

모든 생물은 남보다 자신을 더 사랑하므로 그런 행복이란 있을 수 없습니다. 이 어려운 문제를 해결하지 못해 삶을 속임수라고 고민하는 자들이 있습니다. 게다가 그들의 수는 날로 늘어납니다.

그러나 문제 해결은 지극히 간단하고 이미 결정되어 있습니다.

모든 생물이 자기보다 남을 더 위하고 사랑하는 법칙이 세상에 없는 한 우리는 행복해질 수 없습니다. 따라서 생물이 자신을 위하지 않고 남을 위한다면 세상은 행복해집니다.

우리는 인간이므로 이 모든 생물의 행복의 법칙을 이성에 의해 알고 있습니다. 우리는 자신의 이성의 법칙에 따라야 합니다. 자신보다 남을 위하고 사랑해야 합니다.

이렇게 생각하면 삶은 전과 아주 달라질 것입니다. 생물은 서로를 멸망시키고 있습니다. 그러나 한편으로는 서로 사랑하고 도와줍니다. 삶은 생물들의 상호 파멸이 아닌 상호 관계에 의해 유지

됩니다. 그 상호 관계는 사랑의 감정에 기초를 두고 있습니다. 저는 세상의 진보를 어렴풋이 깨달은 순간부터 인류 진보란 오로지 상호 관계 법칙에 의해서만 생겨난다고 믿고 있습니다.

역사란 곧 모든 생물의 연대라는 단 하나의 법칙이 점차 분명해진다는 이해와 이에 따른 실천에 불과합니다. 이러한 사고방식은 역사와 개인의 경험에 의해 확실해졌습니다. 또 사람들은 그런 사고방식이 진리라는 확증을 마음속 깊이에서 발견합니다. 인간의 가장 자유롭고 행복한 상태란 자기를 버리는 일과 사랑 속에 있을 때입니다. 이성은 최대 행복의 유일한 길을 우리에게 가르쳐주고 감정은 그 길로 우리를 안내합니다.

제가 말하고자 하는 생각이 분명하게 이해되지 않았다고 해도 너무 가혹하게 판단하지 마십시오. 다음에라도 이 편지를 다시 읽어보고 더욱더 명확하게 이해하기 바랍니다. 저는 제가 사물을 보는 방법을 알려드리려고 했을 뿐입니다.

1887년 10월 4일

레프 톨스토이

어니스트 크로스비에게 보낸 편지: 무저항에 관해(1896년 1월 12일)

어니스트 하워드 크로스비(Earnest Howard Crosby, 1856-1907)는 뉴욕 출생의 사회 개혁가 및 작가로 '사회 개혁 클럽'의 창시자이자 초기 회장이었고, 채식주의자, 단일세 주의자, 반제국주의자였습니다.

사랑하는 크로스비에게.

저는 당신의 활동에 대해, 그리고 그것이 관심을 끌기 시작했다는 것을 듣고 정말 기뻤습니다. 50년 전 게리슨[4]의 무저항 선언은 사람들을 그에게 냉담하게 만들었고, 같은 방향에서 발루[5]의 50년 전부의 활동도 완고한 침묵에 봉착했습니다. 저는 <평화>에 실린 무저항에 관한 미국 저자들의 훌륭한 사상을 기쁘게 읽었습니다. 저는 오로지 베미스(Bemis) 씨의 케케묵고 근거 없는 의견만을 예외로 봅니다. 그 내용은 그리스도가 성전으로부터 가축을 몰아낸 것은 그가 사람들을 회초리로 때린 것을 의미하고, 그의 제자에게 똑같이 행하기를 명령하였다고 주장하면서 그리스도를 중상하는 것이었습니다.

이들 저자들, 특히 H. 뉴턴(Newton)과 G. 헤런(Herron)에 의해 표명된 사상은 훌륭하지만, 유감스럽게도 그들은 그리스도가 제시한 문제에 답한 것이 아니라, 기독교의 최고이자 가장 위험한 적인,

4 William Lloyd Garrison(1805~1879)은 미국의 노예제도 폐지 운동가로 1830년부터 노예폐지 운동에 참가했고 퀘이커파 교도인 벤자민 랜디와 협력했다.

5 Adin Ballou(1803~1890)는 미국의 저명한 평화주의자이자 사회주의자로서 호프데일 공동체(Hopedale Community)의 창립자이다.

소위 교회의 정통파 교사가 대신 제시한 문제에 답한 것입니다.

히긴슨(Higginson) 씨는 무저항의 율법이 일반적 규칙으로서는 허용될 수 없다고 말합니다. 뉴턴은 그리스도 가르침 적용의 실제적 결과는 사람들이 그의 가르침 안에서 가지게 되는 신앙의 정도에 달려 있다고 말합니다. C. 마틴(Martyn) 씨는 우리가 처해있는 단계는 아직 무저항에 관한 가르침의 적용에 적합하지 않다고 가정합니다. 헤런 씨는 무저항의 법을 성취하기 위해 그것을 삶에 적용하는 것을 배울 필요가 있다고 말합니다. 리버무어(Livermore) 부인도 무저항 율법의 성취는 오로지 미래에나 가능하다고 말합니다.

이 모든 의견은, 만일 사람들이 무저항의 법칙을 완수할 필요에 처해진다면 사람들에게 무슨 일이 생길 것인가에 대한 질문만을 다루고 있습니다.

그러나 첫째, 모든 사람들이 무저항의 법칙을 받아들이도록 강제하는 것은 정말 불가능합니다.

둘째, 만일 이것이 가능하다면 규정되고 있는 바로 그 원리에 대한 명약관화한 부정일 것입니다. 모든 사람들이 타인에게 폭력을 행사하지 말 것을 강제하는 것! 누가 사람들을 강제할 것입니까?

셋째, 무엇보다도 그리스도에 의해 제시되었듯이 문제는 무저항이 모든 인류의 보편적인 법칙이 될 것인가에 있는 것이 아니라 각자가 그의 운명을 달성하고 자신의 영혼을 구하며 신의 일을 행하기 위해 무엇을 행해야 하는가에 있습니다. 그것은 똑같은 것으로 귀결되어 버리고 맙니다.

그리스도의 가르침은 모든 사람에게 어떤 법칙을 명령하지는 않습니다. "처벌의 두려움 때문에 이런저런 규칙을 이행하라. 그러면 너희는 모두 행복할 것이다."라고 말하는 것이 아니라, 각자에게 세상에서 그가 차지하는 위치를 설명해주고 그의 위치로부터 무엇이 초래되는지 개인적으로 보여줍니다.

그리스도의 가르침은, 만일 그가 그의 삶이 자기 것이라고 인식한다면 각자에게 그의 삶과 그 목적, 자신 또는 다른 사람의 세속적 이익은 아무런 합리적 의미를 가질 수 없다고 말합니다. 그 이유는 다음과 같습니다.

첫째, 모든 존재는 세속적 삶의 이익을 추구하고 그 이익은 언제나 한 무리의 존재가 다른 무리에게 해를 끼치면서 얻어지기 때문입니다. 결국 각자는 원하는 이익을 받을 수 없지만 이처럼 얻지 못한 이익을 갖기 위한 투쟁에서 많은 불필요한 고통을 견뎌내야 하기 때문입니다.

둘째, 만일 한 사람이 세속적 이익을 성취한다고 하면 그가 성취하면 할수록 이것은 그에게 점점 더 적은 만족을 주게 되며, 그는 더 새로운 것들을 바라게 되기 때문입니다.

셋째, 주된 이유로서 사람은 오래 살면 살수록 더 필연적으로 노령, 질병, 그리고 마침내는 모든 세속적 이익의 가능성을 파괴하는 죽음이 그에게 다가오기 때문입니다. 그래서 만일 한 사람이 그의 삶을 자기 것이라고 여긴다면, 그리고 그 목적이 자신이나 타인을 위한 세속적 이익이라면 이러한 삶은 그에게 아무런 합리적 의미를 갖지 못합니다.

삶은 오로지 한 사람이 그의 삶을 자신의 것으로, 그리고 자신이나 타인의 이익을 그 목적으로 인식하는 것은 오류입니다. 그는 삶을 누구로부터 받았기에 삶이 그에게 속하는 것이 아니라, 삶을 창조한 것은 그이기 때문에 삶은 그에게 속합니다. 따라서 그 목적은 반드시 자신이나 타인의 이익 성취에 있어서는 안 되지만, 오로지 그것을 창조한 그의 의지의 성취에 있음을 깨달을 때 합리적인 의미를 가집니다.

삶에 대한 그러한 깨달음에 의해서만 그것은 합리적인 의미를 가지며 신의 의지의 성취에 있는 그 목적이 성취될 수 있습니다. 무엇보다도 오로지 그러한 깨달음으로 사람의 행위가 명백하게 정의될 수 있고, 그는 더 이상 이전의 깨달음으로는 피할 수 없었던 절망과 고통에 종속되지 않습니다.

그러한 사람은 자신에게 말합니다.

"세상과 그 안에 있는 나는 신의 의지에 의해 존재한다. 나는 전체 세상, 그리고 그것과 나의 관계를 알 수 없으나, 나를 이 세상에 보낸 시간과 공간에서 무한하므로 나의 깨달음으로는 접근할 수 없는 신에 의해 나에게 요구되는 것이 무엇인지 알 수 있다. 왜냐하면 이것은 전통 즉, 나 이전에 살았던 세상에서 가장 훌륭한 사람들의 집합된 이성에서, 그리고 나의 이성 안에서, 그리고 나의 마음에서, 나의 전체 존재의 몸부림 안에서 내게 드러난 것이다.

전통 즉, 나보다 앞서 살았던 훌륭한 사람들의 집합적 지혜에서, 나는 분명히 타인이 나를 향해 행할 것을 내가 바라는 것처럼 타인에게 행할 것을 명령 받았다. 나의 이성은, 나와 사람들에게 가장 큰 선은 모든 사람들이 이와 같이 행동할 때 가능하다고 말한다.

나의 마음은 내가 사람들을 위한 사랑의 느낌에 나 자신을 포기할 때 평화로우며 즐겁고 그 느낌은 똑같은 것을 요구한다. 그렇다면 나는 내가 반드시 행해야 할 것 뿐만 아니라 나의 행위가 필요하고 정의되는 이유를 알 수 있다.

나는 그것을 위해 세상에 존재하고 살아가고 있으나 전체적인 신의 사업을 깨닫지는 못한다. 그러나 이 세상에서 성취되고 나의 삶과 함께 하는 신의 사업은 내가 접할 수 있다. 이 사업은 사람들과 다른 존재들 사이의 불화와 투쟁의 파기, 사람들 사이에서 가장 큰 연합, 화합 및 사랑의 확립이다. 이 사업은 유대교의 선지자들이 모든 사람들이 진리를 배우고 창을 쳐서 낫을 만들고 싸움 낫과 칼을 쳐서 쟁기를 만들며, 사자가 양과 함께 누워 있는 때가 올 것이라고 약속하였던 것의 실현이다."

그래서 삶에 대한 기독교적 깨달음을 가진 사람은 그가 삶 안에서 어떻게 행할 것인지 뿐만 아니라 그가 무엇을 행할 것인지를 아는 것입니다.

사람은 반드시 세상에서 신의 나라를 설립하는 것에 기여해야 합니다. 이를 위해 사람은 반드시 신의 의지의 내적인 요구를 완수해야 합니다. 그는 반드시 타인이 그에게 행하도록 그가 원하듯이 타인을 향해 우호적으로 행동해야 합니다. 그래서 영혼의 내적인 요구는 그의 앞에 놓여 있는 그런 삶의 외적인 목적과 일치합니다.

우리는 인간의 삶의 의미와 목적은 무엇에 있는가, 사람은 어떻게 행동해야 하는가, 무엇을 해야 하는가, 무엇을 하지 말아야 하는가에 대해 양측으로부터 논란의 여지가 없는 기독교도적 깨달음을 가지고 있는 사람이라는 너무나 명백한 예시를 가지고 있습니다. 하지만 그런 경우에는 사람이 반드시 신의 법과 자기에게 주어진 삶의 공통의 원인에서 떠나야 하고, 반드시 법과 삶의 공통의 원인에 대치되어 행동해야 한다고 단정하는 자칭 기독교도라고 부르는 어떤 사람들이 있어 보입니다. 왜냐하면 그들의 추론에 따르면 신의 법에 따라서 행해진 행위의 결과는 사람에게는 소득이 없고 불리하기 때문일 것입니다.

그리스도의 가르침에 의하면 사람은 신의 일꾼입니다. 일꾼은 그 주인의 전체 사업을 모르지만, 그의 일로 달성되는 가장 근접한 목적이 그에게 드러나며, 그에게는 그가 무엇을 해야 하는지에 대한 명확한 표시가 주어집니다. 특별히 명확한 것은 그가 그에게 일하도록 맡겨진 목적의 달성에 반대로 일하지 않도록 하기 위해 그가 무엇을 하지 않아야 하는가에 대한 예시입니다.

그 외의 모든 것에서 그에게는 완전한 자유가 주어집니다. 그리스도적 개념의 삶을 이해한 사람에게 그의 삶의 의미는 명백하고 합리적입니다. 그의 삶의 숙명을 완수하기 위해 그가 삶에서 어떻게 행동해야 하고 그가 무엇을 해야 하는가에 대해 한 순간의 흔들림도 있을 수가 없습니다.

전통, 이성, 마음 안에서 그에게 주어진 법에 따르면, 사람은 반드시 자신에게 행해지도록 바라는 것을 다른 사람에게도 행해야 한다는 것입니다. 그는 반드시 사람들 사이에서 사랑과 연합의 확립에 기여해야 합니다.

그러나 앞을 내다보는 사람들의 결정에 따르면, 법의 성취는 아직 이른 반면, 사람은 반드시 폭력을 행하고, 자유를 박탈하고, 사람들을 살해하기 때문에 사랑의 연합이 아니라 초조함과 분노로 향하고 있다는 것입니다.

그것은 마치 어떤 석공이 명확한 일을 부여받고 건축에서 타인과 함께 참여하고 있음을 알고 있고, 바로 주인으로부터 명백하고 의혹의 여지가 없는 벽을 쌓으라는 명령을 받았음에도, 그러한 구조물에 대한 전반적인 계획을 모르며 공동의 작업을 위해 무엇이 유용한지도 모르는 다른 석공으로부터 벽 쌓기를 중단하라는 명령을 받고 타인의 작업을 망치는 것과 같습니다.

놀라운 기만입니다! 오늘 숨 쉬다가 내일이면 사라지는 짧은 삶의 기간을 어떻게 보내야 하는지에 대해 명확히 알고 있고, 논박할 수 없는 법을 가지고 있는 존재가 모든 사람과 전체 세상을 위해 쉼 없이 움직이고 계속해서 발전하는 세상을 위해 필요한 것을 알고 있다고 상상해봅시다. 유익함이라는 이름으로 그것이 그들 각자에게 달리 이해되고 있음에도 그는 자신과 타인에게 의문의 여지가 없는, 그와 모든 사람들에게 주어진 법으로부터 당분간 떨어져 있고, 타인이 그에게 행하기를 그가 원하는 대로 모든 사람들을 향해 행하지 말 것을, 세상에 사랑을 가져다주지 말 것을, 그러나 폭력을 행사하고, 자유를 박탈하고, 처벌하고, 살해하고, 세상에 해악을 가져다 줄 것을, 그것이 필요하다고 여겨질 때면 명령하고 있습니다.

그리고 그는 우리에게 가장 무서운 잔학 행위, 고문, 살인, 종교재판과 처형, 모든 혁명의 공포로부터, 현재의 아나키스트와 그들에 대한 대학살 같은 잔혹 행위에 이르기까지 모두가 이로부터 진행되었고, 사람들은 그들이 사람들과 세계가 필요로 하는 것을 알고 있다고 가정함을 알고 있으면서도, 또 어떤 순간에도 언제나 대치하는 쌍방이 있고, 그 각각은 대치하는 상대방에게—국가주의자가 아나키스트와 대치하고, 아나키스트가 국가주의자와 대치하고, 영국인이 미국인과 대치하고, 미국인이 영국인과 대치하고, 영국인이 독일인과 대치하는 등등, 모든 가능한 조합과 순열 안에서—폭력을 사용할 필요가 있다고 주장하고 있음을 알고 있으면서도 그처럼 행할 것을 명령합니다.

그리스도적 개념의 삶을 가진 사람은 신에 의해 명백히 지시된 대로의 자신의 삶의 법으로부터, 우발적이고 나약하고 모순적인 사람들의 요구를 따라가기 위해 이탈하는 것이 도대체 아무런 근거가 없다는 것을 심사숙고에 의해 명백히 이해하고 있습니다. 그뿐만 아니라 만일 얼마 동안 그리스도적 삶을 살고 있었고, 자신 안에 그리스도적 도덕의 민감성을 발전시켰다면, 그는 단연코 심사숙고의 결과로뿐만 아니라 느낌으로도 사람들이 그에게 행할 것을 요구하는 대로 행하지 않을 수 있습니다.

우리 세계의 많은 사람들이 자녀를 고문하고 살해할 수 없는 것처럼, 비록 그런 고문이 백 명의 타인을 구할지라도, 자신 안에 자신의 마음에 대해 그리스도적인 민감성을 발전시킨 사람에게 행위에 대한 전적인 연속도 불가능하게 됩니다.

가령 기독교도는 어떤 사람을 사형에 처하는 소송절차와 타인의 재산에 대한 강압적 압수, 전쟁 그 자체는 말할 것도 없고 전쟁의 선포나 준비에 관한 토론에 참여하도록 강요받으면, 아이를 고문하고 살해하도록 강요당할 때의 선량한 사람과 같은 입장과 똑같이 처신할 것입니다.

그것은 그가 당연히 해서는 안 된다는 것을 심사숙고에 의해 결정하는 것이 아니라, 사람에게는 특정한 행위에 대해 신체적 불능이 있는 것과 마찬가지로 도덕적 불능도 존재하기에, 그는 자신에게 요구되는 것을 행할 수 없기 때문입니다. 사람이 산을 들어 올리는 것이 불가능하고 선량한 사람이 아이를 살해하는 것이 불가능한 것처럼 그리스도적 삶을 사는 사람이 폭력에 참여하는 것은 불가능합니다. 무슨 중요성 때문에 그런 사람에게 어떤 상상의 이익을 위해 그에게 도덕적으로 불가능하게 되어버린 것을 반드시 그가 행해야 한다는 깊은 생각이 있을 수 있겠습니까?

그렇다면 사람이 사랑의 법과 무저항의 법을 따를 때, 그로부터 초래되는 명백한 해를 본다면 어떻게 행동해야 합니까? 그가 보는 데서 강도가 아이를 살해하거나 다치게 할 때, 그리고 강도를 살해하지 않고서는 아이를 구조할 수 없을 때, 사람은 어떻게 행동해야 합니까? 이는 언제나 제기되는 사례입니다.

그들이 그런 예를 제기할 때, 아이를 구조하려면 강도를 살해해야 한다는 것 말고는 질문에 대한 답이 있을 수 없다고 일반적으로 가정합니다. 그러나 이 답은 너무나 단호하고 신속하게 주어집니다. 왜냐하면 우리는 아이를 방어하는 경우뿐만 아니라, 이웃 국가가 우리 국경을 침범해 확장하는 경우, 또는 황금을 국경 너머로 수송하는 경우, 또는 심지어 행인의 약탈에 대항해 우리 정원의 과일을 방어하는 경우에도 이러한 방법으로 행동하는 습관이 되어 있지 않기 때문입니다.

아이를 구하기 위해 강도를 살해할 필요가 있다고 가정하지만, 우리는 사람이 어떤 근거로 그와 같이 행동해야 하는지에 대해, 그가 기독교도이든 기독교도가 아니든, 멈추어 생각할 필요가 있습니다. 결국 그런 행위는 아무런 합리적 근거를 가질 수 없음을 확신하게 되며, 오로지 2천 년 전에 그러한 행동 양상이 정의롭다고 여겨졌고, 사람들이 그와 같이 행하는 습관이 들었기 때문에 필요하다고 가정됩니다.

신과 그의 의지의 성취에 따른 삶의 의미를 인정하지 않는, 기독교도가 아닌 사람은 왜 아이를 방어하기 위해 강도를 살해해야 합니까? 강도를 살해하는 것으로 그는 분명히 살인을 하고 있지만 바로 그 가장 마지막 순간까지 강도가 아이를 죽일 것인지 아닐지는 확실히 알지 못합니다. 이러한 불규칙성은 말할 것도 없습니다. 누가 아이의 목숨이 강도의 목숨보다도 더 필요하고 중요하다고 결정하였습니까?

만일 기독교도가 아닌 사람이 신을 인정하지 않고, 삶의 의미가 신의 뜻의 성취에 있다고 여기지 않는다면, 그는 자신과 모든 사람들을 위해 강도의 목숨과 아이의 목숨 중에서 무엇이 더 이익인가에 대해 고려할 뿐이고 그것은 그의 행위의 선택을 인도합니다. 그러나 이를 결정하기 위해, 그는 그가 구한 아이에게 무슨 일이 일어날지, 그리고 그가 강도를 죽이지 않으면 그에게 무슨 일이 일어날지 반드시 알아야 합니다. 그러나 그는 그것을 알 수 없습니다. 따라서 만일 그가 기독교도가 아니라면 그는 강도의 죽음을 통해 아이를 구하는 것에 대한 합리적인 근거를 갖지 못합니다.

그러나 만일 그 사람이 기독교도라서 신을 인정하고 그의 의지의 성취에서 삶의 의미를 깨닫는다면, 아무리 무서운 강도가 어느 순진하고 아름다운 아이를 공격할지라도 그는 신이 그에게 준 법으로부터 이탈해 강도가 그 아이에게 행하고자 했던 것을 강도에게 행할 이유가 여전히 거의 없습니다. 그는 아마 그 강도에게 애원할 것이고 자신의 몸을 강도와 그의 희생자 사이에 밀어 넣겠지만 그가 행할 수 없는 한 가지가 있습니다.

왜냐하면 그는 의식적으로 신의 법으로부터 이탈할 수 없고 그 성취가 그의 삶의 의미를 형성하기 때문입니다. 그가 악하게 양육되었거나 그의 동물적 본성의 결과로 어떤 사람이 이교도이든 기독교도이든 아이를 방어하는 경우뿐만 아니라 자기 자신을 방어하기 위해 또는 그의 지갑을 방어하기 위해 강도를 죽이는 것이나, 그것이 결코 그렇게 행하는 것이 옳고, 그런 행위가 당연히 행해져야 한다고 생각하도록 우리 자신들이나 타인이 적응하는 것이 옳음을 나타내는 것은 아닙니다.

이는 오로지 외부 교육과 기독교에도 불구하고 석기 시대의 습성들이 아직도 사람 안에 강하게 남아 있고, 그의 의식에 의해 오래 전에 부정된 행위를 저지를 능력이 있음을 의미합니다. 제가 보기에 어떤 강도가 아이를 살해하려고 하면 저는 그 강도를 살해하여 그를 구할 수 있습니다. 결과적으로 특정한 상황에서는 악에 대해 폭력으로 저항하는 것이 필요합니다.

어떤 사람의 목숨이 위험에 처해 있는데 오로지 자기의 거짓말로서만 구해질 수 있다면 그 경우에는 거짓말을 하는 것이 필요합니다. 어떤 사람이 굶어 죽어가고 있는데 도둑질하는 것 외에는 그를 구할 수 있는 방법이 없을 때가 있습니다. 따라서 어떤 경우에는 도둑질하는 것이 필요합니다.

저는 최근 코피(Coppee)의 이야기를 읽었습니다. 그곳에서 어떤 위생병이 그의 상관을 살해함으로써 자신의 명예와 가족의 생명을 살립니다. 따라서 어떤 경우에는 살해하는 것이 옳은 일입니다.

이러한 상상의 경우와 그로부터 도출한 결론은 다음을 증명합니다. 도둑질, 거짓말, 살인이 옳지 않다는 것을 알고 있는 사람들이 있지만, 그러한 행위를 중단하는 것을 너무나 꺼려해서 그들은 그들의 행위를 정당화하기 위해 마음으로 모든 노력을 다하는 것입니다. 규칙으로부터의 이탈이나 그 성취 중에서, 어느 것이 더 도덕적인지 결정하기 어려울 때, 한 가지 상황을 조작해내는 것이 불가능한 도덕적 규칙은 존재하지 않습니다.

악에 대한 무저항의 문제도 똑같습니다. 사람들은 나쁘다는 것을 알면서도 폭력에 의지해 살고 싶어 타인에게 폭력을 행사할 권리를 사람이 인정하여 생산되는 모든 악으로 설명하는 것이 아니라, 이러한 권리를 방어하기 위해 마음으로 모든 노력을 경주합니다.

"옳을 일을 하라, 그리고 무슨 일이 일어나더라도 그냥 두라"[6]는 말은 심오한 지혜의 표현입니다. 우리들 각자는 의문의 여지없이 그가 당연히 무엇을 해야 하는지 알고 있지만, 무슨 일이 일어날지는 아무도 모르며 알 수도 없습니다. 그래서 우리는 반드시 옳은 것을 행해야 한다는 것에 의해서뿐만 아니라, 무엇이 옳은 것인지 우리가 알고 있고, 우리의 행위로부터 무엇이 나와서 초래될 것인지 전혀 모른다는 것에 의해 우리는 똑같은 일을 마주하게 됩니다.

그리스도의 가르침은 자신을 이 세상에 보내신 그의 의지의 성취를 위해 사람이 반드시 행해야 할 것에 대한 가르침입니다. 그러나 사람들의 그렇고 그런 행위로부터 어떤 결과가 초래된다고 우리가 가정하는가에 대한 심사숙고는 기독교와 아무런 공통점이 없을 뿐만 아니라, 그것은 기독교를 파괴하는 기만 그 자체입니다.

어느 누구도 아직 역사와 현대의 사건을 채우는, 상상의 강도와 상상의 아이와 같은 공포를 함께 본적이 없습니다. 그것은 오로지 사람들이 그들이 가능한 사건의 결과를 알 수 있다고 상상하기 때문입니다.

왜 그렇습니까? 사람들은 그들에게 유익한 모든 사람을 유린하고 살인하며 심지어 서로를 잡아먹는 것이 옳다고 생각하면서 짐승 같은 삶을 살아오곤 했습니다. 그러다가 어떤 때가 왔습니다. 수

---

6 Fais ce que doit, advienne que pourra,

천 년 전, 모세의 시대에 사람들 안에서 서로를 유린하고 죽이면 나쁘다는 의식이 나타났습니다.

그러나 폭력이 이익인 일부 사람들이 있었습니다. 하지만 그들은 그 사실을 인정하지 않았고 사람을 유린하고 살인하는 것이 자신이나 타인에게 언제나 나쁜 것은 아니기에 필요하고 심지어 선한 경우도 있다고 확신시켜 주었습니다. 폭력과 살인 행위는 비록 잦거나 잔학하지는 않았지만 계속되었고 그것을 범한 사람들은 그것이 사람들에게 유익하다는 근거로 정당화시킨 차이가 있었습니다. 그리스도가 규탄한 것은 이러한 폭력에 대한 거짓된 정당화입니다.

그는 다음과 같이 설명하였습니다. “모든 폭력 행위는 실제로 발생되면서 정당화될 수 있다. 그러나 두 원수가 서로에게 폭력을 행사하면서 그 폭력이 정당하다고 여기면 양쪽의 결정에 대한 정당성을 확인할 기회가 없기 때문에, 폭력에 대한 어떠한 정당화도 믿지 않는 것이 필요하다.” 애초에 인류가 생각한 대로 그것을 이용하는 것이 필요합니다.

기독교를 믿는 사람들이 이런 기만을 벗겨내는 것이 기독교의 최고로 중요한 표명의 하나가 되기 때문에 이런 기만을 조심스럽게 벗겨 내었을 것처럼 보일 것입니다. 그러나 정반대의 일이 생겼습니다. 폭력이 유익하고 이러한 이익의 포기를 원치 않는 사람들은 스스로 기독교에 대한 배타적 전파를 맡았습니다. 그것을 설교하고 폭력을 적용하지 않는 것이 실제 폭력을 행하는 것보다 더한 악을 만들어 내는 경우들이 있기 때문에(아이를 죽이는 상상의 강도), 우리는 악에 대한 무저항에 관한 그리스도의 가르침을 완전히 수용하면 안 됩니다. 우리의 목숨과 타인의 목숨을 방어하면서 우리 국가의 방어, 미친 사람과 악인으로부터 사회를 보호하면서, 다른 많은 경우에서 이런 가르침으로부터 이탈해도 된다고 주장하였습니다.

그러나 언제 그리스도의 가르침을 제쳐놓을 수 있는가에 대한 문제의 결정은 폭력을 이용한 바로 그 사람들에게 남겨졌습니다. 그래서 악에 대한 무저항에 관한 그리스도의 가르침은 절대적으로 팽개쳐진 것으로 밝혀졌고, 그보다 더욱더 나쁘게도 그리스도가 규탄한 바로 그 사람들은 자신이 그의 가르침에 대한 유일한 설교자이고 해석가로 여기기 시작했습니다. 그러나 빛은 어둠에서도 빛나고 기독교의 거짓 설교자는 다시 그의 가르침에 의해 규탄 받고 있습니다.

우리는 세상의 구조를 우리 마음대로 생각할 수 있고, 우리가 행하기에 유익하고 입맛에 맞는 것을 행할 수 있고, 사람들에게 선을 행한다는 구실 아래 사람들에게 폭력을 사용할 수 있지만, 그렇게 함으로써 그리스도의 가르침을 믿는다고 주장하는 것은 절대적으로 불가능합니다. 왜냐하면 그리스도는 바로 그런 기만을 규탄하였기 때문입니다. 진리는 조만간 명백히 드러날 것이고 기만하는 자들을 규탄할 것이며 그것은 심지어 지금 일어나고 있습니다.

사람의 삶의 문제만이라도, 그리스도가 깨달았던 것처럼, 그리고 교회에 의해 부패되었던 것과 달리 올바르게 깨달아진다면, 그리스도의 가르침 위에 교회에 의해 쌓였던 모든 기만이 자연히 무너져 내릴 것입니다. 문제는 인간 사회가 사랑의 법과 그로부터 초래되는 무저항의 법을 따르는 것이 선인지 악인지가 아니라, 당신이—오늘 살아 있고 내일 그리고 매 순간에 조금씩 죽어 가고 있는 한 존재로서—이제, 바로 이 순간에 당신을 보내셨고 전통 안에 당신의 이성과 마음 안에 표명하였던 그의 뜻을 온전히 행할 것인지 또는 당신이 이러한 의지에 반하는 행위를 원하는가 하는 것입니다.

문제가 이런 모습이 되면 한 가지 대답이 제시될 것입니다. 저는 당장 바로 이 순간에 조금도 지체하지 않고, 누구도 기다리지 않고, 외관상 결과를 고려하지 않고, 나의 모든 힘을 다해 나를 세상에 보내신 그가 내게 의혹의 여지없이 행하라고 명령한 것을 성취하기를 원하고, 어떤 경우와 상황에서도 저는 그와 반대되는 것을 행할 수 없습니다. 왜냐하면 이 안에 나의 합리적이고 행복한 삶이 놓여 있기 때문입니다.

1896년 1월 12일
레프 톨스토이

버나드 쇼에게 보낸 편지(1908년 8월 17일/1910년 5월 9일)

영국의 극작가인 쇼(Bernard Shaw, 1856~1950)는 1906년 12월, 톨스토이에게 그의 희곡 『인간과 초인』(Man and Superman)을 보냈습니다. 톨스토이는 이듬해 1월, 그 작품을 읽고 쇼에 대해 좋지 못한 인상을 받았으나 1908년 8월, 그 작품을 다시 읽고 노트를 한 뒤 이 편지를 보냈습니다. 1909년 9월, 모드가 야스나야 폴랴나를 마지막으로 방문했을 때 쇼의 작품을 읽고 그것을 좋아하게 되었으나 쇼가 독창성의 결여라는 결점 때문에 고통을 받고 있다고 생각한다고 말했습니다. 모드는 당시 미출간된 쇼의 『브랑코 포스넷의 폭로』(The Showing-up of Blanco Posnet)의 주제에 대해 말했고, 톨스토이가 그것에 흥미를 보이자 모드는 쇼에게 그 작품을 톨스토이에게 보내달라고 요청했습니다. 그 몇 달 뒤 톨스토이는 쇼를 몇 안 되는 뛰어난 작가라고 찬양했습니다(1910년 5월 9일, 톨스토이가 쇼에게 보낸 편지 참조). 야스나야 폴랴나의 톨스토이 서재에는 톨스토이가 상세하게 소감을 노트한 쇼의 작품들이 있었습니다. 쇼는 톨스토이의 『예술은 무엇인가?』를 현대 최고의 예술론이라고 찬양했고, 니체, 바그너, 쇼펜하우어, 입센과 함께 인류의 지적 양심을 수립한 5대 거목이라고도 찬양했습니다. 그러나 니체나 바그너는 톨스토이와 대립했고, 아래 편지에서도 톨스토이는 쇼의 작품에 대해 비판적임을 주의하여야 합니다.

사랑하는 쇼 씨!

모드 씨 편으로 보내주신 당신의 책에 대해 감사드리지 못해 죄송합니다.

지금 그 책을 다시 읽고 당신이 말한 문장을 특별히 주목한 결과, 저는 『돈 주안』(Don Juan) 막간극에 나오는 돈 주안의 연설(희극 속에 간단히 삽입하지 않고 더 심각하게 접근했더라면 더욱더 좋았으리라고 생각합니다)과 '혁명가의 핸드북'[7]을 평가해보고자 합니다.

전자에 대해 저는 전혀 힘들이지 않고, 돈 주안의 말 즉, 영웅이란 "사색 속에서 세계의 내적 의지를 발견하고자 하고, … 그렇게 발견된 수단에 의해 그 의지를 행동으로 옮기는 자"라고 하는 점에 동의할 수 있었습니다. 이는 제가 "내면에서 신의 의지를 인식하여 그것을 수행하다"고 표현한 것과 똑같습니다.

후자에 대해 당신이 문명과 진보에 대해 비판적인 입장을 보인 점을 저는 특별히 좋아했습니다. 그 두 가지가 아무리 오래 지속되어도 인민 자신이 변하지 않고는 인류의 상태를 개선할 수 없다는 당신의 생각은 정말 옳습니다.

우리의 견해 차이는 오로지, 당신이 인류의 진보는 일반인이 초인이 되거나 새로운 초인이 태어나야 가능하다고 본 반면, 저는 인류가 기독교를 포함한 참된 종교로부터 그것을 왜곡하는 모든 불순물을 제거하고 모든 종교의 기본인 인생관에서 결합하여 세계의 무한한 제일 원리에 대한 우리의 합리적 태도를 수립하여 그로부터 나오는 인생의 안내에 따를 때 가능하다고 생각하는 점입니다.

악으로부터 인민을 해방시키려는 저의 길이 당신의 길보다 더 실용적인 이익인 이유는 누구나 쉽게 상상할 수 있다는 것, 심지어 거의 교육받지 못한 대부분의 사람들이나 전혀 교육받지 못한 사람들도 참된 종교를 쉽게 받아들이고 따를 수 있기 때문입니다. 반면 지금 살고 있는 사람들을 초인으로 변화시킨다든가, 새로운 초인을 낳기 위해서는 진보와 문명을 통한 인류의 개선과 같이 성과를 얻지 못하는 어떤 예외적인 조건을 필요로 합니다.

사랑하는 쇼 씨, 삶은 위대하고 심각합니다. 우리 모두는 일반

7 이는 희곡의 부록으로 들어있다.

적으로 우리에게 주어진 이 짧은 기간에 우리에게 주어진 과제를 발견하고 가능한 한 그것을 수행해야 합니다. 이는 모든 인민에게 관련되지만, 특히 위대한 재능과 독창적인 사고력과 모든 문제의 본질을 꿰뚫는 힘을 갖는 당신에게 특별히 관련됩니다.

그래서 저는 당신을 화나게 하지 않기를 바라며, 제가 당신 작품의 결점이라고 생각한 점을 말합니다.

첫 번째 결점은 당신이 충분히 진지하지 않다는 점입니다. 인간생활의 목적이나 그 왜곡의 원인, 그리고 우리 인류의 삶에 가득한 악의 원인과 같은 주제에 대해 농담으로 말해서는 안 됩니다. 저는 돈 주안의 말이 가공인물의 말이 아니라 쇼의 말이기를 바라고, 마찬가지로 '혁명가의 핸드북'이 실존하지 않는 태너(Tanner)[8]가 아니라, 자기 말에 책임을 지는 살아 있는 버나드 쇼의 것이기를 바랍니다.

두 번째 결점은, 당신이 다루는 문제는 너무나도 중요한 것이므로 우리 삶의 악에 대한 깊은 이해와 뛰어난 묘사력을 가진 당신 같은 분이 그것을 풍자의 대상으로만 삼는 것은 이 중요한 문제의 해결을 돕기보다 도리어 해가 될 수도 있다는 점입니다.

저는 당신의 책에서 당신의 박식과 재능과 지혜로 독자를 놀라게 하려는 욕망을 봅니다. 그러나 그 모든 것은 당신이 다루는 문제의 해결에 불필요할 뿐 아니라 가끔은 독자를 눈부신 묘사로 유혹하여 독자의 주의를 문제의 본질로부터 벗어나게 할 수 있습니다.

여하튼 당신의 이 책은 당신의 생각을 완전하고도 명백한 발전 속에서가 아니라 초기 상태에서 표현했다고 생각합니다. 그 생각은 더욱더 발전하여 우리 모두가 찾고 점점 다가가고 있는 하나의 진실에 도달하리라고 생각합니다.

---

8 희곡 『인간과 초인』의 주인공

당신에게 말씀드린 것에 대해 불쾌하게 생각한다면 용서하시길 바랍니다. 이렇게 말하는 것은 제가 당신의 뛰어난 재능을 인정하고 개인적으로 너무나도 친밀하게 느끼기 때문입니다.

레프 톨스토이

사랑하는 버나드 쇼 씨에게,

당신의 희곡[9]과 기지로 넘치는 편지를 받았습니다. 즐겁게 희곡을 읽었습니다. 그 주제에 깊이 공감합니다. 선에 대한 설교가 보통은 사람들에게 영향을 미치지 못하고 젊은이들이 가치 있다고 생각하는 것은 그 설교에 반한다는 당신의 의견은 정말 옳습니다. 그러나 이는 그런 설교가 불필요하다는 것을 뜻하지 않습니다. 그런 현상의 원인은 단지 설교자가 설교하는 것을 실행하지 않기 때문입니다. 즉 위선이기 때문입니다.

저는 또 당신이 자신의 신학이라고 하는 것에도 찬성할 수 없습니다. 당신은 그 속에서 현대 사상가의 한 사람으로 더 이상 믿지도 않고 믿을 수도 없는 것을 논박하는 것 같습니다. 그런데 실제로 당신 스스로 당신에게는 분명한 목적을 갖는 신을 인정하는 것 같습니다. 당신은 "내 마음에 신을, 그 자신을 넘어 끝없이 싸우는 것을 운명으로 하고, 앞의 것보다 뛰어난 인간을 만들기 위해 탄생할 때마다 노력하고 있는 존재로 생각하지 않으면 전능한 속물 이상으로 생각할 수 없다"고 합니다.

기타 당신이 신과 악에 대한 고찰에서 당신이 썼듯이 당신의 『인간과 초인』에 대해 제가 말한 것을 되풀이합니다. 신이나 선악의 문제는 그것을 농담처럼 말하기에는 너무나도 중요한 것입니다. 따라서 당신 편지의 결론 즉, "이 세상을 신이 농담한 것의 하나에 불과하다고 하면, 당신은 그것을 나쁜 농담이 아니라 좋은 농담으로 만들고자 조금이라도 노력할 수 있습니까?"를 보고 가슴이 너무 아팠습니다.

당신의 레프 톨스토이

9 『브랑코 포스넷의 폭로』(The Shewing-Up of Blanco Posnet)

인류에게 보낸 마지막 편지(1909년)

사랑하는 형제들이여.

우리는 전쟁과 맞서 싸우려고 여기에서 만났습니다. 전쟁을 위해 지상의 모든 국가들, 수십억명의 사람들이 (그들의 엄청나게 많은 노동의 몫인) 수십억 루블, 탈러스, 프랑, 엔뿐만 아니라 그들의 목숨마저도 몇 사람 또는 때로는 한 사람의 통제되지 않은 독재의 손아귀에 놓아두고 있습니다.

이제 우리는 세상의 여러 끝에서 모인 20여 명의 사적인 개인들로서, 아무런 특권도 갖지 않고 무엇보다도 타인 위에 어떤 권력도 갖지 않았음에도 불구하고, 하나의 국가뿐만 아니라 모든 국가의 이처럼 광대한 권력에 맞서 싸우려 하고 있습니다. 우리는 우리가 싸우기를 바라는 것과 마찬가지로 그 거대한 권력을 정복하고자 합니다.

여러 국가는 그 수십억의 돈과 수백만 명의 군대를 손아귀에 쥐고 오로지 국가를 위해 군대에 의거하는 사람들의 예외적인 지위를 잘 알고 있습니다. 그 군대는 우리가 반대해 싸우고자 하고 우리가 폐지하고자 하는 의미와 목적을 가지고 있습니다.

우리의 투쟁은 너무나 상대가 되지 않으므로 틀림없이 제정신이 아닌 것처럼 보일 것입니다. 그러나 우리가 적의 투쟁 방법과 우리의 투쟁 방법을 생각해 본다면, 적과 싸우려는 우리의 의도가 어리석은 것처럼 보이지 않을 것입니다.

우리가 싸우고자 의도하는 것은 여전히 존재할 것입니다. 그들은 수십억의 돈과 수백만 명의 충성스런 병사를 가지고 있습니다.

반면 우리는 오로지 한 가지를 가지고 있지만, 그것은 세상에서 가장 강력한 것입니다. 진리가 바로 그것입니다. 따라서 우리의 힘이 우리 적의 힘과 비교할 때 비록 미미해 보일지라도, 우리의 승리는 밤의 어둠 위로 떠오르는 태양빛의 승리처럼 확실합니다.

우리의 승리는 분명합니다. 그러나 여기에는 오직 한 가지 조건이 있습니다. 우리가 진리를 말할 때, 그것은 타협, 양보나 수정은 하지 않는다는 것입니다. 진리는 기독교도에게 뿐만 아니라 모든 합리적인 사람들에게 너무나 단순하고 명백하고 분명하고 의무적인 것이라서 그것이 되돌릴 수 없도록 그 자체의 완전한 의미로서만 말할 필요가 있기 때문입니다.

그 자체로 완전한 의미의 진리는 수천 년 전에(신의 법으로 우리에게 받아들여진 율법에서) 다음 네 마디로 말씀된 것에 있습니다. 즉, "너희는 죽여서는 아니 된다."는 것입니다. 그 진리는, 사람은 어떤 상황에서도 어떤 구실로도 자신의 동료인 인간을 죽일 수 없고 죽여서도 안 된다는 것입니다. 그 진리는 지극히 분명하고 의무적이고 일반적으로 인정되어 있어서 전쟁이라 불리는 악이 정말 불가능해지도록 사람들 앞에 그것을 분명히 제시할 필요가 있습니다.

그래서 저는 만일 여기 '평화회의'[10]에 모인 우리가, 이런 진리를 명백하고 분명히 선언하는 대신, 전쟁의 악을 줄이거나 그 빈도를 점차 감소시키기 위한 다양한 제안을 하는 국가에 스스로를 내맡긴다면, 우리는 틀림없이 문으로 들어가는 열쇠를 그들의 손에 쥐게 하고, 그들에게는 너무나 단단하다고 알고 있는 벽을 뚫고 지나가려고 시도하는 사람들과 같을 것입니다.

우리 앞에는 이전보다 더 효율적으로 무장하고 더 신속한 살육

---

10 평화회의(Peace Congress)는 1910년 8월 1일에서 5일까지 스웨덴 스톡홀름에서 열린 18회 국제평화회의를 말한다.

을 위해 훈련된 수백만 명의 무장한 병사가 있습니다. 우리는 이들 수백만 명의 병사가 그들의 동료를 살해할 의사가 전혀 없고, 심지어 그들이 그러한 혐오스러운 임무를 수행하도록 강제되어야 하는지조차 전혀 모르고 있으며, 그들은 자신의 굴종과 강압의 위치에 대해 너무나도 지긋지긋해 하고 있다는 것을 잘 알고 있습니다. 우리는 이들에 의해 저질러지는 살인이 국가의 명령에 의해 저질러진다는 것을 잘 알고 있고 또 국가의 존재가 군대에 의존하고 있다는 것도 잘 알고 있습니다.

그렇다면 전쟁의 폐지를 희망하는 우리가, 군대의 도움으로, 그리고 결과적으로 전쟁으로 존재하는 국가에게 전쟁을 파괴하는 조치를 제안하는 것 외에는 우리의 목적에 더욱더 부합되는 것을 찾을 수 없습니까? 우리는 국가에게 그들이 스스로를 파괴하라고 제안할 수 있습니까?

모든 국가는 그런 종류의 어떤 선언에도 기꺼이 귀를 기울일 것입니다. 왜냐하면 그런 토론은 전쟁을 파괴하지도 그들의 권력을 잠식하지도 않을 것이고, 만일 전쟁과 군대 그리고 군대를 통제하는 자신들이 계속해서 존재해야 한다면 반드시 숨겨져야 하는 것을 훨씬 더 효율적으로 숨길 것임을 알기 때문입니다.

사람들은 나에게 "당신이 말하는 것은 아나키즘이야. 사람들은 결코 국가나 국가 없이 살아온 적이 없어. 따라서 정부와 국가 그리고 그것들을 수호하는 군사력은 나라의 존재를 위해 반드시 필요해."라고 말할 것입니다. 그러나 기독교인과 다른 나라사람들의 생명이 그들 정부와 국가를 수호하기 위한 군대와 전쟁 없이 가능한가의 문제는 제쳐두고, 그들의 복지를 위해 필요하므로 국가라고 불리는 (그들이 개인적으로 알지 못하는 사람들로 구성된) 체제에 노예처럼 복종해야 하고, 그 노동의 산물을 이 체제에 바치고 그들의 모든 요구—이웃을 살육하는 것을 포함해—를 충족시키는 것이 필요하다고 가정한다면, 그 모든 것을 인정한다고 하더라도 아직 우리 세상에는 풀리지 않는 어려움이 상당히 많아 남아 있습니다.

이런 어려움은 (국가를 형성하는 사람들이 특히 강조하고 믿는) 기독교 신앙이 살육하기 위해 훈련된 기독교도로 구성된 군대와 일치하도록 만드는 것의 불가능함에 있습니다. 그러나 여러분이 아무리 그리스도의 가르침을 왜곡하려고 해도 그 근본적인 가르침은 신과 자기 이웃에 대한 사랑입니다. 신에 대해—이는 선의 최고의 완성이고, 자신의 이웃에 대해—이는 모든 사람들에 대해 차별을 두지 않는 것입니다.

따라서 우리가 반드시 둘 중의 하나 즉, 기독교는 신과 자기 이웃에 대한 사랑이란 것과 자체의 군대를 지닌 국가 및 전쟁을 부인하는 것은 피할 수 없는 것처럼 보이기 마련입니다.

아마도 기독교는 낡은 것이고 둘 중의 하나 즉, 기독교냐 아니면 국가와 살인의 사랑이냐를 선택하라고 할 때, 우리 시대 사람들은 국가와 살인의 존재가 기독교보다 더 중요하고, 따라서 우리는 반드시 기독교를 포기하고 오로지 중요한 것인 국가와 살인을 유지해야 한다는 결론을 내릴 것입니다.

그럴 것입니다. 적어도 사람들은 그처럼 생각하고 느낄 것입니다. 그러한 경우 그들은 그렇게 말할 수밖에 없습니다! 그들, 우리 시대 사람들은 인류의 총체적 지혜가 말해 왔고, 그들이 믿는 신의 법이 말한 것을 더 이상 믿지 않고, 지워버릴 수 없도록 각자의 가슴에 새겨진 것을 더 이상 믿지 않을 것입니다. 이제 우연히 또는 출생에 의해 어쩌다가 황제나 왕이 되거나 다양한 음모와 선거로 대통령이나 상하원의 구성원이 된 다양한 사람들에게 명령받는 것만을—비록 그들의 명령이 살인을 포함할지라도—믿어야만 한다고 공공연히 인정할 것입니다. 그것이 바로 그들이 말해야 한다고 생각하는 것입니다!

그러나 그렇게 말하는 것은 불가능합니다. 도리어 다음 두 가지 중의 하나를 말해야 합니다. 만일 기독교가 살인을 금지한다는 것을 인정한다면 군대와 국가는 불가능해집니다. 이와 반대로 국가가 살인의 적법성을 인정하고 기독교를 부정한다면 살인하는 권력으로만 존재하는 국가에 아무도 복종하려고 하지 않을 것입니다. 게다가 만일 살인이 전쟁에서 용인된다면 그것은 사람들이 혁명에서 그들의 권리를 추구하려할 때도 훨씬 더 용납되어야만 할 것입니다.

따라서 국가는 아무것도 선언할 수 없으므로 그런 딜레마를 풀어나갈 필요성을 그들의 인민으로부터 숨기고자 전전긍긍하는 것입니다. 전쟁이라는 악에 맞서기 위해 이곳에 모인 우리에게는, 만일 우리가 정말로 우리의 목적을 달성하기를 원한다면, 오로지 한 가지만 필요합니다. 즉, 국가를 형성하는 사람들과 군대를 구성하는 인민 대중에게 그런 딜레마를 정말 명확하게 설명하는 것입니다.

그렇게 하기 위해 우리는 명백하고 공개적으로 우리 모두가 알고 있고 알 수밖에 없는 진리—사람은 자신의 동료 인간을 살해해서는 안 된다—를 복창해야 할 뿐만 아니라, 우리는 어떤 중요성도 기독교도의 세계에서 진리에 의해 사람들에게 주어진 의무를 파괴할 수 없음을 명백히 해야 합니다.

따라서 저는 우리의 회의가 모든 사람들에게, 특히 기독교 나라에 한 가지 호소를 끌어내어 공표할 것이고, 거기에서 우리는 명백하고 단호하게 각자가 알고 있으나 거의 아무도 말하지 않는 것을 표명할 것을 제안합니다. 전쟁은—대부분의 사람들이 당연히 여기듯—선하고 칭송받을 일이 아니라, 모든 살인처럼 그것은 자진해 군사 직업을 선택하는 사람뿐만 아니라 탐욕이나 처벌의 두려움 때문에 그것에 복종하는 사람들에게도 하나의 악이고 범죄적 직업이라는 것을 표명하는 것입니다.

자원해서 군대 직업을 선택한 사람에 대해 저는 그것에 둘러

싸인 모든 화려함과 찬란함과 일반적인 인정에도 불구하고, 그것은 범죄이고 수치스러운 행동이며, 군대 직업에서 더 높은 직위를 지니면 지닐수록 그 직업은 더욱더 범죄적이고 수치스러워진다는 것을 명백하고 단호히 선언할 것을 제안합니다.

마찬가지로 뇌물이나 처벌의 협박에 의해 병역에 처하게 된 사람들과 관련해 저는, 그들이 입대에 동의할 때 범하게 되는 엄청난 실수—그들의 신앙, 도덕 및 양식에 반하는—에 대해 명백히 말할 것을 제안합니다. 그것이 그들의 신앙에 반하는 까닭은 그들이 신의 법에 반하는 살인자의 대열에 들어가기 때문이고, 그것이 그들의 도덕에 반하는 까닭은 보수나 처벌의 두려움 때문에 그들의 영혼에서 그들이 악하다고 아는 것에 동의하기 때문입니다. 그것이 그들의 양식에 반하는 까닭은 만일 그들이 군대에 들어가 전쟁이 터지게 되면 그들이 거부하였을 때 위협받게 되는 것보다 더 악하더라도 어떤 결과든 겪을 위험을 감수해야 하기 때문입니다. 무엇보다도 그들로부터 자유를 빼앗고 그들에게 군인이 되도록 강제하는 사람들의 계급에 합류한다는 점에서 양식에 어긋나게 행동하는 것이 되는 탓입니다.

두 계급과 관련해 저는 이 호소에서, 진정한 깨달음을 가진 사람들, 따라서 군대의 영광에 대한 미신에서 자유로운 사람들로서 (그들의 숫자는 날마다 늘어가고 있습니다) 군사적 직업 및 소명은 그 진정한 의미를 숨기려고 하는 모든 노력에도 불구하고, 그것들은 사형집행인의 직업만큼이나 수치스러운 것이고 심지어 그보다 더한 것이라는 생각을 명백히 표명할 것을 제안합니다. 왜냐하면 사형집행인은 해롭다거나 범죄자라고 선고받은 사람을 살해할 준비를 갖추고 있는 반면 군인은 살해하라고 명령받은 모든 사람을, 심지어 자신에게 가장 소중한 사람이거나 가장 훌륭한 사람이라도 살해할 것을 서약하기 때문입니다.

일반적으로 인류애는, 특히 우리 기독교도의 인류애는, 도덕적 의무와 기존 사회 질서 사이에서 너무나 첨예한 모순의 단계에 도달해 변화가 불가피해졌습니다. 이 변화는 변할 수 없는 것에 대한 사회의 도덕적 요구가 아니라 바뀔 수 있는 사회질서의 변화를 말하고 있습니다. 달라진 사회적 질서에 대한 요구는 살인에 대한 우리의 준비로 너무나 명백히 예시되는 내적인 모순에 의해 일깨워져서, 매년 매일 점점 더 집요해지고 있습니다.

그런 변화를 요구하는 긴장이 그 정도에 이르러 때때로 액체를 고체로 만드는 것이 오로지 미미한 충격이면 충분한 것처럼 아마도 미미한 노력이나 심지어 단 한 마디의 말이면 우리 시대의 잔인하고 비이성적인 삶—스스로의 분열과 무기와 군대를 지닌—을 현대의 인류애를 의식하는 이성적인 삶으로 변화시킴에 충분할 것입니다.

그런 모든 노력, 그런 모든 주장이 극도로 냉각된 액체를 즉시 단단하게 만드는 충격이 아니겠습니까? 우리의 모임이 왜 그 충격이 아니어야합니까? 안데르센의 동화에서, 왕이 도시의 거리를 통과하는 승리의 행렬로 나아가고 모든 인민이 그의 새로운 옷에 대해 기뻐할 때, 모든 사람들이 알고 있으면서도 말하지 않았던 것을 말한 한 아이의 말이 모든 것을 변화시켰습니다. 아이는 말했습니다. "왕은 아무것도 입지 않았어요!"

그러자 마법은 깨어졌고 왕은 수치스러워했고, 왕이 아름다운 새 옷을 입고 있다고 스스로 확신하던 모든 사람들은 그가 벌거벗었다는 것을 깨달았습니다! 우리도 반드시 똑같이 말해야 합니다. 우리는 누구나 알고 있으면서도 감히 말하지 않는 것을 말해야 합니다.

우리는 사람들이 살인을 어떤 이름으로 부르든지 간에—살인은 언제나 살인이고 범죄이며 수치스러운 일로 남는 것입니다—그것을 말해야 합니다. 그리고 오로지 명백하고 단호하고 큰소리로 그것을 여기서 말할 수 있는 것처럼 말하는 것이 필요할 뿐입니다. 그러면 사람들은 그들이 보았다고 생각한 것을 보지 않을 것이고 정말로 그들의 눈앞에 있는 것을 볼 것입니다.

그러면 그들은 자신의 국가에 대한 병역, 전쟁 영웅주의, 군대의 영광 및 애국심을 보는 것을 중단할 것이고, 존재하는 벌거벗음, 살인이라는 범죄적 직업을 볼 것입니다!

그리고 만일 사람들이 그것을 본다면, 동화에서처럼 똑같은 일이 일어날 것입니다. 범죄를 저지르는 사람은 수치를 느낄 것이고, 살인의 범죄성을 보지 않는다고 스스로 확신하는 사람은 그것을 깨닫고 살인자이기를 중단할 것입니다.

그러나 국가는 어떻게 그들의 원수를 스스로 방어하고, 어떻게 국내 질서를 유지하고, 어떻게 군대 없이 존재할 수 있습니까?

사람들이 살인을 거부한 뒤에 어떤 형태의 삶을 취할 것인지 우리는 알지 못하고 알 수도 없습니다. 그러나 한 가지는 분명합니다. 즉, 타고난 이성과 양심에 의해 인도받는 것이, 무차별적인 살인을 준비하는 사람들에게 노예처럼 복종하는 것보다 그들에게 더욱더 자연스럽고, 그래서 살인의 위협에 근거한 폭력이 아니라 이성과 양심이 인도하는 사람들의 삶에 의해 이루어지는 사회적 질서의 형태가 어떤 경우에도 그들이 지금 살아가고 있는 것보다도 열악하지는 않을 것입니다.

이것이 제가 말하고자 하는 모든 것입니다. 저는 그것이 누군가를 화나게 하거나 슬프게 하거나 어떤 나쁜 감정을 불러일으킨다면 유감스럽게 여길 것입니다. 그러나 팔순의 나이에 이른 사람으로 저는 어느 순간이든 죽음을 기다리고 있지만, 제가 깨닫고 있는 대로의 전체 진리—유일하게 전쟁에 의해 생산되는 측량할 수 없는 고통으로부터 인류를 구할 수 있다고 제가 굳게 믿는 진리—를 말하지 않는 것은 수치스러우며 죄를 짓는 일입니다.

1910년 스톡홀름에서 열린
제18차 국제 평화 회의를 위해 1909년에 쓰다.

톨스토이 연보

1828년 8월 28일 야스나야 폴랴나에서 태어남

1830년(2세) 어머니 죽음

1837년(9세) 모스크바로 이사, 아버지 죽음

1841년(13세) 카잔으로 이사

1844년(16세) 카잔 대학교 동양학부 입학

1845년(17세) 법학부로 옮김

1847년(19세) 대학교 중퇴, 야스나야 폴랴나로 돌아옴

1849년(21세) 집안에 농민 아동을 위한 학교 개설

1851년(24세) 캅카스로 감

1854년(26세) 세바스토폴로 감

1856년(28세) 야스나야 폴랴나로 돌아옴

1857년(29세) 제1회 유럽 여행

1859년(31세) 집안에 농민 아동을 위한 학교 재개

1860년(32세) 제2회 유럽 여행

1861년(33세) 유럽에서 게르첸과 프루동을 만나고 돌아와 농사조정관 일을 함

1862년(34세) 결혼, 학교 폐쇄

1863년(35세) <전쟁과 평화> 집필 시작

1869년(41세) <전쟁과 평화> 완성

1872년(44세) 학교 재개

1873년(45세) <안나 카레니나> 집필 시작, 기아 구제 활동

1878년(50세) <안나 카레니나> 출판

1880년(52세) <참회>, <교의 신학 비판>, <4복음서의 통합과 번역> 집필

1881년(53세) 모스크바로 이사

1882년(54세) 모스크바 민생 조사 참가

1885년(57세) 민화 집필 시작

1891년(63세) 1881년 이후의 저작권 포기, 무료 식당 개설 등 기아 구제 활동

1893년(65세) <신의 나라는 너에게 있다>

1898년(70세) <예술론>

1899년(71세) <부활>

1901년(73세) 파문

1910년(82세) 가출, 아스타보 역에서 죽음

저자소개

톨스토이

제정 러시아의 작가이자 사상가이다. 1828년 러시아 남부 툴라 근처에 있는 야스나야 폴랴나에서 백작의 넷째 아들로 태어났다. 16세에 카잔대학교를 입학했지만 실망하여 자퇴하고 1847년 고향으로 돌아가 농민학교를 세워 자유교육을 실천했다. 1869년 나폴레옹의 러시아 원정을 소재로 <전쟁과 평화>를 완성했고 그 후 <안나 카레니나>를 비롯해 많은 명작을 발표했다. 말년에 인생의 위기를 겪은 뒤 <참회록>을 썼으며, <신의 나라는 네 안에 있다>를 저술해 신은 각자의 마음속에 있다고 했다. 1910년 11월 7일 아스타포보 역에서 폐렴으로 사망했다.

박홍규

영남대학교 법학과와 동대학원을 졸업하고 일본 오사카 시립대학교에서 법학 박사 학위를 받았다. 하버드대학교, 노팅엄대학교, 프랑크푸르트대학교에서 연구하고, 오사카대학교, 고베대학교, 리츠메이칸대학교 등에서 강의했다. 영남대학교에서 1991년부터 2018년까지 노동법 등을 가르쳤고 현재 명예교수로 있다. 『법은 무죄인가』로 한국백상출판문화상을 받았다. 주요 저서로 『내 친구 빈센트』, 『자유인 루쉰』, 『꽃으로도 아이를 때리지 마라』, 『조지 오웰』, 『아나키즘 이야기』, 『자유란 무엇인가』, 『철망 속에서도 희망을』, 『함석헌과 간디』, 『몬테베리타, 지와 사랑의 고독한 방랑자들』 등이 있다.